決定版 まるわかり 記号の大事典

くもん出版

目次
もくじ

監修のことば　太田幸夫
かんしゅう　　　　　おおたゆきお

多様な人びとのためのさまざまな記号……8
記号クイズ　どんな意味か考えてみよう！……10
ユニバーサルデザインと記号……12

第1章 公共施設……14
こうきょうしせつ

命を守る記号……15
いのちをまもるきごう
　　なるほど情報ファイル●世界に認められた日本の非常口サイン……15
防災のための記号……16
ぼうさい
避難場所案内図……17
ひなんばしょあんないず
　　こんなところにこんな記号●建物などで見られる防災のマーク……17
よく見る記号……18
きごう
いろいろなトイレの記号……18
　　海外では…●トイレのサイン……18
携帯電話……19
けいたいでんわ
身障者用設備……19
しんしょうしゃようせつび
階段やエレベーター……19
かいだん
禁煙・喫煙……19
きんえん　きつえん
記号の色……20
きごう

【教育・文化施設】……22
きょういく　ぶんかしせつ
学校や博物館・美術館……22
　　　　はくぶつかん　びじゅつかん
　　こんなところにこんな記号●家の玄関やマンションのエレベーターの中にも…23
　　　　　　　　　　　　　　　　げんかん
公園やスポーツ施設……24
　　　　　　　　しせつ
　　こんなところにこんな記号●禁止事項の記号……25
　　　　　　　　　　　　　　きんしじこう　きごう
動物園や植物園……26
どうぶつえん　しょくぶつえん
　　海外では…●ワシントン動物園……27
　　　　　　　　　　　どうぶつえん

【商工業施設】……28
しょうこうぎょうしせつ
商店や飲食店……28
しょうてん　いんしょくてん
　　こんなところにこんな記号●ひと目でわかるお店の看板……29
　　　　　　　　　　　　　　　　　　　　かんばん
　　なるほど情報ファイル●江戸時代の看板……30
　　　　　　　　　　　　えどじだい
宿泊施設や観光地……31
しゅくはくしせつ　かんこうち
　　なるほど情報ファイル●２つの温泉マーク……31
　　　　　　　　　　　　　　おんせん
　　こんなところにこんな記号●登山道の記号やケルン……32
　　　　　　　　　　　　　　とざんどう
　　海外では…●歴史的建造物……32
　　　　　　　れきしてきけんぞうぶつ
スキー場……33
　　海外では…●アメリカ合衆国の国立公園の案内用記号……33
　　　　　　　　　　　がっしゅうこく　　　　　　　あんないようきごう
工場や工事現場……34
こうじょう　こうじげんば
　　なるほど情報ファイル●安全標識の色と形……34
　　　　　　　　　　　　あんぜんひょうしき

　　海外では…●安全標識……35
　　　　　　　あんぜんひょうしき

【官公庁・病院・福祉施設】……36
かんこうちょう　びょういん　ふくししせつ
郵便局や警察署……36
ゆうびんきょく　けいさつしょ
病院や福祉施設……37
びょういん　ふくししせつ
　　海外では…●Hは欧米では病院……37
　　　　　　　　　おうべい　びょういん

第2章 交通と乗り物……38
こうつうとのりもの

【道路と自動車】……39
どうろとじどうしゃ
道路標識……39
どうろひょうしき
　規制標識……39
　きせいひょうしき
　警戒標識……41
　けいかいひょうしき
　　こんなところにこんな記号●歩道の通行区分……41
　　　　　　　　　　　　　　　ほどう　つうこうくぶん
　　なるほど情報ファイル●どんな動物が飛び出すの？……42
　　　　　　　　　　　　　どうぶつ　と　だ
　指示標識……42
　しじひょうしき
　補助標識……43
　ほじょひょうしき
　　こんなところにこんな記号●消防標識……43
　　　　　　　　　　　　　　しょうぼうひょうしき
　案内標識……44
　あんないひょうしき
　道路標示……45
　どうろひょうじ
　　こんなところにこんな記号●カントリーサイン……46
シルバーゾーン……47
　　こんなところにこんな記号●「道の駅」……47
　　　　　　　　　　　　　　みちのえき
交通信号……48
こうつうしんごう
自動車を見分けるための記号……49
じどうしゃ　みわ　　　　　　きごう
特別な自動車の塗装……49
とくべつ　じどうしゃ　とそう
ナンバープレート……50
　　なるほど情報ファイル●覚えやすくするくふう……50
　　　　　　　　　　　　　おぼ
　　こんなところにこんな記号●ご当地ナンバープレート……51
自動車につけられるマーク……52
じどうしゃ
カーエンブレム……53
自動車を運転するための記号……54
じどうしゃ　うんてん　　　　　きごう
　　こんなところにこんな記号●自動車レースでつかわれる旗……55
　　　　　　　　　　　　　　じどうしゃ　　　　　　　　　　はた

【駅や鉄道】……56
えきやてつどう
駅や車内で見られる記号……56
えき　しゃない　　　　　きごう
　　こんなところにこんな記号●駅のスタンプ……57
　　　　　　　　　　　　　　えき
列車のマーク……59
れっしゃ
　　なるほど情報ファイル●日本初のトレインマーク……59
　　　　　　　　　　　　　にほんはつ
駅や路線・鉄道会社をしめす記号……60
えき　ろせん　てつどうがいしゃ　　　　きごう

2

時刻表につかわれる記号……62
鉄道を運行するための記号……64
　車両記号……65
　こんなところにこんな記号●蒸気機関車の記号……65

【空港や飛行機】……66
空港や機内で見られる記号……66
　こんなところにこんな記号●乗りおくれそう！……67
飛行機のマーク……68
航空図の記号……70
　こんなところにこんな記号●ヘリポートのマーク……71

【港や船】……72
港や船内で見られる記号……72
　ファンネルマーク……73
海図の記号……74
　なるほど情報ファイル●右舷標識と左舷標識……75
船の信号旗……76
　こんなところにこんな記号●河川通航標識……77

第3章
製品……78

【食料品】……79
食品の品質や内容……79
　なるほど情報ファイル●食品表示……80
　こんなところにこんな記号●缶詰の記号……81

【衣料品】……82
衣料品の素材や品質……82

【医薬品】……84
薬の用法……84
　海外では…●だれにもわかる！……84

【家庭用品】……85
品質をしめす記号……85
　こんなところにこんな記号●ベルマーク……88
取りあつかいかたの記号……89
　携帯電話とスマートフォン……90
　なるほど情報ファイル●ＩＳＯとＩＥＣ……90
　こんなところにこんな記号●絵文字と顔文字……90
　こんなところにこんな記号●地域のフリー Wi-Fi のマーク……91
　ファクシミリとコピー機……92
　電話とAV機器……93
　こんなところにこんな記号●フリーダイヤル……93
　デジタルカメラ……94
　洗剤……94

こんなところにこんな記号●えんぴつのしんの記号……94
　住宅と設備……95
こんなところにこんな記号●洗浄便座……95

【玩具】……96
ゲームにつかわれる記号……96
　トランプ……96
　こんなところにこんな記号●点字つきトランプ……96
　なるほど情報ファイル●タロットカード……96
　花札……97
　将棋とチェス……98
　おもちゃやゲームソフトについている記号……99

【本や雑誌】……100
本についている記号……100
　こんなところにこんな記号●©と®のマーク……100
用紙の大きさをしめす記号……101
　なるほど情報ファイル●和書の寸法……101
文字の大きさと書体……102
色と印刷……104
　なるほど情報ファイル●小さな点のあつまりで色を！……105

【荷物】……106
荷あつかいをしめす記号……106

【お金】……107
カードの記号……107
　こんなところにこんな記号●ホログラムで浮かび上がる模様……107
通貨記号……108
　なるほど情報ファイル●「円」も「人民元」も同じ記号 !?……108
電子マネーのマーク……109
　こんなところにこんな記号●暗号資産のマーク……109

第4章
環境・福祉……110

【環境】……111
環境ラベル……111
省エネと自然保護のための記号……112
　こんなところにこんな記号●日本各地の環境ラベル……112
リサイクルのための記号……114

【福祉】……116
バリアフリーのための記号……116
　なるほど情報ファイル●リボンにメッセージを託すリボン運動……119
点字……120
　こんなところにこんな記号●身のまわりにあるさまざまな点字……121
手話……122

3

第5章 国際・団体……124

【国際】……125
国際連合と国際機関……125
こんなところにこんな記号●万国博覧会のシンボルマーク……125
国旗……126
なるほど情報ファイル●星と月はイスラムの国旗……129
なるほど情報ファイル●アフリカ大陸の国旗の色……131
なるほど情報ファイル●国ぐにをたばねる旗……136
なるほど情報ファイル●赤十字と赤新月……140

【団体】……142
会社のマーク……142
なるほど情報ファイル●変化するマーク……142
こんなところにこんな記号●道具や服にも……142
県章・市章……144
県章……144
こんなところにこんな記号●都道府県の旗……145
市章……147
公的機関のマーク……149
なるほど情報ファイル●電子政府……149
大学のマーク……150
海外では…●西洋の大学の紋章……151
家紋……152
海外では…●西洋の紋章……157
階級章と勲章……158
こんなところにこんな記号●たいへんよくできました!!……158
勲章と褒章……159
なるほど情報ファイル●オリンピックのメダル……159

第6章 情報・通信、スポーツ・伝統芸能……160

【情報・通信】……161
電波の記号……161
天気予報のマーク……162
なるほど情報ファイル●波浪の記号……162
こんなところにこんな記号●いろいろなところに天気予報のマークが…163
海外では…●海外の天気予報……163
パソコンでつかわれる記号……164
なるほど情報ファイル●メモリとハードディスクの単位記号……164
こんなところにこんな記号●コードの先を見てみよう……165
時や年月をしめす記号……166
こんなところにこんな記号●月の形はカレンダー!……166
身ぶりによる伝達……168

なるほど情報ファイル●じゃんけん……169
海外では…●外国人のジェスチャー……169
手旗信号……170
モールス信号……171
こんなところにこんな記号●速記記号……171
なるほど情報ファイル●SOSは救助をもとめる信号……171
絵ことば……172
アイソタイプ……172
こんなところにこんな記号●絵文字のお経?……172
外国の人にも読める！ 漢字?……173
ロゴス……174

【スポーツ・伝統芸能】……176
競技種目の記号……176
ポジションをしめす記号……179
海外では…●障害者スポーツの競技シンボル……179
審判のサイン……180
スコアの記号……181
チームをしめす記号……182
身ぶり……183
こんなところにこんな記号●歌舞伎のくまどり……183

第7章 学習……184

【国語】……184
音読記号……184
なるほど情報ファイル●文章の構成図……184
かな文字の成り立ち……185
なるほど情報ファイル●かたかなの成り立ち……185
漢字の成り立ち……186
なるほど情報ファイル●動物の漢字……186
漢字の部首……187
なるほど情報ファイル●年齢をあらわす熟語……187
ローマ字……188
なるほど情報ファイル●ローマ字のつづりかたのちがい……188
校正記号……189
こんなところにこんな記号●花押……189
世界のいろいろな文字……190
なるほど情報ファイル●甲骨文字……190
数のあらわしかた……192
なるほど情報ファイル●数字の変遷……192

【算数・数学】……193
数学記号……193
単位記号……194
なるほど情報ファイル●ヤードポンド法と尺貫法……194

【理科】……196
生物学の記号……196
　なるほど情報ファイル●♂♀記号の由来……196
原子の記号……197
　なるほど情報ファイル●原子の記号の変遷……197
　こんなところにこんな記号●花式図……197
物質をあらわす記号……198
　なるほど情報ファイル●化学反応式……199
電気回路図の記号……200
星や星座の記号……201
天気や震度をあらわすの記号……202
　なるほど情報ファイル●地質をあらわす記号（柱状図）……202

【図工・美術】……204

【社会】……204
歴史の記号……205　　　地図の記号……206
　なるほど情報ファイル●新しく定められた外国人向けの地図記号……207
地図の図法……208
　こんなところにこんな記号●道路図の記号……208

【保健体育】……209
血液型……209

【音楽】……210
楽譜の記号……210
　こんなところにこんな記号●ギターのコードネーム……212

【技術・家庭】……212
建築物の設計図の記号……213
洗濯方法などをしめす記号……214
衣服のサイズをあらわす記号……215
編み物の記号……216
機械などの設計図の記号……217
　なるほど情報ファイル●正式な設計図のかきかた……218
回路計の表示記号……219
　こんなところにこんな記号●電気用品の安全表示……219
　なるほど情報ファイル●接地の記号と接地の意味……219

【英語】……220
英語のアルファベット……220
　なるほど情報ファイル●スペイン語のアルファベットの読みかた…220
英語の略語……221
英語の発音記号……222
　なるほど情報ファイル●発音をしめす図記号……223

学校用の絵文字をデザインしてみよう！……224

いろいろな形の記号……228

総さくいん……232

この本のつかいかた

●この本の構成

　この本では、記号を「くらしの場面」や「テーマ」、また「教科」に分けて構成してあります。
　各章のはじめには、その章に出てくる記号のグループ全体についての解説があります。
　第7章の末尾（224～227ページ）には、「学校用の絵文字をデザインしてみよう！」というコーナーをもうけました。自分たちで、オリジナルのマークを作るときの参考にしてください。

（なるほど情報ファイル）…その章に出てくる記号に関連した情報や、発展的な内容を紹介しています。

（こんなところにこんな記号）…その章に出てくる記号に関連した、意外なところで目にする記号やその話題をとりあげています。

（海外では…）…その章に出てくる記号に関連した海外の記号を紹介しています。

●…そのページに出ている記号に関連した項目と、その項目が載っているページをしめしています。

●…そのページに出ている記号に関連した、ホームページのアドレスを紹介しています。

●記号の探しかた

　「目次」のほか、巻末のさくいんから記号を探すことができます。
　「総さくいん」（232ページ）から…記号が50音（あいうえお…）順に並んでいるので、名前から探すことができます。「家庭用品」、「国旗」など、キーワードからも探すことができます。
　「いろいろな形の記号」（228ページ）から…○△□などの基本的な形ごとに、おもな記号を並べています。記号を基本的な形から探すときや、同じ形のマークにどんなものがあるか知りたいときに役立ちます。

JIS案内用図記号について
　トイレやエレベーターなど、150種類以上の案内用の図記号が、JIS（日本工業規格）で定められています。本書では、この図記号には、記号名の右上に●をつけています。

＊記号の由来には、いくつかの説がある場合があります。本書では、記号を管理する団体の説や、広く知られ一般的と思われる説にしたがいました。

＊実際に目にする記号は、掲載されているものとくらべて、左右が反転している場合があります。

＊公共施設などの記号は、それぞれの施設によって異なる場合があります。また、製品などについている記号は、メーカーによって異なる場合があります。

＊記号の色には、特別なインクが指定されている場合がありますが、本書では基本の4色を使った印刷方法（104ページ参照）で再現していますので、色合いがすこし異なる場合があります。

＊登録商標になっているマークについて、®マーク（100ページ参照）を省略して掲載している場合があります。

＊本書に掲載した記号及び団体などの名称やURLなどは、一部を除き2018年10月現在のものです。

監修のことば

グラフィックデザイナー
太田 幸夫

古代エジプトの絵文字
「ヒエログリフ」

記号の役割と未来を考えてみよう

記号とは「意味を表すしるし」です。広い意味では、文字も話し言葉も記号です。文章は「文字」という記号によって意味をあらわしています。話し言葉は、発音によって意味をあらわすので「表音記号」といいます。この本では、言葉や文字によらない「図記号」をおもなテーマにしています。

図記号は、その特徴や役割によって、絵文字、絵ことば、サイン、シンボル、ピクトグラム、グラフィカルシンボル、マーク、シンボルマークなど、さまざまな名前でよばれます。

この本では、こうした記号を幅広く取り上げながら、私たちのくらしの中で出会う、たくさんの記号の意味や役割を紹介していきます。そしてこの本をとおして、読者のみなさんに、記号の可能性や未来について考えてもらいたいと思います。

私たちのくらしの中で、記号はさまざまなところで使われるようになり、その役割がますます重要なものになっています。また、記号の持っている大きな可能性が注目され、記号にもっと大きな役割をはたしてもらうための取り組みも活発になってきています。

絵文字は、人類最古の書き言葉

図記号とは、話し言葉や書き文字のように言語を使わずに、形と色のイメージによって意味を伝えることのできる記号です。図記号の代表ともいえるのが、「ピクトグラム」ともよばれている絵文字です。ここでは、絵文字を例に取り上げながら、記号とは何か、さらに、記号にはどんな役割が期待されているのかについてお話ししてみたいと思います。

「絵文字」の歴史はとても古く、石器時代の洞窟絵画にまでさかのぼります。まだ、文字を発明していない大昔に、クロマニヨン人という私たちの祖先の人びとは、フランス西南部のモンティニャックという町の近くにあるラスコーの洞窟の壁に、野牛やシカの絵を残しました。これは、狩りの獲物の動物たちがたくさんやってくるということを伝える絵ではないかとも考えられています。これが「絵文字」の始まりといえるでしょう。

その後も、ものを伝えるのに絵を使うことは、さかんにおこなわれました。その証拠は、エジプトのピラミッドなどの壁画や中東の古代遺跡にたくさん残っています。私たちが使っている漢字をはじめとする古代文字のおおもとは絵文字（象形文字）でした。毎回、意味を伝えるのに絵をかくのはたいへんなので、かきやすいかんたんな形に改良され、表音文字になっていったのです。その中で、漢字だけは象形文字（表意文字）として生き残りました。

絵文字の長所

ここでは、絵文字の長所について、考えてみたいと思います。

前にも話したとおり、「絵文字」は、意味するものの姿や形をそのまま絵にして、その意味を伝える記号です。

話し言葉や文字の場合、意味を言葉や文字におきかえて伝えます。受けとる側は、言葉を聞いたり、文字を読んだりして、頭の中でその意味をもとにもどして理解します。しかし、絵文字の場合は何にもおきかえずに、その意味を伝えることができるため、見ればその意味がすぐにわかるという長所を持っています。

また、絵は世界共通です。文字の読めない小さな子どもや、言葉の通じない外国の人にも伝わります。絵文字

東京オリンピック（1964年）の競技ピクトグラム

広域避難場所

学校、幼稚園、保育所等あり

リサイクル品回収施設

お手洗

は言葉のちがいや教育、経験や年齢のちがいをこえて伝わるという長所も持っているのです。

絵文字が広まるきっかけ

絵文字が注目される大きなきっかけとなったのは、1964年に開かれた東京オリンピックでした。世界の国ぐにからやってくる人びとにもわかるように、絵文字によって競技種目や競技施設をわかりやすく案内する方法が採用されました。このとき、今ではおなじみの、お手洗いの案内サインもはじめて使用されました。

それらのすぐれたデザインと役割は、東京オリンピックを通じて高く評価され、その後のオリンピックや国際行事の手本となったのはもちろん、いろいろな分野で、絵文字が使われるきっかけになっていったのです。

くらしの中の絵文字

現在では、私たちはいろいろなところで、絵文字を目にします。建物の中で、「走る人」の絵を使った、緑色の非常口のサインを見たことがあるでしょう。学校の中にもあるはずです。この非常口のサインは日本人が考案したもので、世界標準の案内用図記号として採用されました。大地震などの災害にそなえて新しく整えられた避難場所を表す絵文字にも、非常口と同じ避難のイメージでこの「走る人」が使われています。

このほかにも、身近な絵文字は、まだまだたくさんあります。たとえば、横断歩道や横断禁止の道路標識にも、絵文字が使われています。いろいろな商品の取りあつかい説明書や外箱などにも、たくさんの絵文字を見つけることができます。これらは、見ればすぐわかる絵文字の長所を活用したものです。

記号で世界共通語を作ろう

絵文字や記号のもうひとつの長所は、言葉の壁をこえることです。たとえば、自動車の運転席には、運転の操作に必要な小さな絵文字がいくつもついています。それがもし、日本の車に日本語で、ドイツの車にドイツ語で書かれていたら、輸出も輸入もできなくなるでしょう。電気製品も同じで、機器類の使い方が同じ記号で共通にしめされているので、人びとは世界各国の製品を迷うことなく、正しく使うことができるのです。

国際標準化機構（ISO）や国際電気標準会議（IEC）などの機関が、世界共通の図記号（グラフィカルシンボル）を作るための国際会議を開催し、全世界で共通して使用できる図記号を作る活動を活発におこなっています。

絵文字のほかにもたくさんの記号が

絵文字のほかにも、たくさんの記号があります。たとえば、天気図の記号や設計図の記号などです。それらを使って、わかりやすく、正しく情報を伝えるくふうがおこなわれています。さらに、私たちがふだん使う商品にも、リサイクルのマークなどたくさんの記号を見つけることができるはずです。これらの中には、学校で学習する記号もあります。

学校にも、校章とよばれる学校のシンボルマークがあります。同じように、あなたの住んでいるまちや都道府県のシンボルマークもあります。これらも記号の一種です。

まわりにあるいろいろな記号を探して、その記号はどんな役割をはたしているかを考えてみてください。そして、記号を使うと、どんなことができるようになるのかをぜひ考えてみてください。

多様な人びとのための

ほかの人にとってはなんでもないようなことでも、
ある人にとってはとても不便に感じられることがあります。
ひと目で意味がわかるような記号があれば、
困っている人や手を差し伸べようとしている人の役に立ちます。
わたしたちの町には、多様な人びとのための
さまざまな記号があります。

お年寄り

写真提供：朝日新聞社

子どもを連れている人　妊娠している人

写真提供：
読売新聞社／アフロ

さまざまな記号

記号クイズ

おや、町中で、困っているようすの人たちを見かけたよ。
みんな何に困っているんだろう？
ちょっと話を聞いてみよう。

Q1

「この歳で電車で立ちっぱなしだと足や腰が痛くなって大変だよ。」

「まわりの人たちが席をゆずってあげれば出かけやすいんじゃないかな？」

答えは118ページ

Q2

「赤ちゃんを連れてデパートで買い物がしたいけれど……。」

「ミルクを飲ませたり、おむつを替えたりできる場所がないと心配だね。」

答えは119ページ

どんな意味か考えてみよう！

そして、それぞれの記号はこの人たちの
どんな役に立つのか、意味を考えてみよう。

Q3

僕は体が不自由で、車いすをつかっているんだけど、段差や階段のある道はとおれなくて困るなぁ。

ゆるやかな坂なら車いすでもとおれるよね。

答えは12ページ

Q4

わたしは中東の国から日本へ来たイスラム教徒です。そろそろお祈りの時間なんだけど……。

お祈りできる場所がなくて困っているのかな？

答えは67ページ

11

ユニバーサルデザイン

ユニバーサルデザインとは、すべての人がつかいやすいようにくふうした製品や環境のデザインのことです。言葉に関係なくすべての人々がわかるようつくられた図記号なども、ユニバーサルデザインのひとつといえるでしょう。また、ものや設備がユニバーサルデンの考えのもとでつくられていることをしめす記号もあります。

⬅ **ユニバーサルデザインブロック**
歩道と車道の段差を部分的になくすことで、車いすでもスムーズに歩道に上がることができます。また、段差の一部は残っているため、目の不自由な人が歩道と車道を区別することもできます。

まちなか町中で…

スロープ ●
車いすの人が坂を上っているようすを図案化した記号です。

⬆ **スロープ**
階段などの段差をゆるやかな坂にすることで、車いすを利用する人や、少しの段差でもつまずく恐れがある人でも安心して上り下りすることができます。

ユニバーサルデザインタクシーマーク
ユニバーサルデザインタクシーとして認められた車両の車体には、このマークがついています。星の数は認定のレベルをあらわしています。（国土交通省）

⬆ **波形の手すり**
波のようにくねくね曲がった手すりは、直線の手すりよりもしっかりとつかまって体を支えることができます。

⬅ **ユニバーサルデザインタクシー**
お年寄りや車いすを利用する人、ベビーカーをつかう親子連れ、妊娠している人など、だれでも安心して利用することができます。手すりやスロープなど、乗り降りを補助するための設備がととのっています。

● は JIS 案内用図記号（5ページ参照）です。

と記号

家の中で…

↑シャンプーとリンス
似たような形をしているので、シャンプーの側面に突起をつけ、リンスと区別しています。さわるとわかります。

↑牛乳パック
牛乳の紙パックには、上部に半円の切りこみがひとつついています。そして、その印の反対側が開け口になっています。

←ユニバーサルデザインフード
ものを噛むことや飲み込むことが難しい人、歯の治療中の人などに配慮された食品をユニバーサルデザインフードといいます。パッケージにはユニバーサルデザインフードであることをしめすマークがついています。（日本介護食品協議会）

カラーユニバーサルデザイン

カラーユニバーサルデザインとは、ものや設備を作る際、できるだけ多くの人が見わけやすい色をつかおうという考え方のことです。人間の色の見え方はひとつではなく、色を見分けるのが苦手な人もいるため、だれにでも利用しやすいよう配慮する取り組みが進められています。

←CUDマーク
カラーユニバーサルデザインに配慮していると認められる製品や施設には、このマークがつけられます。（カラーユニバーサルデザイン機構）

←電車の行先表示器
電車はさまざまな人が利用するため、行き先などの情報の表示がだれにでも見やすいよう配慮されています。

↑チョーク
色を見分けるのが苦手な子どもでも見やすいようくふうして作られたチョークです。

図記号も
カラーユニバーサルデザインへ

標識などに表示される図記号には、「禁止」や「安全」など重要な意味をあらわすものもあり、だれにでもひと目でその意味がわかるようにしなくてはなりません。そこで、2018年にはJIS（日本工業規格）で定められている「安全色」が改正され、カラーユニバーサルデザインにのっとった見やすい色で標識などの図記号を表示するよう定められました。この本で紹介する案内用図記号なども、この決まりにのっとった色で印刷されています。

↓ ↓ ↓ ↓

13

第 1 章
公共施設

いろいろな人があつまる公共の施設には だれにでもすぐにわかる案内サインが必要

1964年の東京オリンピックのときに外国の人にもわかる絵文字がたくさん作られたんだ

世界共通の公共施設の記号を作ろうという本格的な取り組みは、交通機関の国際組織が中心になって、駅や空港などのターミナルを案内する絵文字の開発から始まりました。その後、さまざまな公共施設の記号（絵文字）が作られるようになりました。

中でも、もっともデザインがすぐれていると評価が高いものに、1964年の東京オリンピックに採用された施設シンボルや競技シンボルの絵文字があります。これは、言語のちがいによるかべを絵文字によって乗りこえ、オリンピックを成功させようと、日本のデザイナーたちが力をあつめて作りだしたものでした。

1969年、メキシコ市で、いつでもだれでも利用する地下鉄の駅に、世界ではじめての絵文字をつかった駅名表示サインが登場し、注目をあつめました。その後、1974年に、アメリカ運輸省によって、空港などのターミナルを案内する34種類の絵文字デザインが作られ、日本でも広まっていきました。こうして、絵文字は、身近なものになったのです。

そして、2002年。サッカーの日韓ワールドカップ大会が開かれたのをきっかけに、国土交通省が中心となって、新しく絵文字デザインが作られ、JIS案内用図記号として制定されました。現在、この案内用図記号を、さらによいものに改良して、国際規格(ISOの規格)にしようという努力もなされています。

日本で考案され、国際的に通用する記号となったものに「非常口サイン」（右ページ参照）がありますが、新しく広域避難場所のサインも作られ、災害のときに命を守るためのサインのしくみも整備されつつあります。

メキシコ市の地下鉄の駅をしめす絵文字

非常口のサインは日本のデザインが世界でつかわれているのね

東京オリンピック（1964年）の施設シンボル

アメリカ運輸省の案内用サイン

命を守る記号

外国との交流がさかんになるにしたがって、話すことばや習慣もちがう人びとのだれもがすぐにわかる絵文字は、ますます大切になっています。わたしたちが公共の建物などでよく見かける「非常口」をしめすサインも、緊急のときに、だれにでもすぐにわかる絵文字を作ろうという、長い間の国際的な活動によって生まれた記号のひとつです。

なるほど情報ファイル
世界に認められた日本の非常口サイン

日本の一般公募作品をもとに専門家が修正した案が、旧ソビエト連邦案などをおさえて、国際標準化機構（ISO）の国際統一サインとして採用されました。

応募入選作

旧ソ連の案

⬆色ちがいの非常口サイン
非常口の方向によって、「走る人」のむきも変わります。また、上のような白地のものは非常口までの順路を、下は非常口の場所をしめしています。

非常口
火事などの非常時に、にげる道順や出口をしめす記号。走る人と出口のわくを組み合わせてデザインしたもの。日本で作られたこの記号は、今世界中でつかわれています。

⬇➡広域避難場所
大きな災害がおこったときの、避難場所をしめす標識や案内につかわれる記号。非常口の「走る人」と同じデザインをつかい、統一をとっています。

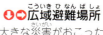

広域避難場所

非常電話

非常ボタン

➡事故や火災などを知らせ、助けをもとめるための設備につけられる記号です。「SOS」は、国際的な救難信号です。

⬇➡列車の非常停止ボタン
ホームからおちた人を助けようとしておきた死亡事故の後、広く設置されるようになりました。

➡AED（心停止状態のときに電気ショックで心臓の動きを戻すための機器）の設置場所をしめすマークです。

AEDマーク

列車の非常停止ボタン

- ISO（国際標準化機構）……90ページ
- SOS ……171ページ

●はJIS案内用図記号（5ページ参照）です。

第1章 公共施設

防災のための記号

地震や津波、火事などの災害による被害を少なくするためには、適切な場所にすぐ避難することが大切です。緊急時にだれでもひと目で必要な情報を得られるよう、避難場所や災害の種類をしめす記号が案内板などに使用されています。

➡ **津波避難ビル**
津波の恐れがある際に避難するためのビルには、遠くからでもわかるよう記号が大きく表示されています。
（宮城県仙台市）

津波避難場所
人が波から高台へ避難するようすをあらわしています。

避難所（建物）
避難所（災害の被害を受けた人が一時的に生活するための建物）をしめしています。

津波避難ビル
人が波からビルの高層階へ避難するようすをあらわしています。

⬇ **避難所をしめす標識**
広域避難場所の記号と災害種別をあらわす図記号が組み合わされていることで、何の災害に適した避難場所であるかがわかるようになっています。（千葉市）

洪水／内水氾濫

大規模な火事

津波／高潮

崖崩れ・地滑り

土石流

津波注意／高潮注意

崖崩れ・地滑り注意

土石流注意

⬇ **津波セーフティライン**
津波が予想される際、この表示よりも高い位置へ避難するようすをうながすために整備されています。車の運転中でも見逃すことがないよう、配色と文字の大きさがくふうされています。（愛知県田原市）

●はJIS案内用図記号（5ページ参照）です。

避難場所案内図

津波や高潮がおこる恐れがある際、自分のいる場所がどの程度浸水する危険性があるのか、どこへ避難したらよいのかなどをしめす案内図が各所に設置されていれば、緊急時に適切に行動するための助けとなります。

高地では、地震などの際に土砂災害の恐れがあります。

浸水の深くなる低地を赤、高地を黄色として段階ごとに色分けすることで、津波の際、どこへむかって逃げればよいかひと目でわかるようになっています。

避難場所・避難所の位置がしめされています。災害の種別をあらわす記号によって、何の災害のときにどこへ逃げ込めばよいかわかるようになっています。

マンションや施設など、津波の際に避難場所として適している建物が、津波避難ビル記号によってしめされています。

海岸沿いには津波が第一に到達するため、津波記号を記して注意をうながしています。

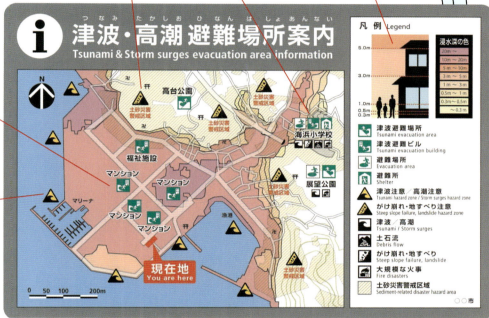

命を守る記号

こんなところにこんな記号

建物などで見られる防災のマーク

建物の入り口などには、防災のための一定の基準を満たしていることをしめすマークや、防災のための設備について知らせるマークが見られます。

東京都耐震マーク
法律で定められた耐震基準を満たす東京都内の建物が表示することのできるマークです。

緊急地震速報ロゴマーク
緊急地震速報の大切さを知らせるため施設などに表示するロゴマークです。

優良防火対象物認定証（優マーク）
防火安全対策がとられた優良な物件として、消防署長の認定を受けた建物が表示することのできるマークです。

よく見る記号

いろいろな施設でよく見られる記号をまとめてみました。だれが見てもすぐにその意味がわかることが大切ですが、とくに緊急のときの非常口のようなものでなければ、必ずしもすべてが同じデザインである必要もありません。それぞれの地域の特徴や文化のちがいによって、いろいろな記号があっても楽しいのではないでしょうか。

第1章 公共施設

いろいろなトイレの記号

男女のシルエットをもとに作られた記号が一般的ですが、よく見るとさまざまなデザインの記号があります。男女のシルエットがはじめてつかわれたのは、1964年の東京オリンピックでした。

お手洗●

お手洗 Toilets

お手洗い Rest Rooms

女性●

男性●

● 多機能トイレ（多目的トイレ）

妊娠している人やお年寄り、体の不自由な人などがつかいやすいように、さまざまな設備をもった広いトイレです。利用できる人をしめす記号も、たくさんついています。

海外では…

トイレのサイン

下のアメリカのトイレのサインは、女性用は丸、男性用は三角でかこんでいます。遠くからでもよくわかります。

トイレ（ドイツ）

トイレ（アメリカ合衆国）

18　　　　　　　　　　　　　　　　　　　　　　　　　　●はJIS案内用図記号（5ページ参照）です。

携帯電話

携帯電話をつかう人がふえて、利用できる場所、利用してはいけない場所をしめす記号もよく見られます。

優先席のまわり
電車やバスなどの優先席のサインの横には、携帯電話のスイッチを切る記号もつけられています。

携帯電話使用禁止
「携帯電話を使用してはいけません」という意味です。

道路や歩道
タバコのポイ捨て禁止や禁煙の記号です。

禁煙・喫煙

タバコの健康にあたえる影響やマナーが大きな問題になる中で、タバコをすう人たちにむけたサインもふえてきました。

禁煙
タバコをすってはいけない場所につけられている禁煙の記号です。

喫煙所
タバコをすってもよい場所をしめします。

身障者用設備

体に障害のある人が利用できる設備をととのえた施設につかわれているのが、車いすに乗った人の記号です。

スロープ　　身障者専用駐車場

障害のある人が使える設備
体の不自由な人が利用できる設備があることをしめします。

階段やエレベーター

エレベーターやエスカレーター（矢印のむきによって、「上り」「下り」をあらわします）、階段のある場所をしめす記号です。

エレベーター　　エスカレーター

階段

●はJIS案内用図記号（5ページ参照）です。

よく見る記号

第1章 公共施設

記号の色

記号は注目をあつめ、だれの目にもとまり、その意味がひと目でわからなくてはいけません。そのため、記号につかわれる色や形はたいへん重要です。JIS（日本工業規格）では、災害防止や救急、安全にかんする記号や標識にどんな色をつかうかなどのルールを決めて、色と形でわかりやすく伝えるくふうをしています。

赤色

赤は人間に見える色の中でもっとも強く感じられ、赤ちゃんが最初にわかる色だともいわれます。視線を強力に引きつける赤は、危険や禁止などの表現につかわれます。

一般禁止

●赤色は、「危険」を……

進入禁止

分解禁止

消火器

黄色

黄色と黒の配色はとても目立ちます。工場や建築現場などをはじめ、危険な場所、注意が必要なところでは、黄色と黒の注意記号がつかわれます。

一般注意

●黄色と黒は「注意」を……

感電注意

転落注意

学校、幼稚園、保育所等あり

●はJIS案内用図記号（5ページ参照）です。

青色

　海や空などの青い色は、血圧を下げたり、気持ちをなごませる効果もあるといわれます。記号では、指示や案内を表現する色としてつかわれています。

一般指示●

●青色は、「落ちつき」を……

静かに●

一列並び●

電源プラグをコンセントから抜け

緑色

　緑色は、見る人にやすらぎをあたえ、精神を安定させるはたらきもあります。救急や救援、避難の意味でつかわれ、手術をおこなう医師の服も緑色です。

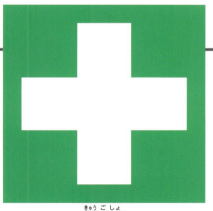
救護所●

●緑色は、「やすらぎ」……

安全指導標識

非常口

広域避難場所●

●はJIS案内用図記号（5ページ参照）です。

教育・文化施設
学校や博物館・美術館

学校や博物館などの文化施設にも、いろいろな記号がつかわれています。このような施設には学生のほかおおぜいの人があつまるので、いろいろな記号が作られています。たとえば、音楽室・理科室などの教室や図書室、会議室、トイレなど、つかわれる記号もさまざまです。全体に静かな環境がもとめられるため、駅やデパートなどとは少しちがう記号が多く見られます。

第1章 公共施設

⬆美術館の入り口の標示
タバコをすったり、犬などのペットをつれて入ったり、食べたり飲んだりしてはいけないことをしめしています。

飲食禁止

ペット持ち込み禁止

静かに
指示をしめす青色に、人さし指をそえた人の顔の形が入っています。

さわるな

捨てるな

立入禁止

走るな／かけ込み禁止

携帯電話使用禁止

電子機器使用禁止

撮影禁止

フラッシュ撮影禁止

小学校の例（福岡県嘉麻市立下山田小学校）

⬇図工コーナーの標示
はさみの図案で、図工をしめしています。

図書館

お手洗い

オレンジルーム

校長室

理科コーナー

保健室

音楽室

ランチルーム

●はJIS案内用図記号（5ページ参照）です。

こんなところにこんな記号

家の玄関やマンションのエレベーターの中にも

家の玄関やアパート・マンションなどでもいろいろな記号を見つけることができます。

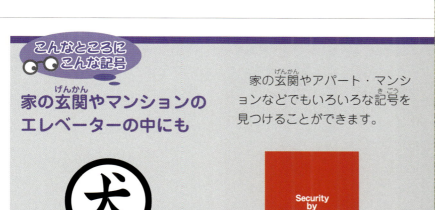

犬を飼っていることをしめすマーク

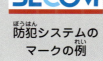
防犯システムのマークの例

教育・文化施設

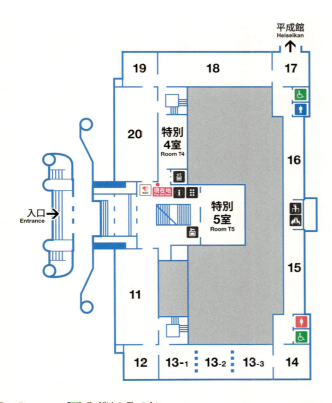

16	アイヌと琉球	Ainu and Ryukyu / 阿依努与琉球 / 아이누(Ainu)와 류큐(琉球)
17	保存と修理	Conservation and Restoration / 保存与修理 / 보존과 수리
18	近代美術	Modern Art / 近代美术 / 근대미술
19	みどりのライオン　体験コーナー	Education Center　Education Space / 绿色雄狮 体验角 / "녹색 사자" 체험코너
20	ミュージアムショップ	Museum Shop / 博物馆商店 / 뮤지엄숍

B1F　みどりのライオン　Education Center　教育普及園地　교육스페이스"녹색사자"

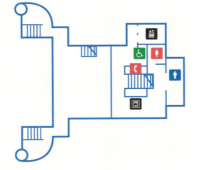

●博物館の案内図
(東京国立博物館　本館)
博物館の入り口などには、いろいろな設備や場所がすぐにわかるように、記号をつかった案内図が用意されています。

第1章 公共施設

教育・文化施設

公園やスポーツ施設

おおぜいの人があつまる公園やスポーツ施設にも多くの記号がつかわれています。施設内全体の案内や案内標識には、避難通路、レストラン、案内所、トイレ、出入り口などをしめす多くの記号がつかわれています。また、ふつうの建物とはちがいスタジアムは出入り口も多いため、出入り口を番号やローマ字でしめすこともあります。

➡公園内の標識
十字路があるので、自転車と歩行者がぶつからないように注意をよびかけた標識です。

公園

公園
樹木とベンチの組み合わせで、公園をしめす記号としてつかわれています。

水飲み場●

くず入れ●

自転車●
（駐輪場など）

自転車
乗り入れ禁止●

⬆公園の案内地図（駒沢オリンピック公園総合運動場）
トイレや駐輪場、電話など、設備や施設が絵文字でしめされています。

●はJIS案内用図記号（5ページ参照）です。

スポーツ施設

陸上競技場●
走っている人のすがたを図案化して、陸上競技の施設をあらわしています。

野球場●

サッカー競技場●

テニスコート●

海水浴場／プール●

更衣室●

更衣室(女性)●

シャワー●

浴室●

スポーツ活動

スカッシュコート

➡ **屋内球技場の案内地図**
更衣室や医務室などの施設のある場所がひと目でわかります。

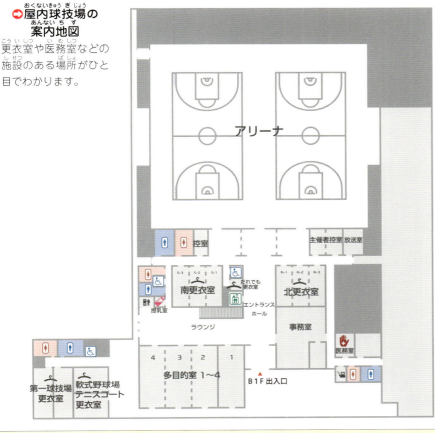

公園内での禁止事項

こんなところにこんな記号
禁止事項の記号
してはいけないことが記号をつかってしめされています。

🌙 競技種目の記号 ……176ページ

●はJIS案内用図記号（5ページ参照）です。

教育・文化施設

動物園や植物園

動物園や植物園には、動物や植物の種類や施設をわかりやすくしめす絵文字をつかった独特の案内図がもうけられています。また、広い園内で迷子にならないように、現在地がひと目でわかるような園内全体の地図も用意され、地図によっては番号や絵などで園内をまわるためのルートがしめされていることもあります。

第1章 公共施設

ゾウ　コアラ　ライオン　トラ　ワニ

キリン　シマウマ　カンガルー　ペンギン　カバ

↑**動物園の園内マップの絵文字**
動物の絵文字は、動物がいる場所の区域ごとに表示され、それぞれの動物の特徴的な形がえがかれています。

●**王子動物園の園内マップ**
兵庫県神戸市にある王子動物園では、動物のいる場所や施設がどこにあるかを、絵文字をつかってわかりやすくしめしています。

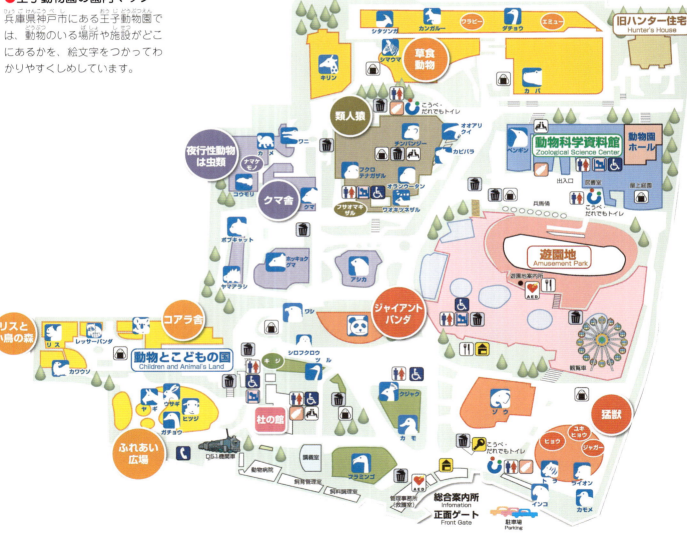

※2017年6月時点

海外では…

ワシントン動物園（アメリカ合衆国）

アメリカ合衆国の首都ワシントンにある世界有数の動物園。園内には見る人が迷わず目的の場所に行けるように、さまざまなくふうがなされています。

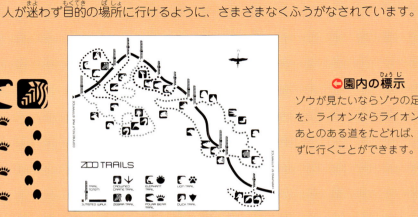

◁園内の標示
ゾウが見たいならゾウの足あとを、ライオンならライオンの足あとのある道をたどれば、迷わずに行くことができます。

● 長居植物園の園内マップ

大阪府大阪市にある長居植物園の園内マップには、園内に咲く花のイラストがえがかれています。名前だけではわからない植物も、ひと目でわかるようにするくふうです。

※2018年8月時点

教育・文化施設

第1章 公共施設

商工業施設

商店や飲食店

スーパーマーケットやデパートなどには、商品の売り場の案内図が入り口や階段のおどり場など、人の目につきやすい場所に用意されています。また、火事などの災害にそなえて、非常口サインをはじめ、避難通路が店内のあちこちに掲示されています。このほか、駐車場や駐車禁止の記号もこういう施設には多く見られます。

デパートの案内図（日本橋髙島屋）

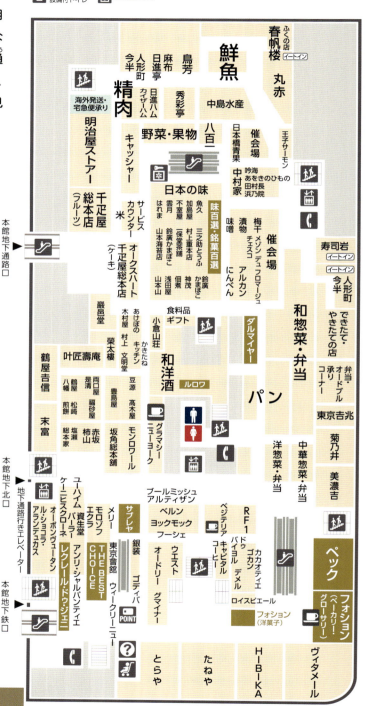

※2018年9月時点

● 会計
日本の通貨の単位「円」の記号をつかって、お勘定場をあらわします。

レストラン ●
喫茶・軽食 ●

⬆ お勘定場のサイン
広い店内からもすぐにわかるように、レジの場所をしめしています。

➡ 店内の案内標識
店内にはこのほか、非常口やエレベーター、階段などの場所をしめす標識も、矢印とともにしめされています。

28　　●はJIS案内用図記号（5ページ参照）です。

バー●

ガソリンスタンド●

理容／美容●

飲料水●

ベビーケアルーム●

薬局

新聞・雑誌

駐車場●

ベビーカー使用禁止●

飲めない●

進入禁止●

駐車禁止●

禁煙●

火気厳禁●

⬆エスカレーターでの禁止事項
エスカレーターに乗ってしてはいけないことが絵文字をつかってしめされています。

⬆スーパーマーケットのカート置き場
カート置き場の前に、してはいけないつかいかたが図でしめされています。

こんなところにこんな記号

ひと目でわかるお店の看板

商店街にもいろいろな記号があふれています。たとえば、お店の看板です。理容店のサインはむかしからよく知られていますが、このほか、ひと目で何の店かわかるような、絵文字をつかった魅力的な看板をもうけているお店が、たくさんあります。

ドッグフード店

クリーニング店

理容店

喫茶店

動物病院

ベーカリー（パン屋）

●はJIS案内用図記号（5ページ参照）です。

商工業施設

第1章 公共施設

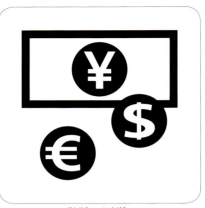

銀行・両替
銀行など金融機関の出張窓口や自動預け払い機や両替コーナーをしめす記号です。日本の通貨記号￥（円）や、＄（ドル）、€（ユーロ）の記号がつかわれています。

自動販売機

↑**自動販売機**
側面に自動販売機や自動販売機コーナーをしめす絵文字、前面にはつかえる硬貨の種類をしめす記号などもあります。

↑→**電話ボックス**
電話器の上には、警察や消防などの緊急通報先の番号が、外国の人でもわかるように絵文字といっしょに掲示してあります。

キャッシュサービス

海外発行カード対応ATM

コンビニエンスストア

無線LAN

電話

なるほど情報ファイル

江戸時代の看板

字が読めない人も多かった江戸時代には、ひと目で何を売る店かがわかるように、商品をかたどった看板がつかわれていました。今ではなくなってしまった商売もありますね。

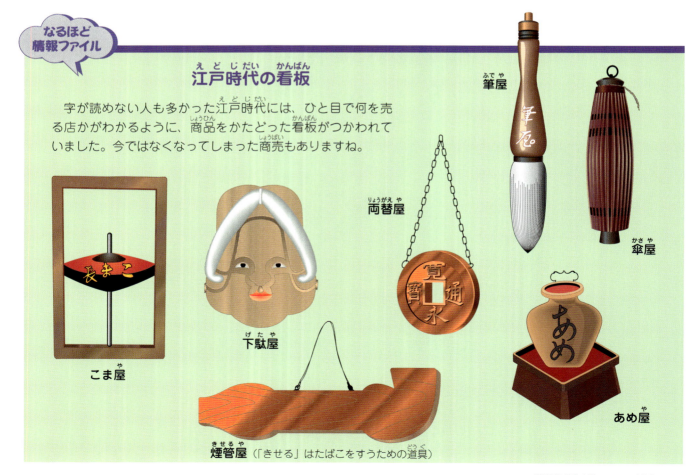

こま屋／下駄屋／両替屋／筆屋／傘屋／あめ屋／煙管屋（「きせる」はたばこをすうための道具）

●はJIS案内用図記号（5ページ参照）です。

商工業施設

宿泊施設や観光地

各地からおおぜいの人があつまる観光地やホテル、旅館などの宿泊施設には、日本語が読めない外国の人もやってきます。そのために各種の記号がつかわれています。部屋や施設内の案内はもちろん、万一の場合の避難通路なども記号でしめされています。このほか、たとえばスキー場では、リフトへの乗りかたや各種の注意事項も絵文字でしめされています。

宿泊施設

ホテル／宿泊施設●
ホテルなど宿泊施設をしめす絵文字。

➡ **ホテルのフロア案内図**
複雑なつくりのホテルでは、わかりやすい案内図が役に立ちます。（シェラトン・グランデ・トーキョーベイ・ホテル）

クローク●
（服などをあずけるところ）

ファックス●

チェックイン／受付●

ホテル案内
（アメリカ合衆国）

天然温泉表示マーク

➡ 「温泉法」にもとづき各都道府県知事から許可を受けた天然温泉を利用する旅館、ホテル、民宿など。（日本温泉協会）

新適マーク

➡ 防火自主点検済証。消防法令の自主点検報告制度に基づく基準に適合している旅館やホテル。（消防庁）

なるほど情報ファイル

２つの温泉マーク

左は昔からつかわれている温泉マーク、右は2016年に新しく定められた温泉マークです。JIS案内用図記号を改正するときのアンケートで、日本人からは左のマークのほうが、外国人からは右のマークのほうがわかりやすいという意見が多かったため、それぞれの温泉施設などが自由に選んでよいということになりました。

➡ 地図の記号……206ページ

●はJIS案内用図記号（5ページ参照）です。

観光地や歴史的建造物

展望地／景勝地●
ながめのよい場所をしめす絵文字。観光地の案内地図や案内板にもちいられています。

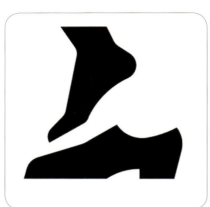
靴を脱いでください●
入るときに靴を脱がなければいけない建物などをしめす図記号です。

↑歴史的建造物や観光名所をしめす絵文字

自然保護

ケーブル鉄道●

ロープウェイ●

キャンプ場●

歴史的建造物1
（神社、仏閣など）

歴史的建造物2
（城など）

キャンプ禁止●

遊泳禁止●

コミュニケーション●

こんなところにこんな記号

登山道の記号やケルン

登山道には、安全に登山を楽しむための記号の標識があります。たとえば、分かれ道などに矢印や○印や×印がつけられていることがありますが、これは正しいルートであるかどうかをしめす重要な目印です。石を積み上げて作られるケルンも、もとは道しるべで、登山者の安全のために設置されました。

海外では…

歴史的建造物

日本では城や神社・仏閣などの絵文字がつかわれていますが、ヨーロッパの国ぐにでも同じように、城やキリスト教の聖堂をもとにした絵文字がつかわれています。

大聖堂
（フランス）

●はJIS案内用図記号（5ページ参照）です。

スキー場

安全にスキーやスノーボードを楽しむための記号です。案内板や標識に、いろいろな記号がつかわれています。

禁止・注意の記号

注意旗

ポール禁止

飛び降り禁止

じぐざぐコースとなる

注意してユックリ行け

場所や施設をしめす記号

スノーボードよし
スノーボード指定区域

講習よし
講習指定区域

ポールよし
ポール指定区域

スキーリフト

腰掛け式リフト

スキー場●

リフトの乗りかたをしめす記号

安全バーを閉める

スキーの先を上げる

スキーヤーは降りる

商工業施設

海外では… アメリカ合衆国の国立公園の案内用記号

国立公園を管理するナショナル・パーク・サービスが定めた絵文字です。

 救護所
 トイレ
 ホテル
 レストラン
 キャンプエリア
 ペットホテル
 宿泊小屋
 キャンプファイヤー

 シカ観察ポイント
 クマ観察ポイント
 乗馬
 ハイキング
 ロッククライミング
 洞窟
 カヌー
 フィッシング

競技種目の記号……176ページ

●はJIS案内用図記号（5ページ参照）です。

第1章 公共施設

商工業施設
工場や工事現場

工場には電気や、毒物、もえやすい燃料などの危険物がたくさんあります。このため、人びとの安全のためにたくさんの記号がつかわれています。また、工事現場にも段差、危険物、障害物などのたくさんの危険があり、現場で働く人たちや、ここを通る人たちが、事故をおこしたりけがをしたりしないように、記号で注意をよびかけています。

⬆工事現場に表示される記号
工事現場には、安全のためにしてはいけないこと、しなくてはならないこと、注意することが、色分けした記号をつかってしめされています。

一般注意
一般的な注意をうながす標識。三角形に黄色と黒色の組み合わせは「注意」をあらわす標識です。

安全衛生旗

防火標識

危険標識

指導標識（安全第一）

安全指導標識

危険標識

放射能標識

指示標識（手袋着用）

なるほど情報ファイル

安全標識の色と形

工場や工事現場などの標識の色や形は、これによって、禁止、危険、注意の指示がすぐにわかるようになっています。JIS（日本工業規格）によってくわしく決められています。

禁止

防火

注意

⬆工事現場のポスター
工事現場には、こんなお願いのポスターもよくはられています。

＊安全標識の色の規定は、2018年に、だれにでもわかりやすい「カラーユニバーサルデザイン」にのっとったものに変更されました。（13ページ参照）

●はJIS案内用図記号（5ページ参照）です。

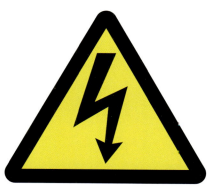
感電注意
高圧・大電流の電気が流れているので、感電に注意するようにうながす標識です。

上り段差注意

下り段差注意

滑面注意

天井に注意

転落注意

障害物注意

海外では…
安全標識
アメリカ合衆国の会社でつかわれている、安全標識の例です。

 火気厳禁
 さわるな
 昇降禁止
 土足厳禁

 電撃／感電
 熱による危険

 手洗励行
 整理整頓
 合図確認
 保護帽着用

 指または手の巻き込み
 胴体の圧砕

 化学薬品による手の火傷
 有毒臭・有毒ガス・窒息

故障　有害物注意　開口部注意　はさまれ注意

 ぬれた場所での転倒または滑り
 落下または飛翔物体

（中央労働災害防止協会の標識）

❶工場の中の標識
工場でも、禁止や注意の記号が目立つ位置に掲示されています。

●はJIS案内用図記号（5ページ参照）です。

35

第1章 公共施設

官公庁・病院・福祉施設

郵便局や警察署

郵便局では何種類かの記号がつかわれています。同じように警察署でも、わかりやすいようにいろいろな記号がつかわれています。また、外国の人にもわかりやすいように、交番には「KOBAN」という文字とともにキャラクターもつかわれています。このほか消防署や税務署、公共職業安定所などでもひと目でわかる記号がつかわれています。

郵便局

郵便局

〒マークは、むかし郵便を担当していた逓信省の頭文字「テ」をデザイン化したものといわれています。

警察署

交番の看板

警察

役所など

税務署
（税金の記号）

役所をしめす記号

案内板にえがかれた公共職業安定所などの記号です。

日章

警察の記章（バッジ）は「日章」（朝日影）といい、朝に東の空にのぼる太陽をデザインしたものです。第二次世界大戦後の1948年に正式に警察のシンボルとなりました。

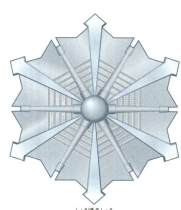

消防章

消防署の記章は「消防章」といいます。雪の結晶と日章をもとにデザインされ、水管の先から放出される水をあらわしています。つかわれているところによって、色や形が変わることがあります。

36　　　　　　　　　　　　　　　　　　　　　　●はJIS案内用図記号（5ページ参照）です。

官公庁・病院・福祉施設

病院や福祉施設

病院では、受付や薬局、またレントゲン室などの設備をしめす記号がつかわれています。また、患者が目的の治療室に迷わず行けるように、色の帯で通路にえがかれた通路案内も記号の一種です。福祉施設では体の不自由な人が利用する機会が多いために、ふだんなにげなくつかっているものの使用を禁止するマークがたくさんあります。

↑病院のフロア案内図（けいゆう病院）
各部屋が、役割の内容によって色分けされて表示されています。

病院

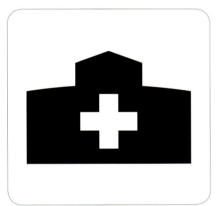
病院●

オストメイト用設備／オストメイト●

強磁場注意

高周波使用

ペースメーカ装着者の入室禁止

薬局

体内に磁性金属のある人の入室禁止

金属製装身具持込み禁止

鉄製小物持込み禁止

鉄製移送用機器・鉄製補助用具持込み禁止

鉄製容器持込み禁止

磁気記録媒体持込み禁止

鉄製運搬機器持込み禁止

精密機器・電子機器持込み禁止
診断用の磁気共鳴装置（MR装置）の設置された部屋の前に、ほかの禁止記号とともに標示されています。

海外では…
Hは欧米では病院

日本ではHはホテルの略称としてつかわれますが、欧米では病院（Hospital）の略称としてつかわれることが多いようです。

病院（アメリカ合衆国）

病院（ISO）

●はJIS案内用図記号（5ページ参照）です。

第 2 章
交通と乗り物

交通のルールや運転のための情報を
すぐにわかるように伝える記号

ヨーロッパで作られた
最初の道路標識

ヨーロッパの道路標識

20世紀の初頭に、ヨーロッパではじめて国際的な道路標識が登場しました。いろいろなことばを話す国ぐにが陸続きにとなり合っているヨーロッパでは、理解できない文字で書かれた道路標識を不便と感じる人びとが多くなり、どこの国も同じ道路標識をつかうことになったのです。

1949年には、今日つかわれている標識の基本が決まりました。その道路標識は、色をつけた丸や三角のわくの中に、注意すべきことがらを絵文字でしめしたものでした。運転手は最初遠くから、標識の色や形で、「禁止」や「注意」の標識があることを知ることができ、近づいてから禁止や注意の内容をわくの中の絵文字によって理解するというものでした。

丸にななめ棒を引いた「禁止」（じつは、丸にななめ棒ではなくて、英語で「NO＝禁止」をあらわすNをデザインしたもの）は、日本の道路標識にもつかわれていますが、これは、このとき、ヨーロッパで考案されたものです。

ところで、アメリカでは、今でも文字による道路標識がつかわれています。けれども、横断歩道の信号は手のひらと歩行者を赤と青の光る絵文字でしめし、「横断歩行者注意」では、黄色のひし形に歩く人の形をえがいた絵文字デザインが見られます。

これからは、読まなくても見た瞬間にわかる、ちがうことばを話す外国の人にもわかる、字の読めない小さな子どもにもわかる絵をつかった道路標識に、変わっていくことでしょう。

> 自動車の発達で
> 共通の道路標識が
> 必要になったのね

> わかりやすい
> 共通の記号をつかうと
> 世界中の人が
> 運転できるんだね

自動車の運転席にも
いろいろな記号があります。

道路と自動車

道路標識

　道路をとおる人や車などに対して、道路のようすや守らなければならないこと、注意してほしいことなどを知らせる記号です。道路標識には「規制標識」「警戒標識」「指示標識」「案内標識」の4種類があり、標識の記号の形や色が決められています。また、各標識の下につけられ規制の理由を表示したものを「補助標識」といいます。

⬆車両進入禁止
一方通行の道路に進入しないように、道路の上につけられています。

規制標識
してはいけないことを知らせたり、特定の方法にしたがって通行するように指定する道路標識です。

通行止め

車両進入禁止

車両通行止め
○に＼ではなく、NO（禁止）のNの字をデザイン化したものです。

二輪の自動車以外の自動車通行止め

大型貨物自動車等通行止め

大型乗用自動車等通行止め

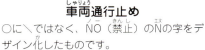
二輪の自動車・原動機付自転車通行止め

自転車以外の軽車両通行止め

自転車通行止め

車両（組合せ）通行止め

環状の交差点における右回り通行

指定方向外進行禁止

指定方向外進行禁止

⬅環状交差点
中央の円形地帯の周りを右方向に回ることで方向を変える形式の交差点です。

車両横断禁止

転回禁止

追越しのための右側部分はみ出し通行禁止

🔸 鉄道を運行するための記号 ……64ページ
🔸 航空図の記号 ……70ページ
🔸 海図の記号 ……74ページ

39

第2章 交通と乗り物

駐停車禁止
（午前8時から午後8時まで）

駐車禁止
（午前8時から午後8時まで）

時間制限駐車区間
（午前8時から午後8時まで）

危険物積載車両
通行止め

重量制限
（重さ5.5トンまで）

高さ制限
（高さ3.3mまで）

最大幅
（幅2.2mまで）

最高速度
（時速50kmまで）

最低速度
（時速30km以上）

自動車専用

自転車及び歩行者専用
自転車はふつう、車道を走りますが、この記号があれば歩道をとおることができます。

自転車専用

歩行者専用

一方通行

車両通行区分

特定の種類の車両の通行区分

牽引自動車の高速自動車国道通行区分

専用通行帯

路線バス等優先通行帯

牽引自動車の自動車専用道路第一通行帯通行指定区間

進行方向別通行区分

進行方向別通行区分

進行方向別通行区分

進行方向別通行区分

↑進行方向別通行区分
自動車を左折、直進、右折にふりわける、道路の整理役です。

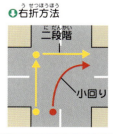
●右折方法
二段階
小回り

原動機付自転車の右折方法（二段階）

原動機付自転車の右折方法（小回り）

- 河川通航標識……77ページ
- スキー場……33ページ
- 登山道の記号やケルン……32ページ

徐行

「車をすぐ止められるように、ゆっくり走りなさい」ということです。逆三角形の道路標識は、日本ではこの「徐行」と「一時停止」だけです。2017年7月から「SLOW」の文字を併記した標識が設置されています。

一時停止

歩行者通行止め

歩行者横断禁止

警笛鳴らせ（警笛区間）

↑歩行者横断禁止

交通量が多い道路などで見られる、歩行者は道路を渡ってはいけないという意味の標識です。

警戒標識

道路上の危険や注意しなければならない状況などを前もって知らせて、注意をうながす道路標識です。

十形道路交差点あり

ト形（又は┤形）道路交差点あり

T形道路交差点あり

Y形道路交差点あり

ロータリーあり

右（又は左）方屈曲*1あり

右（又は左）方屈折*2あり

右（又は左）方背向屈曲*3あり

右（又は左）方背向屈折*4あり

右（又は左）つづら折り*5あり

踏切あり

鉄道が電化されているところでは、この記号が多くつかわれています。

踏切あり

学校、幼稚園、保育所等あり

信号機あり

すべりやすい

こんなところにこんな記号

歩道の通行区分

歩道内で、歩行者と自転車の通行区分をしめすマークです。

➡ 交通信号……48ページ
➡ 踏切……65ページ

*1 屈曲　カーブ。　*2 屈折　直角に近い曲り角。
*3 背向屈曲　右、左と連続したカーブ。
*4 背向屈折　右、左と連続した直角に近い曲り角。
*5 つづら折り　長く続くくねくねとした連続カーブ。

道路と自動車

第2章 交通と乗り物

落石のおそれあり

路面凹凸あり

合流交通あり

なるほど情報ファイル
どんな動物が飛び出すの？
「動物が飛び出すおそれあり」の標識は、飛び出しそうな動物の種類によって、中の絵が変わります。

車線数減少

幅員*6減少

二方向交通

さる　　たぬき　　うさぎ

上り急勾配*7あり

下り急勾配あり

道路工事中

横風注意

動物が飛び出すおそれあり

その他の危険

指示標識
特定の通行方法ができることや、道路交通上の決められた場所などを指示する道路標識です。

並進可

軌道敷内通行可

駐車可

停車可

優先道路

中央線

停止線

横断歩道

自転車横断帯

安全地帯

規制予告

この先100mの地点では、日曜日と祝日を除いて、午前8時から午後8時の間、自転車以外の車両は通行止め

横断歩道
子どもが登場する横断歩道の標識は、小学校などの近くで見られます。

*6 幅員　幅。
*7 勾配　かたむき。

補助標識

規制の理由をしめしたり、規制が適用される時間や曜日、車種などを特定する標識。補助標識だけではつかわれません。

距離・区域	日・時間	車両の種類	地名
この先100m / ここから50m / 市内全域	日曜・休日を除く / 8-20	大貨 / 原付を除く / 積3t	小諸市本町

始まり	区間内・区域内	ここまで	注意事項	規制理由	方向
ここから / 区域ここから	区域内 / 区間内・区域内	←ここまで / 区域ここまで	路肩弱し*1 / 安全速度30	騒音防止区間 / 歩行者横断多し / 対向車多し	

終わり

通学路 / 動物注意
踏切注意 / 注意
横風注意

補助標識の表示例

日・時間
平日の午前7〜9時は歩行者専用となる道路です。

7－9
日曜・休日を除く

車両の種類
大型の貨物自動車は、直進だけできる交差点です。

始まり
追いこしで右側にはみ出すのは、ここから禁止です。

本標識 / 追越し禁止 / 補助標識

こんなところにこんな記号

消防標識

道路のわきや川の岸などに道路標識と同じような標識がつかわれていることがあります。これは火事の際に、消防がいち早く消火栓や消火用の水をためてある貯水槽を見つけられるようにしたもので、「消防標識」といわれています。

 消火栓
 防火水槽
 消防水利

道路と自動車

*1 路肩　道路のはし。

案内標識

ある地点の名前や方面、距離などをしめし、道に迷わずに通行できるよう設置された道路標識です。

↑高速道路の案内標識

案内標識は、高速道路では緑、一般道では青をつかいます。

東名高速 TOMEI EXPWY

首都高速 SHUTO EXPWY / 空港 新宿 Airport Shinjuku
入口の方向

名神高速 MEISHIN EXPWY / 入口 150m
入口の予告

↑日本橋 10km Nihonbashi / 日比谷 7km Hibiya / 4 横浜 11km Yokohama / 5 厚木 26km Atsugi / 静岡 153km Shizuoka
方面及び距離

大阪 Osaka / 本線 THRU TRAFFIC
方面及び車線

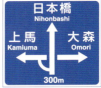
日本橋 Nihonbashi / 上馬 Kamiuma 大森 Omori 300m / 上馬 日本橋 大森 300m / 上馬 日本橋 大森 300m
方面及び方向の予告

市ヶ谷 Ichigaya / 池袋 Ikebukuro 渋谷 Shibuya / 明治通り
方面、方向及び道路の通称名

京都 宇治 Kyoto Uji / 5B 出口 EXIT 1km / 江戸橋 Edobashi / 303 出口 EXIT 400m
方面、車線及び出口の予告

16 横浜 町田 Yokohama Machida / 4 ← 出口 EXIT / ↑ 西神田 Nishikanda 501 出口 EXIT
方面及び出口

出口 EXIT / 4 横浜 Yokohama

出口 EXIT / 4 横浜 Yokohama
出口

P ↑ 富士川 Fujigawa
サービス・エリア

非常電話

待避所

非常駐車帯

P 駐車場

登坂車線 SLOWER TRAFFIC
登坂車線

国道 142 ROUTE / 142
国道番号（一般国道）

県道 142 神奈川
都道府県道番号

142
（主要地方道）

142
（一般都道府県道）

青山通り Aoyama-dori Ave. / 渋谷線 3
道路の通称名

でんしゃ のりば
路面電車停留所

← まわり道 DETOUR
まわり道

傾斜路

バス のりば
乗合自動車停留所

小田原 Odawara / 33
まわり道

第2章 交通と乗り物

道路標示

ペイントや道路びょうなどで、道路上にしめされた線や記号、文字のことです。規制標示と指示標示に分かれます。

➡ スクランブル交差点
ななめにも横断できるこの交差点は、都会の繁華街でよく見られます。

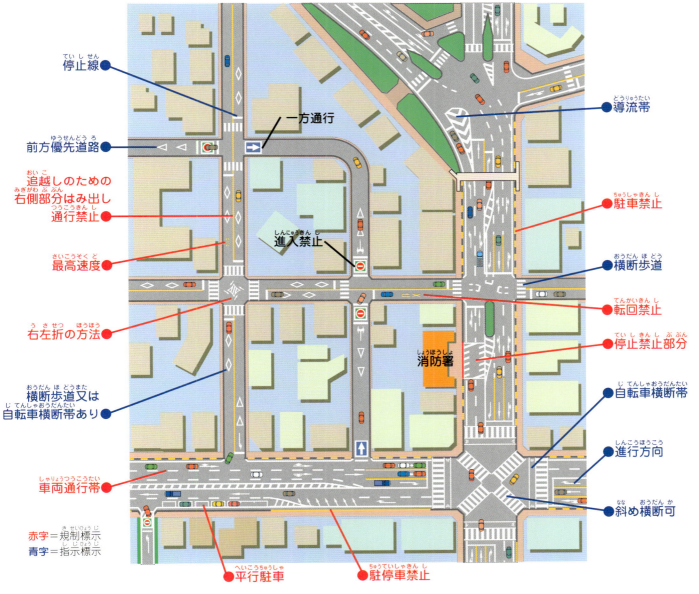

赤字＝規制標示
青字＝指示標示

道路と自動車

45

こんなところに こんな記号

カントリーサイン

おもに道路を通行する自動車に，市町村の境界をしめす案内標識をカントリーサインといいます。各市町村の名所や名産物などを図案化しています。ここでは，北海道の市町村の例を紹介します。

⬆北海道の道路標識に見られるカントリーサイン
北海道では，すべての市町村についてカントリーサインがデザインされています。

第2章 交通と乗り物

 札幌市 Sapporo City
 江別市 Ebetsu City
 千歳市 Chitose City
 恵庭市 Eniwa City
 北広島市 Kitahiroshima City
 石狩市 Ishikari City

 夕張市 Yubari City
 美唄市 Bibai City
 滝川市 Takikawa City
 小樽市 Otaru City
 島牧村 Shimamaki Village
 寿都町 Suttsu Town

 黒松内町 Kuromatsunai Town
 蘭越町 Rankoshi Town
 ニセコ町 Niseko Town
 真狩村 Makkari Village
 倶知安町 Kutchan Town
 共和町 Kyowa Town

 泊村 Tomari Village
 神恵内村 Kamoenai Village
 積丹町 Shakotan Town
 古平町 Furubira Town
 室蘭市 Muroran City
 苫小牧市 Tomakomai City

 伊達市 Date City
 登別市 Noboribetsu City
 岩内町 Iwanai Town
 岩見沢市 Iwamizawa City
 三笠市 Mikasa City
 赤平市 Akabira City

シルバーゾーン

高齢者を交通事故から守る目的で指定された区域で、老人福祉施設や集会所などのまわりにもうけられています。

シルバーゾーン
茨城県

シルバーゾーン
石川県

シルバーゾーン
愛知県
つえをついた老夫婦が、仲むつまじく手をつないで歩いている標識です。

お年寄りに注意
愛知県岡崎市
（シルバーロード）

高齢者交通安全 シルバーゾーン
香川県

シルバーゾーン
神奈川県
長寿の象徴であるつるの形をデザインした標識。道路のようにも見えます。

シルバーゾーン
青森県

シルバーゾーン
宮城県

広島県
カラーのイラストでえがかれた標識。

↑ シルバーゾーン
道路にも青い標示がされた、シルバーゾーン。車の運転手に注意をよびかけます。
（埼玉県戸田市）

↓ ゾーン30
住宅地や通学路などで、車の最高速度を30kmまでに制限する「ゾーン30」が定められた区域では、道路上の塗装によってそのことがしめされています。
（埼玉県戸田市）

こんなところにこんな記号 「道の駅」

一般道路に造られた公的な休憩所のこと。駐車場・トイレ・電話などの基本的な施設と、その地域を紹介する案内サービス施設があります。

🌙 バリアフリーのための記号 …… 116ページ

道路と自動車

交通信号

道路を行きかうすべての人や自動車に、赤、青、黄の色によって通行の指示を出す装置です。

人の形をしめした信号機

この信号は、歩行者に指示を出すものですが、自転車の通行指示になることもあります。

青色の灯火
通行できます。

青色の灯火の点滅
渡り始めは禁止です。

赤色の灯火
通行できません。

信号の意味

青色の灯火
歩行者は通行できます。車と路面電車は直進、左折、右折ができ、自転車や荷車などの軽車両は、直進、左折ができます。

黄色の灯火
歩行者は渡り始められません。車や路面電車は、安全に停止できない場合をのぞき、停止位置から先に進んではいけません。

赤色の灯火
歩行者は通行できません。車や路面電車は停止位置をこえて進んではいけません。

青色の灯火の矢印
車は右折できます。自転車や荷車などの軽車両や原動機付き自転車は右折できません。

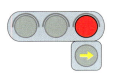
黄色の灯火の矢印
路面電車専用の信号。路面電車は右折できます。

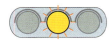
黄色の灯火の点滅
歩行者、車、路面電車とも、ほかの交通に注意しながら通行できます。

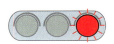
赤色の灯火の点滅
歩行者は注意しながら通行でき、車や路面電車は一時停止して安全確認後、通行できます。

↑**人の形をしめした信号機**
左側の表示があれば、自転車もこの信号機にしたがいます。

↑**青色の灯火の矢印**
赤信号でも直進できます。

手信号の意味

腕を水平に上げているとき

腕を垂直に上げているとき

停電などで信号がつかないとき、警察官などが手信号で交通整理をおこないます。図の青い矢印は青の信号、黄色の矢印は黄色の信号、赤い矢印は赤い信号と同じ意味になります。

白地に青の左向きの矢印

この矢印があるところでは、前方の信号にかかわらず、車は、まわりの交通に気をつけながら、左折できます。

- 鉄道を運行するための記号 ……64ページ
- 船の信号旗 ……76ページ

第2章　交通と乗り物

道路と自動車

自動車を見分けるための記号

　自動車は車体に自分の好きな色を自由につかっていいものではありません。とくに緊急作業用の自動車は、ひと目でわかるように独特の色と配色がほどこされています。そのほか、自動車には、ナンバープレートやフロントガラスなどさまざまなところに、用途や運転できる期間などがしめされた記号が表示されています。

↑パトロールカー
白と黒の車体と屋根の上の赤い回転灯が目印です。

特別な自動車の塗装

　緊急作業用の自動車の場合、消防車の色は赤、そのほかの車の色は白を基本の色にすることとなっています。

消防車（ポンプ車）

救助車（レスキュー車）

救急車

パトロールカー

白バイ

郵便車

血液輸送車（日本赤十字社）

自動車のレッカー車（日本自動車連盟）

道路のパトロールカー

電力会社の高所作業車（東京電力）

清掃車

- 郵便局や警察署……36ページ
- 警察官と消防士の階級章……158ページ

49

ナンバープレート

自動車につけられる番号標には、たくさんの情報がふくまれています。上段は登録地域、種類をしめす数字、下段には使用目的をしめす文字記号、4けたの数字が並べられます。さらに、地色にも情報があります。白地は自家用、緑地は事業用（営業用）、青地は外交官用などとひと目でわかるようになっています。

ナンバープレートと文字の色

足立 55 さ 24-08	自家用	（軽自動車）多摩 44 あ 79-63
練馬 33 い 28-11	事業用	（軽自動車）八王子 22 り 52-01

●**封印**
とりはずせないように自動車の後ろのナンバープレートにつけられます。運輸支局などを表示する文字が刻印されています。

●**管轄支局等表示文字**
運輸支局または自動車検査登録事務所をしめす文字です。

横浜502
ち 83-69

かな文字●
事業用……あ・い・う・え・か・き・く・け・こ・を
自家用……さ・す・せ・そ・た・ち・つ・て・と・
な・に・ぬ・ね・の・は・ひ・ふ・ほ・
ま・み・む・め・も・や・ゆ・ら・り・る・ろ
貸渡（レンタカー）用……れ・わ
駐留軍人・軍属私用など
……E・H・K・M・T・Y・よ
使用されない文字……お・し・へ・ん

＊軽自動車は別に決められています。

登録番号●
・・・1から99-99まで自由に選ぶこともできます。

自動車の種別による分類番号●

種別	分類番号
普通貨物自動車	1、10〜19、100〜199
普通乗合自動車	2、20〜29、200〜299
普通乗用自動車	3、30〜39、300〜399
小型貨物自動車	4、40〜49、400〜499
	6、60〜69、600〜699
小型乗用自動車	5、50〜59、500〜599
及び乗合自動車	7、70〜79、700〜799
特種用途自動車	8、80〜89、800〜899
大型特殊自動車	9、90〜99、900〜999
大型特殊自動車のうち建設機械	0、00〜09、000〜099

＊2018年から、分類番号が使い果たされた種別から、数字にアルファベットのA、C、F、H、K、L、M、P、X、Yのいずれかを加えた「11A」「1A1」「1AA」のような3桁が使われるようになりました。

特殊なナンバープレート

外-5678	代-1234	87-6543
外交団用	代表部用	防衛省自衛隊用 ＊1
外4567	領-3456	
外交団大公使館の長のもの	領事団用	

なるほど情報ファイル

覚えやすくするくふう

登録番号が4けたの場合、上2けたと下2けたの間にハイフン(-)を入れ、2けたに区切ることで数字を覚えやすくしています。また、登録番号が1〜3けたの場合は、ナンバープレートの変造防止のため、空白部分のけたに●を置いています。

足立 553 さ 24-08

足立 553 さ ・・48

足立 553 さ ・・・8

➡ 車両記号……65ページ

＊1 プレートがつけられない車両の場合は、車体に塗装する。

こんなところにこんな記号

ご当地ナンバープレート

地域の魅力をアピールすることをねらって、地域限定の図柄をあしらったナンバープレートが交付されています。それぞれのナンバープレートの図柄には、その地域の特産品や観光名所などがえがかれています。

⬆仙台（宮城県仙台市）
<伊達政宗公と仙台七夕まつり>
伊達政宗の乗馬姿と、古くから毎年おこなわれている仙台七夕まつりがえがかれています。

⬆岩手（岩手県宮古市等）
<銀河鉄道の夜>

⬆山形（山形県山形市等）
<さくらんぼの里山形>

⬆つくば（茨城県つくば市等）
<筑波山>

⬆富士山（山梨県富士吉田市等）
<富士山>
富士山の有名な浮世絵（葛飾北斎「富嶽三十六景」）をもちい、富士山のある町であることをアピールしています。

⬆世田谷（東京都世田谷区）
<多摩川とサギソウ>

⬆成田（千葉県成田市等）
<飛行機が飛ぶ街>

⬆新潟（新潟県新潟市等）
<萬代橋とトキ>

⬆福井（福井県全域）
<恐竜>
福井県勝山市で化石が発掘され、多くの観光客をよんでいる恐竜の図柄がえがかれています。

⬆京都（京都府全域）
<花紋様天橋立と五重塔>

⬆高知（高知県全域）
<はりまやばしとカツオ>

⬆奈良（奈良県全域）
<桜と紅葉>

⬆鹿児島（鹿児島県鹿児島市等）
<桜島>

道路と自動車

51

自動車につけられるマーク

初心者マークのように運転する人の情報や、検査標章のように車の整備状況や性能をしめすものなどがあります。

初心者マーク
（免許を取って1年以内）

高齢者マーク
（70歳以上）

身体障害者マーク

聴覚障害者マーク

↑スロープ車のマーク
昇降口に段差がなく、車いすでも乗りおりが楽なバスのマークです。

● 検査標章（ステッカー）
次に受ける車の定期検査の年月をしめすものです[*1]。

（2008年〜2016年）

（2017年〜）

● 保管場所標章
自動車の駐車場が確保されていますという印です。車の後面ガラスなどにはります。

保管場所標章

● タクシーの行灯
個人タクシーの行灯には、運転手が優秀なことをしめす三つ星の行灯もあります。

個人タクシーの行灯

個人タクシーの行灯

[*1] 軽自動車の場合は色がことなる。

カーエンブレム

自動車の製造メーカー、または車種をしめす商標（自社の商品であることをしめすマーク）という記号の一種です。この記号には、メーカー独自のイメージや主張がこめられています。

いすゞ自動車
（日本）

SUBARU
（日本）

スズキ
（日本）

日産自動車
（日本）

トヨタ自動車
（日本）
3つの楕円を左右対称に組み合わせたエンブレムです。中の2つの楕円はトヨタの「T」と車のハンドルをあらわしています。

ボルボ
（スウェーデン）

アウディ
（ドイツ）

マツダ
（日本）
はばたく鳥のイメージを、会社の頭文字である「M」の形に似せてデザインしたエンブレムです。

ダイハツ工業
（日本）

本田技研工業
（日本）

ミニ
（ドイツ）

プジョー
（フランス）

日野自動車
（日本）

三菱自動車工業
（日本）

ビー・エム・ダブリュー
（ドイツ）
BMWは、航空機のエンジン製造から始まった会社。プロペラの回転と青空・雲がデザインされています。

オペル
（ドイツ）

フォード
（アメリカ）

フォルクスワーゲン
（ドイツ）

メルセデス・ベンツ
（ドイツ）

アルファロメオ
（イタリア）
人をのみこむ大蛇と、イタリア・ミラノ市の紋章である十字を組み合わせたエンブレムです。

- 鉄道会社のマーク ……61ページ
- 列車のマーク ……59ページ
- 飛行機のマーク ……68ページ
- ファンネルマーク ……73ページ

道路と自動車

道路と自動車

自動車を運転するための記号

自動車を運転操作するとき、または運転時の警報装置のためにつかう機器を記号であらわしたものです。「操作用図記号」とよばれ、運転席（コックピット）のまわりに多く見られます。これらをつかうことで運転操作がしやすくなるくふうがされています。国産車・輸入車の区別なく、ほとんどの自動車でISO（国際標準化機構）で定められた記号がつかわれています。

ハザード警告ランプ

半ドア

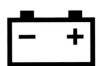
バッテリの充電状態

ホーン

室内灯

エンジンオイル

ヘッドライトのアッパービーム

ターンシグナル

リヤワイパ

リヤウィンドウデフォッガー

冷房又は空調

外気導入

ヘッドライトのロアビーム

パワードアロック

ウィンドウォッシャ及びワイパ

換気ファン

リヤウィンドウォッシャ

内気循環

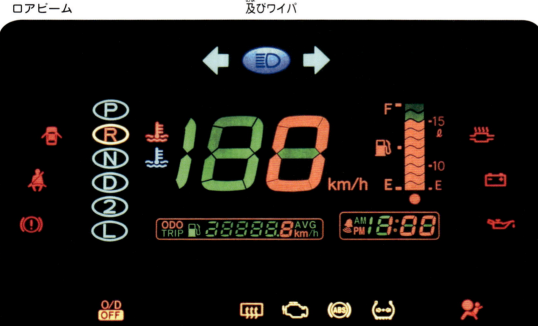

◯乗用車の計器盤
自動車を運転するための記号や、警報を知らせるための記号が表示されるようになっています（写真は、撮影のためにぜんぶの記号を表示したものです）。（トヨタ自動車）

第2章 交通と乗り物

54

ブレーキの故障

エンジン

燃料

2点式シートベルト

3点式シートベルト

エンジン冷却液の温度

室内暖房

エアバッグ

こんなところにこんな記号

自動車レースでつかわれる旗

時速300km以上のスピードを競う自動車レースでは、大きな旗をふって、ドライバーに情報を伝えます。

駐車位置（自動変速機）

パワーウィンド

アウトサイドミラーの調整（横型）

チェッカーフラッグ
ゴールすると、この旗がふられます。

グリーンフラッグ
追いこし禁止が解かれたときにふられる旗です。

ブラックフラッグ
規則違反の車にしめされる「ピットインせよ」の旗です。

後退位置（自動変速機）

駐車ブレーキ

上側及び下側の通風

オレンジボールフラッグ
故障車にしめされる「ピットインせよ」の旗です。

ブルーフラッグ
追いこし車両の存在を知らせる「進路をゆずれ」の旗です。

レッドフラッグ
この旗がふられると、レースは一時中断されます。

ニュートラル位置（自動変速機）

シートの前後調整

シートのリクライニング調整

イエローフラッグ
コースが危険な状態になった場所で「追いこし禁止」をつげる旗です。

オイルフラッグ
油や雨で、路面がすべりやすいことをつげる旗です。

ホワイトフラッグ
故障車や救急車などがいることをつげる旗。北米では「残り1周」の意味もあります。

ドライブ位置（自動変速機）

ボンネット

リヤトランク

道路と自動車

▶ 取りあつかいかたの記号 ……89ページ

55

駅や鉄道

駅や車内で見られる記号

広い駅の構内では待合室、トイレやタクシー乗り場、きっぷ売り場、エスカレーターなどの施設があります。それらの施設が、どこにあるかわかりやすくしめすために、いろいろな記号があり、「公共用図記号」ともよばれます。このような図記号は、読みやすさ、統一性、わかりやすさ、の3点が重要なポイントになります。

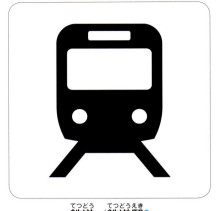

鉄道／鉄道駅●
電車の正面図と線路を組み合わせて、鉄道や駅をあらわしています。

駅事務室／駅係員●

きっぷうりば／精算所●

二列並び●
人の並ぶすがたを図案化したもの。

一列並び●

左側にお立ちください●

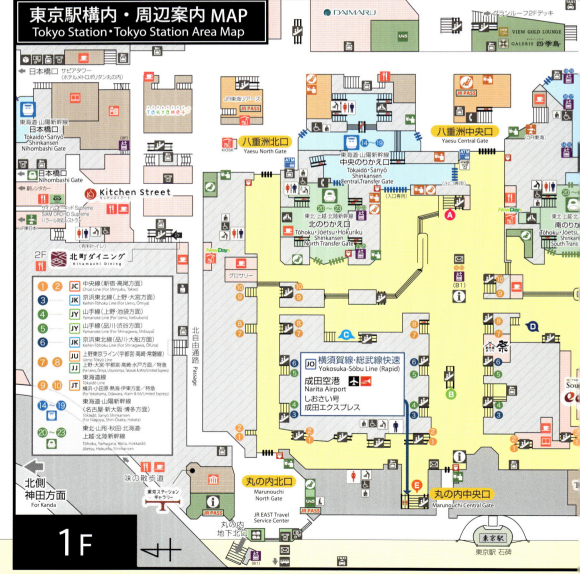

提供：東京ステーションシティ運営協議会［2018.7.1現在］
※工事等により現況と異なる場合がございます。あらかじめご了承ください。

●はJIS案内用図記号（5ページ参照）です。

手荷物
一時預かり所●

忘れ物取扱所●

救護所●

案内所●
疑問符「？」を○でかこんだマーク。係のいる案内所や相談施設をしめします。

タクシー／
タクシーのりば●

コインロッカー●

休憩所／待合室●

案内●

レンタカー●

駅や鉄道

❶東京駅の案内図（JR東日本）
東京駅のような大きな駅の案内図には、たくさんの記号がつかわれています。この東京駅の案内図は、エリアの色分けもされていて見やすくくふうされています。

みどりの窓口

バス／
バスのりば●

❷東京駅の構内
さまざまな図記号で案内しています。

落下物を拾い上げる
道具入れのマーク

こんなところに
こんな記号

駅のスタンプ

JRなどでは、駅周辺の特徴などをえがいた「駅のスタンプ」を置いている駅があります。（JRの駅の例）

高田馬場駅

 東京駅
 秋葉原駅
 四ツ谷駅
 田端駅
 大塚駅

●はJIS案内用図記号（5ページ参照）です。

57

車内や車体につけられる記号

🔲 **車いす・ベビーカースペース**
車いすやベビーカーを折りたたまず、そのまま乗車できるスペースが記号でしめされています。混雑時でもわかりやすいよう、壁だけではなく、床にも大きく記号が印刷されています。

第2章 交通と乗り物

ホームドア：
ドアに手を挟まない
ように注意●

携帯電話
使用禁止●

ホームドア：
たてかけない●

ホームドア：
乗り出さない●

🔼 **電車のホームドア**
電車のホームドアでは、電車の発着の際などに事故につながる行動をしないよう、記号によって注意をよびかけています。

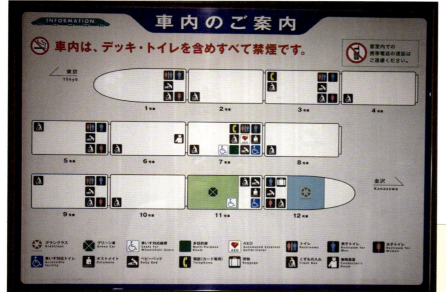

🔲 **新幹線の車内案内図**（JR東日本）
新幹線の車両の入り口に、車内のどこにどんな設備があるか、ひと目でわかる案内図が掲示されています。

●はJIS案内用図記号（5ページ参照）です。

駅や鉄道

列車のマーク

列車の名前がわかるように正面や最後部につけられた愛称板（列車名マーク）をトレインマークといいます。列車名の文字と絵を組み合わせたものが多く、JRの前身・国鉄の特急列車には必ずつけられていました。しかし、時代の移り変わりとともに車両のデザインを優先し、トレインマークをつけない列車がふえてきました。車両の横にシンボルロゴをつけている列車もあります。

↑寝台特急「カシオペア」

かつて走っていた寝台特急「カシオペア」のヘッドマーク。カシオペアをあらわす星と文字を組み合わせたデザインです。

N700系*1
（東海道・山陽・九州新幹線）

E2系
（東北・上越新幹線）

E6系
（東北・秋田新幹線）

E5系
（東北新幹線）

「成田エクスプレス」
（大船・大宮・池袋・新宿など〜成田空港）

H5系
（北海道新幹線）

E7系
（北陸新幹線）

「はるか」
（米原・草津・京都〜関西空港）

「サンダーバード」
（大阪〜金沢・和倉温泉）

「かわせみ・やませみ」
（熊本〜人吉）

「伊豆クレイル」
（2020年運行終了）

「ひかりレールスター」
（山陽新幹線）

↑九州新幹線「つばめ」

白い車体に、赤い軌跡をえがくつばめがデザインされています。

なるほど情報ファイル

日本初のトレインマーク

1929年に特急の愛称（富士・さくら）が、最後尾の展望車の後部につけられたのがはじめといわれます。列車の前部につけられるようになったのは、1950年ごろ（つばめ・はと）が最初です。

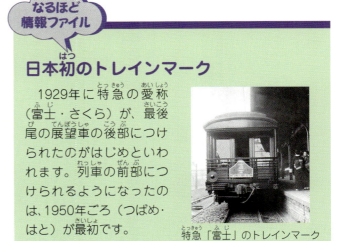

特急「富士」のトレインマーク

- カーエンブレム ……53ページ
- 飛行機のマーク ……68ページ
- ファンネルマーク ……73ページ

*1 N700系のうち「N700A」の車両のマークを掲載。

駅や鉄道

駅や路線・鉄道会社をしめす記号

最近、その駅の名物・名所などを絵文字にすることで、駅名や駅の特徴をわかりやすくあらわすくふうがなされています。また、鉄道路線図は路線の種別や乗り換え駅をわかりやすくしめした図です。ふつうの地図とはちがって距離や位置関係を正確にしめすよりも、路線を色分けして見やすく作られています。

● 福岡市の地下鉄

福岡市の地下鉄は、駅のシンボルマークに力を入れている交通機関のひとつ。平成17年2月に開業した七隈線でも、また新たに地域の特徴を図案化した駅のシンボルマークが登場しました。

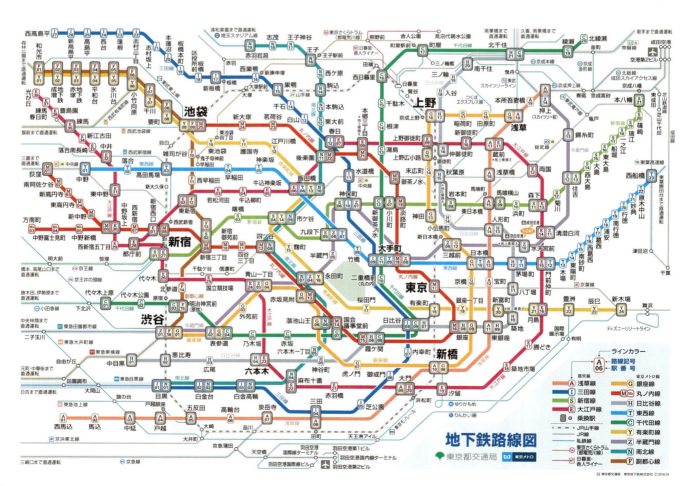

第2章 交通と乗り物

鉄道会社のマーク

JR東日本*1

東京メトロ

小田急電鉄

京成電鉄

京浜急行電鉄

京王電鉄

西武鉄道

東急電鉄

東武鉄道

相模鉄道

名古屋鉄道

近畿日本鉄道

京阪電気鉄道

南海電気鉄道

阪神電気鉄道

阪急電鉄

西日本鉄道

東京の地下鉄

東京の地下鉄は、世界でも有数の路線網を誇っています。路線の数は令和7年6月現在で13ありますが、左図のように、乗し換えなどの混乱防止のため、東西線は青、都営大江戸線は赤紫のように、各路線ごとに色分けされています。さらに、平成16年4月からは、左ページの路線図に見るように、アルファベットで路線名を、数字で駅名をあらわす「駅ナンバリング」も始まりました。

- カーエンブレム ……53ページ
- 飛行機のマーク ……68ページ
- ファンネルマーク ……73ページ

*1 JR各社のロゴマークの色はそれぞれちがいます。JR東日本以外では、JR北海道は黄緑、JR東海はオレンジ、JR西日本は濃い青、JR四国はうすい青、JR九州は赤をつかっています。

駅や鉄道

第2章 交通と乗り物

駅や鉄道

時刻表につかわれる記号

列車の発着の時刻を記入したものが時刻表です。本の形になったのは1889年が最初です。さまざまな情報をおさめるために、いろいろな記号が多くつかわれ、今では全国版をはじめ、地方版なども作られています。
時刻表には列車の発着時刻だけでなく、列車の編成図や駅の案内記号や大きな駅の構内図など、多くの情報が掲載されています。

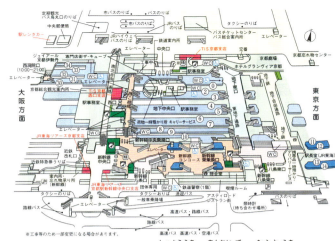

● 主要駅の案内図（京都駅）
時刻表には、路線が集中し、新幹線の停車する駅を中心に、全国各地の主要駅の案内図が掲載されています。

● 時刻表の記号
特急、急行、普通などの列車の種別をしめす記号や、指定席や自由席、グリーン車や寝台車といった列車の編成をしめす記号などがあります。

記号の説明

特急＝特急列車	⊠＝グリーン個室（4人用）	A1＝A寝台1人個室〈シングルデラックス〉
急行＝急行列車	⊠＝グリーン車指定席	B1＝B寝台1人個室〈ソロ〉〈シングルツイン〉〈シングル〉
★＝寝台列車	⊠＝グリーン車自由席	B2＝B寝台2人個室〈サンライズツイン〉
快速 区快 新快 通快 特快 通快 直快 ＝快速列車	＝普通車の全車両が指定席	✕＝食堂車
グランクラス（アテンダントによる車内サービスがあります）	＝普通車の一部車両が指定席	☕＝ビュッフェ
グランクラス（アテンダントによる車内サービスはありません）	＝SLで運転	🚌＝バス

＝禁煙車	
弁＝弁当を売っている駅	
↳＝列車の直通・分割・併結	
◆＝運転日に注意	
レ＝通過	
‖＝他線区経由	
＝＝この駅止り	
⑦＝列車の発着番線	

（表の説明）

- 列車の種別
- 始発駅名 始発時刻
- 営業キロ数
- 終着駅名 到着時刻
- この列車の愛称
- JR線の斜字時刻の列車は運転日にご注意ください。
- 車両の種別 記号が何も付いていない列車は全車両が普通車の自由席となります。
- レ＝通過

●この表は説明用のものです。

🔵 航空図の記号 ……70ページ
🔵 海図の記号 ……74ページ
🔵 地図の記号 ……206ページ

＊ 62〜63ページに掲載した、「駅構内図」「時刻表の記号」「列車の編成図」「車両の席番配置図」「さくいん地図」は、交通新聞社刊『JR時刻表』（2018年9月号）より、転載させていただきました。

［のぞみ］(N700系) ←博多　1自 2自 3自 4指☎ 5指 6指 7指 8× 9×☎ 10× 11指♿ 12指☎ 13指 14指 15指☎ 16指　東京→

(サンライズ瀬戸・出雲)
A寝台(電車)(個室)シングルDX　4・11号車　(一部禁煙車)

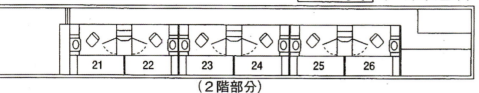

(2階部分)

●列車の編成
1両ごとに、自由席や指定席、グリーン車や寝台車の種類など、車両の特徴をしめしています。

駅や鉄道

●車両の席番配置
車両の席番は、交通各社でちがいます。JRの場合、数字は座席の列、アルファベットは列の中の位置をしめしています。数字は、下り方向を先頭に番号が1、2…の順に、アルファベットも下り方向にむかって、左側からA、B…とつけられています。

(N700系のぞみ・ひかり・こだま)
←博多方　普通車(禁煙車)　1号車

●さくいん地図
鉄道などの路線の横に、時刻が掲載されているページ番号が書かれています。

さくいん地図の記号
- 新幹線
- JR線(幹線)
- JR線(地方交通線)（●＝みどりの窓口のある駅）
- 鉄道線
- JRバス線
- バス線　高速バスは760〜790ページをご覧ください。
- 航路
- ケーブルカー ロープウェイ・リフト
- 長崎　都道府県名
- 　　　都道府県界
- 天草島　周遊おすすめ地
- ★❶　世界遺産 (番号は登録順) ＊主なアクセスを含めた範囲です
- 駅レンタカーの営業所のある駅
- 空港
- 都道府県庁所在地駅代表駅
- JR線路境界
- 市内駅の範囲
- 203 808② 時刻掲載ページ
- 小倉　運賃が異なる会社間の境界駅

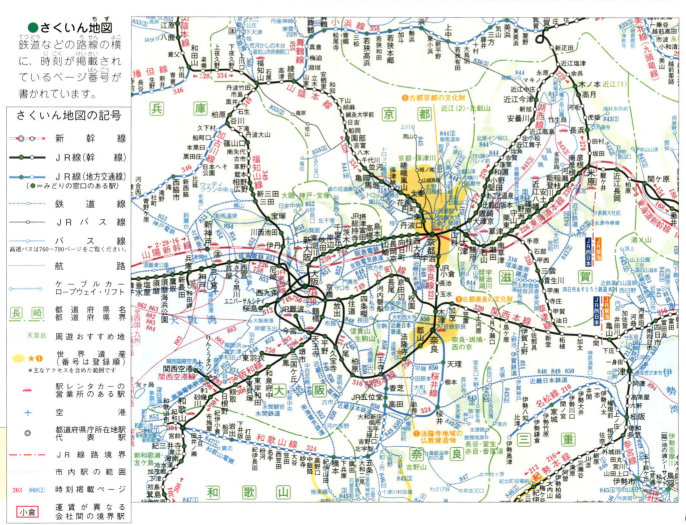

63

駅や鉄道

鉄道を運行するための記号

鉄道信号は、列車を安全に運行させるために、線路や駅の状態、またほかの列車の運行状態などを乗務員に知らせたり、指示するためのものです。鉄道信号は、信号、身ぶりや音による合図、標識に分けられます。
信号機には常置信号機、臨時信号機、緊急停車のための特殊信号があります。このほか、線路や駅などの施設の状態を知らせるものとして、鉄道標識があります。

⬆駅構内の信号機
青色の場内信号機（奥）と、停止をしめす入換信号機（手前）。

常置信号機

停止信号
信号の手前で停止する。

警戒信号
時速25km以下で進行する。

注意信号
時速45km以下で進行する。

減速信号
時速65km以下で進行する。

進行信号
信号の位置をこえて進行する。

特殊信号

発光信号
赤色灯が循環して点灯したら、緊急停止する。

＊ 制限速度は鉄道会社や路線によってことなります。

停止中継信号
先に停止信号があることを知らせる。

制限中継信号
先に警戒・注意・減速信号があることを知らせる。

進行中継信号
先に進行信号があることを知らせる。

停止信号
信号の手前で停止する。

進行信号
信号の位置をこえて進行する。

転てつ器標識
上は通常の開通方向（定位）、下は通常の開通方向でないこと（反位）をしめす。

標識など

出発反応標識
ホームで出発の指示を伝える。

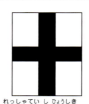

列車停止標識
列車が停車する限界点をしめす。

車止位置
車止めの位置をしめす。

汽笛吹鳴標識
汽笛を鳴らして接近を知らせる。

こう配標
Lは平たん、数字は1000mあたり何m上るかをしめす。

車両記号

電車やディーゼル機関車の車体には、それぞれに用途や特徴をしめす固有の記号と番号がつけられています。

車両記号のつけかたは鉄道会社によってさまざまです。ここでは、ＪＲ東日本の新型車両をのぞくＪＲグループの電車の車両記号のつけかたの例をしめしました。

ＪＲの車両記号

車両の側面中央部などに書かれています。

●運転台やモーターの有無
- ク……運転台のある車両
- モ……モーターがついた車両
- クモ…運転台とモーターがある車両
- サ……運転台もモーターもない車両

●車両の用途や特徴
- ロ……グリーン車
- ハ……普通車
- ロネ…Ａ寝台車
- ハネ…Ｂ寝台車　など

●車両の系列

●車両の番号

クモハ115-1505

電気方式●
- 1〜3……直流1500Ｖ専用車両
- 4〜6……交流20000Ｖ、直流1500Ｖ両用車両
- 7、8……交流20000Ｖ専用車両

●車両のつかわれかた
- 0〜3……近距離型
- 4…………事業用
- 5〜8……長距離用
- 9…………特殊車両

踏切

踏切は、黄色と黒の×印の標識や点滅する赤い信号、音による警報、遮断機などいろいろな記号で守られています。

こんなところにこんな記号

蒸気機関車の記号

蒸気機関車は、電気がない時代に、石炭を燃料とした列車で、ＳＬともよばれています。線路に力を伝える動輪の車軸（動軸）の数で、Ｂ（2軸）、Ｃ（3軸）、Ｄ（4軸）、Ｅ（5軸）の記号が、また製造形式で、数字がつけられます。よく知られる「Ｄ51」は、デゴイチとよばれ、動軸は4軸、形式数字51番の機関車をあらわしています。

空港や飛行機

空港や機内で見られる記号

空港はさまざまな国の人があつまる場所です。そのため、文字やことばがわからなくても、所在位置や意味がわかるように案内用図記号がたくさん見られます。大きな建物ですから、数多くの種類の図記号がつかわれています。その中には、空港でしか見られないものも、たくさんあります。

航空機／空港●
航空機の平面図を図案化した記号。航空機関連の施設にもつかわれます。

ヘリコプター／ヘリポート●

乗り継ぎ●

出発● 　　到着●

ミーティングポイント●

↑空港内の案内表示

たとえば「出発」の図記号は、「出発ロビー」や「搭乗口」など出発に関係した施設や場所をしめすために、文字とともに掲示されます。

●羽田空港の案内図（第1ターミナル）
国内外の多くの旅客が利用する東京の空の玄関口、羽田空港。平成16年12月には第2ターミナルが新設されました。案内図は、空港内のさまざまな施設を、図記号であらわしています。

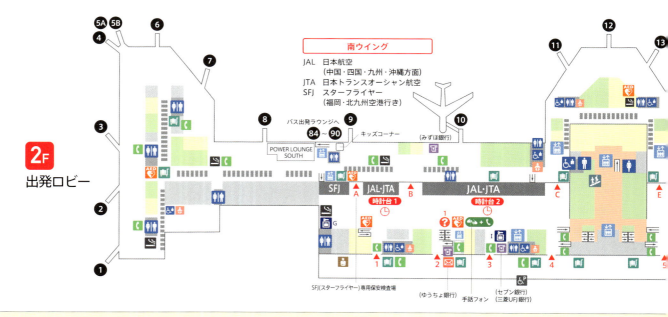

🌙 駅や車内で見られる記号……56ページ
🌙 港や船内で見られる記号……72ページ

●はJIS案内用図記号（5ページ参照）です。

礼拝室
さまざまな宗教をもつ人がお祈りをするための施設をしめす図記号です。

手荷物受取所●

理容／美容

手荷物託配

新聞・雑誌

こんなところにこんな記号

乗りおくれそう！

飛行機は、飛べば短時間で目的地につきますが、列車にくらべ乗りこむまでに、さまざまな手続きが必要で時間がかかります。国内線なら、出発の30分前までにすませておくのが目安ですが、体に障害のある人や、乗りおくれそうな人のための専用の入り口も用意されています。

お身体の不自由なお客様、出発時刻が迫っているお客様は、こちらの入口をご利用下さい。

空港や飛行機

出国手続／入国手続
検疫*1／書類審査●

銀行・両替●

カート●

店舗・売店

薬局

郵便●

税関*2／荷物検査●

	案内所 Information		交番 Police
	お手洗 Toilets		お忘れものセンター Lost Property Office
	補助犬トイレ Assistance dog toilet		郵便ポスト Post
	更衣室 Dressing Room		喫煙室 Smoking Room
	授乳室 Nursery		手荷物宅配 Baggage Delivery Service
	エレベーター Elevator		理容 Barber
	コインロッカー Coin Lockers		公衆電話 Telephones
	手話フォン Sign language phone		カート置場 Cart Pool
	AED（自動体外式除細動器） Automated External Defibrillator		バスのりば Bus
	時計台 Clock Tower		タクシーのりば Taxi
	動く歩道 Moving Side Walk		レンタカー Rent-a-car
	レストラン Restaurant		両替 Exchange
	ショップ Shop		階段 Stairs
	マーケットプレイス Market Place		キャッシュコーナー Cash Service

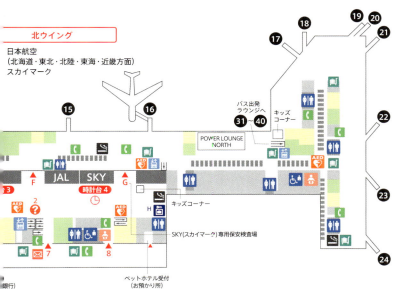

北ウイング
日本航空
（北海道・東北・北陸・東海・近畿方面）
スカイマーク

*1 検疫　伝染病などの予防のために、検査を行うこと。
*2 税関　外国に持ち出したり、外国から持ちこむ荷物などを取り締まる役所。

●はJIS案内用図記号（5ページ参照）です。

67

空港や飛行機

飛行機のマーク

旅客機の尾翼には、その飛行機が所属する航空会社のマークがつけられています。社名や国籍のイメージを伝えるもので、くふうをこらしたデザイン（記号）になっています。また、航空機の胴体、主翼などには国籍や登録記号を入れることが義務づけられ、その航空機の所有者などがわかります。ここでは、日本で見られるおもな国際線の旅客機を取り上げました。

第2章 交通と乗り物

中東・アフリカ

ターキッシュ・エアラインズ
（THY）トルコ

イラン航空
（IRA）イラン

エミレーツ航空
（UAE）アラブ首長国連邦

エジプト航空
（MSR）エジプト

オセアニア

エア・タヒチ・ヌイ
（THT）タヒチ（フランス）

エア・カレドニア・インターナショナル
（ACI）ニューカレドニア（フランス）

ニューギニア航空
（ANG）パプアニューギニア

フィジー・エアウェイズ
（FJI）フィジー

カンタス航空
（QFA）オーストラリア

ニュージーランド航空
（ANZ）ニュージーランド

日本

日本航空
（JAL）日本

南北アメリカ

エア・カナダ
（ACA）カナダ

アジア

アシアナ航空
（AAR）韓国

大韓航空
（KAL）韓国

中国南方航空
（CSN）中国

中国国際航空
（CCA）中国

ベトナム航空
（HVN）ベトナム

タイ国際航空
（THA）タイ

マレーシア航空
（MAS）マレーシア

シンガポール航空
（SIA）シンガポール

ガルーダ・インドネシア航空
（GIA）インドネシア

- カーエンブレム……53ページ
- 列車のマーク……59ページ
- 鉄道会社のマーク……61ページ
- ファンネルマーク……73ページ
- 国旗……126ページ
- 会社のマーク……142ページ

ヨーロッパ・ロシア

フィンエアー
（FIN）フィンランド

スカンジナビア航空
（SAS）スウェーデンなど

KLMオランダ航空
（KLM）オランダ

スイス・インターナショナル・エアラインズ
（SWR）スイス

ヴァージン アトランティック航空
（VIR）イギリス

航空会社名
全日本空輸
（ANA）日本 — 国籍
略号

ブリティッシュ・エアウェイズ
（BAW）イギリス

ルフトハンザドイツ航空
（DLH）ドイツ

オーストリア航空
（AUA）オーストリア

エールフランス
（AFR）フランス

ウズベキスタン航空
（UZB）ウズベキスタン

アエロフロート・ロシア航空
（AFL）ロシア

↑関西国際空港のターミナル
国際空港にはさまざまな国の旅客機があつまります。

ユナイテッド航空
（UAL）アメリカ

デルタ航空
（DAL）アメリカ

エバー航空
（EVA）台湾

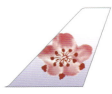
チャイナエアライン
（CAL）台湾

フィリピン航空
（PAL）フィリピン

MIATモンゴル航空
（MGL）モンゴル

ネパール航空
（RNA）ネパール

スリランカ航空
（ALK）スリランカ

ビーマン・バングラデシュ航空
（BBC）バングラデシュ

パキスタン国際航空
（PIA）パキスタン

エア・インディア
（AIC）インド

空港や飛行機

69

空港や飛行機
航空図の記号

飛行機はいつも有視界飛行（視界がよいときに地形などを目でたしかめながら飛行する方法）をしているわけではありません。夜間は陸地が近づくと、船舶と同じような航空用の灯台の明かりとレーダーを利用して位置を確認します。また、飛行場も民間、軍用などの区別があり、航空機用の地図が世界共通の国際航空図として決められています。

大空にも飛行機のための道や標識があるのね

＊　海上保安庁図誌利用第300006号

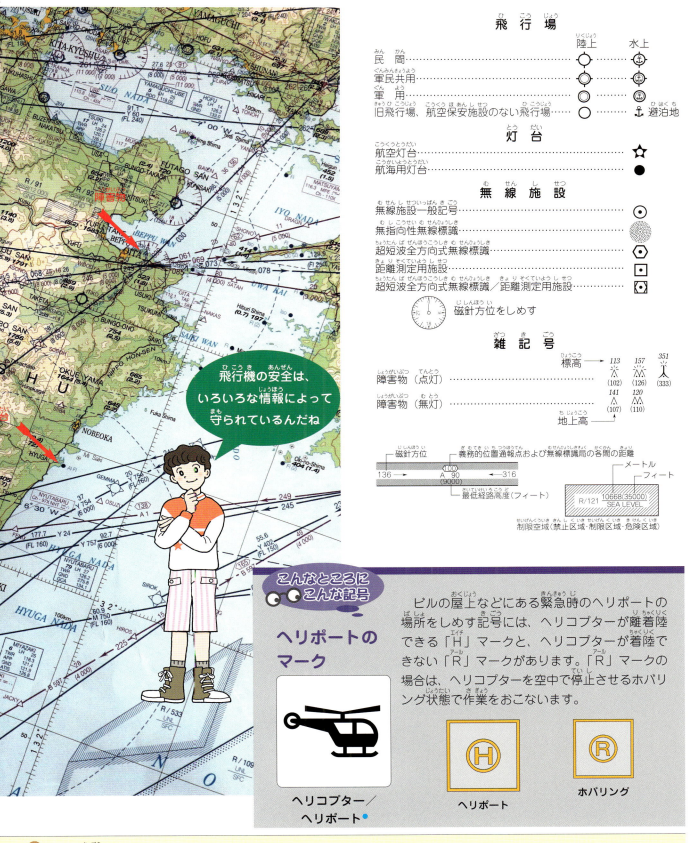

港や船

港や船内で見られる記号

港では、船を利用する人のためのさまざまな記号が見られます。乗船券を発行する窓口や待ち合い所、乗船場所などをしめす記号によって、受付から乗り込みまでをスムーズにおこなうことができます。船内にも、船室や船がそなえている設備を探しやすくするためのくふうがあります。

第2章 交通と乗り物

⬇船内の案内図
部屋の種類や等級によって図上で色分けされていることで、部屋の数が多くても目的の場所まですぐにたどり着くことができます。（小笠原海運「おがさわら丸」）

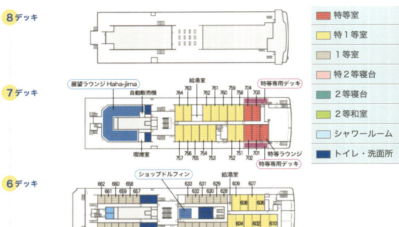

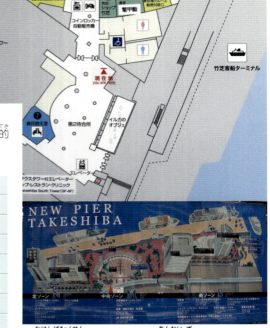

⬆竹芝客船ターミナルの案内図
周辺施設や乗船場所、搭乗手続のための設備などがしめされています。埠頭全体の案内図は立体的にえがかれているため、高層ビルが建っていることもひと目でわかります。

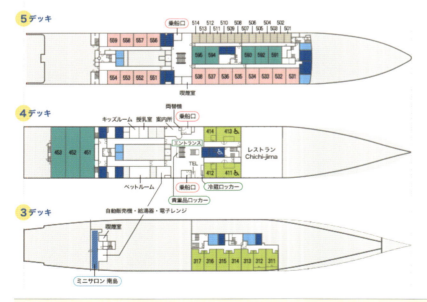

船舶／フェリー／港●

⬇カーエンブレム……53ページ	⬇飛行機のマーク……68ページ
⬇列車のマーク……59ページ	⬇船の信号旗……76ページ
⬇鉄道会社のマーク……61ページ	

●はJIS案内用図記号（5ページ参照）です。

ファンネルマーク

船の煙突部分についた船会社のマークを、ファンネル（船や機関車の煙突を意味する英語）マークといいます。

水産庁

海上保安庁
方位をしめすコンパスを図案化したもので、海上の安全をになう海上保安庁のシンボルとして、庁旗などにももちいられています。

気象庁・航海訓練所

阪九フェリー

東海汽船

東京大学大気海洋研究所

港や船

栗林商船

日本郵船
赤の2本線に、郵便汽船三菱と共同運輸の合併による創設の由来を、横断した線は、地球横断という創立時の夢をあらわします。

九州商船

川崎汽船

出光タンカー

商船三井

宇部興産海運

日本海運

三光汽船

⇨小笠原海運の「おがさわら丸」
小笠原海運の「おがさわら丸」は、東京港―父島間の定期船です。900人近くの乗客を収容できます。

港や船

海図の記号

　船が航海するのに必要な、海の深さ、暗礁（水面下の岩礁）や沈没船などの障害物、灯台などをしめした航海用の地図です。1970年に国際水路機関が創立され、世界中の海図の記号などを統一する努力をしています。日本では海上保安庁海洋情報部が海図を作成しています。

第2章　交通と乗り物

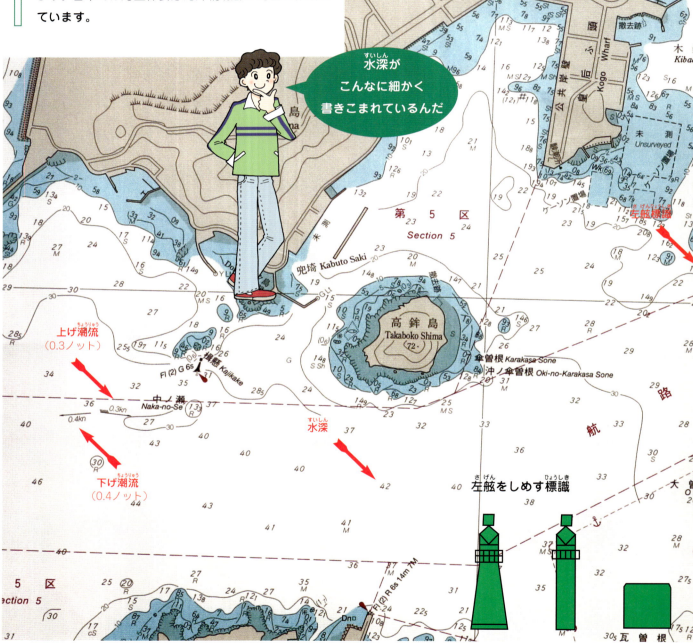

＊海上保安庁図誌利用第300006号

左舷の標識は緑色で四角、右舷の標識は赤く三角形をしています。光を出すものや電波を出すものなど多くの種類があります。

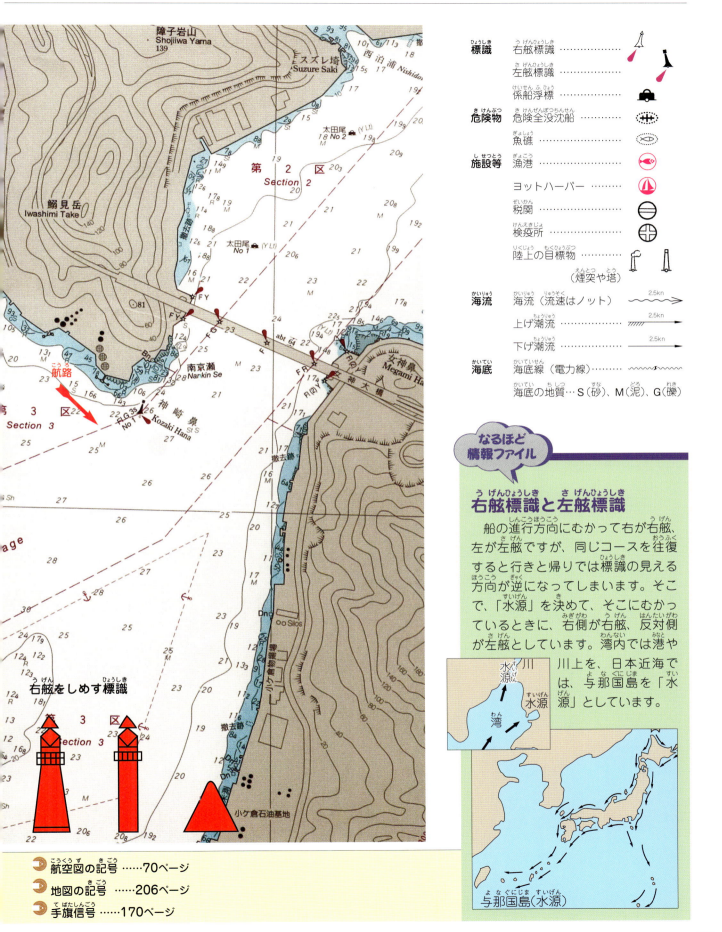

港や船
船の信号旗

航行中や停泊中の船が、ほかの船や陸上などとの間でおこなう通信方法のひとつに国際信号旗があります。現在では無線の発達で、その役割は小さくなっていますが、文字旗、数字旗、代表旗などがあり、これらをつかって通信をおこないます。この信号旗は「旗旒信号」といわれ、帆船時代には不可欠なもので、1857年に国際的に採用されました。

●**船の信号旗** 26種類の文字旗、10種類の数字旗と3種類の代表旗と回答旗の合計40種類の信号旗があり、これらの旗を組み合わせて、ほかの船や港に信号を送ります。

代表旗

第1から第3まで、3種類の代表旗があります。

第1代表旗　　第2代表旗　　第3代表旗

回答旗

相手の信号に、返事をおくるときにつかう旗です。

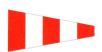

文字旗

 A　 B
潜水夫をおろしているところ。／危険物をあつかっているところ。

 I　 J　 K
左への針路変更をしている。／火災発生と危険物を積んでいることをしめす。／ただちに通信したいことをしめす。

 R　 S　 T
単独では意味はないが、ほかの旗と一緒に使用して意味をしめす。たとえば数字旗3とともに掲げると「3海里」をしめす。／船が後進中であることをしめす。／トロール中であることをしめす。

アルファベットのAからZまでの26文字をわりあてた旗。それぞれの文字旗には、文字のほかに特別の意味をもった旗としてもつかわれます。

数字旗

1から0までの10種類の数字がわりあてられています。

1 　6

2 　7

3 　8

4 　9

5 　0

 C	 D	 E	 F	G	 H
肯定をしめす「イエス」の旗。	操縦困難であることをあらわす。	右への針路変更をしている。	操縦不能で通信連絡を願う。	水先人（案内人）がほしい。	水先人を乗せている。
L	 M	N	O	P	Q
すぐに停船をもとめる。	停船していることを伝える。	否定（いいえ）をしめす。	人が海におちたことをしめす。	出港間近であることをしめす。	検疫交通許可証の交付をもとめる。
U	V	 W	X	Y	Z
他船に危険があることを知らせる。	救援援助をもとめる。	医療援助をもとめる。	援助の実施を待ち、信号への注意をよびかける。	錨をおろしたまま流されていることをしめす。	引き船の出動をもとめる。

港や船

こんなところにこんな記号

河川通航標識

川や運河を航行する船のための交通標識。日本では1998年に「河川通航標識」として定められました。

進入可	 進入禁止	水上スキー可	水上スキー禁止
動力船通航可	動力船通航禁止	水上オートバイ可	水上オートバイ禁止
汽笛	追い越し禁止	ウィンドサーフィン可	ウィンドサーフィン禁止

- 手旗信号 ……170ページ
- モールス信号 ……171ページ
- 道路標識 ……39ページ

第3章 製品

製品の取りあつかいかたやつかいかたにも ひと目でわかる絵文字が活躍

DVDやCDについている記号は世界共通なのね

オーディオ機器をつかうための記号

製品を安全に取りあつかったり、そのつかいかたをわかりやすく伝えたりするために、絵文字がたくさんつかわれています。

製品にかんする絵文字がはじめて登場したのは1966年。製品を安全に運搬するために、段ボールにつけられた取りあつかい注意のマークでした。

衣服など繊維製品には、洗濯のしかたなどをしめす絵文字のラベルがついています。この絵文字のルールが決まったのは1968年のことです。

このように、共通の絵文字をつかって、つかいかたや注意点を伝えようというルールは、さまざまな製品で作られています。たとえば、電気製品の分野では、国際電気標準会議（IEC）という機関が中心となって、国際的に共通な記号が作られました。テレビやビデオ、オーディオ機器のリモコンなどについている、再生や早送りなどの絵文字がその代表的な例です。パソコンの画面にあるアイコンとよばれるシンボルも、新しい絵文字の一種といえるでしょう。

絵文字は製品の取りあつかい説明書にも、たくさんの種類がつかわれています。製品を使用する際の注意書きなどに、新しいつかいかたがふえるにしたがって、絵文字がたくさんつかわれるようになっています。

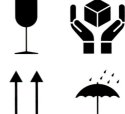

荷物の取りあつかいかたをしめす記号

取りあつかい説明書にもいろいろな記号がつかわれているんだね

注意することや、してはいけないことをしめす記号

食料品

食品の品質や内容

食品には、農産物の生鮮食品や農産物を原料に作られた加工食品、地域の特産物の食品、健康に役立ったり、病気の人や小さな子ども、高齢者などの健康を考えた栄養成分などを強化した食品など、さまざまなものがあります。これらの食品には、表示の内容が正しいことや品質がよいことなどをしめす、いろいろなマークがつけられています。

↑品質や内容をしめすいろいろなマーク
その食品の特色にあわせて、パッケージなどにいろいろなマークがつけられています。

*（　）内はそのマークを管理する役所や団体です。

JAS（日本農林規格）マーク
一定の品質に達している農林物資*1につけられます。（農林水産省）

特別用途食品マーク（人形マーク）
認定された病気の人や高齢者用などの食品をしめします。（消費者庁）

特定保健用食品マーク（トクホマーク）
健康を守る効果があると認められた食品につけられます。（消費者庁）

●栽培や製造方法、流通行程、原材料などの基準を守っている食品につけられるJASマークもあります。（農林水産省）

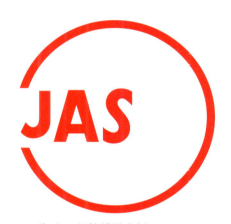

特色のある規格のJASマーク

有機*2 JASマーク

地域食品認証マーク

↱各都道府県が定めた品質基準を満たしている、地域の食品につけられるマークです。（各都道府県）

ふるさと認証食品マーク（Eマーク）

↱郷土の特産物をつかった食品をしめすマークです。3つのEは、すぐれた品質（Excellent quality）、正確な表示（Exact expression）、地域の環境との調和（Harmony with Ecology）をあらわしています。（各都道府県）

JHFAマーク

↱安全性と表示どおりの成分がふくまれていることが認められた健康食品（健康補助食品）をしめします。（日本健康・栄養食品協会）

↑Eマーク
特産物の包装紙などで見ることができます。

*1 農林物資　飲食料品、農産物、林産物、畜産物、水産物や、これらを材料としたものなどのこと。
*2 有機　化学肥料や農薬をつかわずに生産された農産物のこと。

「米の情報提供システム」のマーク
米のおいしさ（食味）や品種、安全性に関する情報が、パソコンや携帯電話で見られるように開発されたマークです。（日本穀物検定協会）

◯「米の情報提供システム」のマークの例
パソコンなどで見られる情報の数を、星の数でしめしています。

Jポークマーク
◯国産の豚肉であることをしめすマーク。牛肉や鶏肉にも、国産品のマークがあります。（日本養豚協会）

冷凍食品認定証マーク
◯基準に適合している工場で製造され品質検査に合格した冷凍食品のマークです。（日本冷凍食品協会）

Fマーク
◯日本精米工業会の基準に合格した精米工場で作られた高品質の精米であることをしめすマークです。（日本精米工業会）

全国無洗米協会認証マーク（エコメちゃん）
◯無洗米とは、とぎ洗いせずに、そのまたくことのできる米。協会が定めた基準に達していると認定した無洗米につけられるマークです。（全国無洗米協会）

RMK認定マーク
◯基準に適合した工場で製造された冷凍めんであることを証明するマークです。（日本冷凍めん協会）

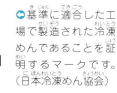

なるほど情報ファイル

食品表示

生鮮食品や加工食品には、内容量や値段などとともに、食品の名前、原材料の名前や産地、加工者名と所在地、消費期限*など、食品を購入したり、食べたりするときに必要になる大切な情報が書かれています。

食品の種類ごとに、どのような情報を表示しなければならないかについてのルールが、「食品表示法」で細かく定められ、これを守らなければならないことになっているのです。

飲用乳の公正マーク
全国飲用牛乳公正取引協議会会員が生産した飲用乳（牛乳など）が、取り決めにしたがった表示をしていることを認めるマークです。（全国飲用牛乳公正取引協議会）

◯リサイクルのための記号……114ページ

* 消費期限と賞味期限　安全に食べられる期限をしめしたものが「消費期限」で、製造日をふくめて、おおむね5日以内の期限です。また、おいしく食べられる期限をしめしたものが「賞味期限」です。

SQマーク

○菓子・食品新素材技術センターがおこなう、安全性（Safety）と品質（Quality）の検査に合格した菓子類であることをしめすマークです。（菓子・食品新素材技術センター）

こんなところにこんな記号

缶詰の記号

粒の大きさ（L）
製造工場の記号
賞味期限（2021年10月5日）

缶詰のふたには賞味期限*や材料の大きさ、製造工場の記号などが表示されています。表示方法は、会社によってことなっています。

↑SQマーク

菓子やスナック類のパッケージなどで見つけることができます。

ACSマーク

○全国飴菓子工業協同組合が定めた品質規格に適合した飴菓子につけられているマークです。（全国飴菓子工業協同組合）

全国餅工業協同組合表示マーク

○国内産の水稲もち米だけをつかって製造されたもちであることをしめしています。（全国餅工業協同組合）

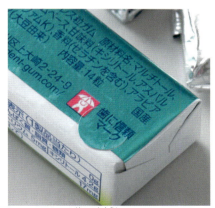
↑歯に信頼マーク

このマークは、ガムなどの包装で見つけることができます。

推奨品マーク

○品質や包装がすぐれ、観光みやげ品として優秀であると認められた食品や工芸品などにつけられるマークです。（全国観光土産品連盟）

↑全国餅工業協同組合表示マーク

この表示マークは、市販のもちの包装につけられています。

歯に信頼マーク

○虫歯の発生を促進させないキャンディやガムなどの菓子につけられています。（日本トゥースフレンドリー協会）

GIマーク

○地域の特性を活かし、高い品質をもったブランドとして国から認められた産品につけられるマークです。（農林水産省）

食料品

81

衣料品

衣料品の素材や品質

日常生活の基本となる衣食住のうち、「衣」にあたる、着るものや履くものなどにつけられる記号です。ウールやコットン、シルク、麻などの素材の状態はどうか、皮革衣料品や羽毛製品などの品質はどうかなど、いろいろなマークが定められています。商品を買うときは、デザインだけでなく、これらの記号を確認して素材や品質を確かめることが大切です。

↑認証マーク

シルク（絹）、ウール（羊毛）、コットン（木綿）などの繊維製品には、その素材の品質をしめすマークがつけられています。

第3章 素材・製品

ジャパン・コットン・マーク（ピュア・コットン・マーク）
国産の綿糸を100％使用した綿製品につけられています。（日本紡績協会）

コットン・ブレンド・マーク
国産の綿糸を100％使用した綿50％以上の製品につけられています。（日本紡績協会）

純国産絹マーク
↑国産の繭・生糸だけをつかって製造された純国産の絹製品につけられるマークです。（大日本蚕糸会）

COTTON USA マーク
↑アメリカ綿を50％超使用した高品質の綿製品につけられています。（国際綿花評議会、日本綿業振興会）

ウールマーク
羊の新毛を100％使用し、素材と縫製検査に合格したウール製品をしめすマークです。（ザ・ウールマーク・カンパニー）

ウールマークブレンド
↑50％以上の羊の新毛がふくまれているウール製品をしめすマークです。（ザ・ウールマーク・カンパニー）

ウールブレンド
↑羊の新毛が30～50％ふくまれているウール製品であることをしめすマークです。（ザ・ウールマーク・カンパニー）

麻マーク
高品質と認定された純麻、混紡の麻製品につけられています。（日本麻紡績協会）

- 洗濯方法などをしめす記号……214ページ
- 衣服のサイズをあらわす記号……215ページ
- 編み物の記号……216ページ

品質

GFマーク
→材料やサイズなど、定められた品質表示が正しくおこなわれているふとんにつけられています。（日本寝具寝装品協会）

JIS適合表示票
→JIS（日本工業規格）に適合していることを証明するマーク。7種類のぬい糸につけられています。（日本縫糸工業協会・日本繊維製品品質技術センター）

ゴールドラベル（プレミアムゴールドラベル）
→日本でつくられた高品質な羽毛ふとんにつけられるマークです。（日本羽毛製品協同組合）

防ダニ加工マーク
→防ダニ加工製品につけられる統一マークです。（インテリアファブリックス性能評価協議会）

WHSマーク
→手洗い、または家庭用洗濯機で洗うことができることをしめすWHSマークです。（繊維評価技術協議会）

エコテックス®ラベル
→洋服などの繊維製品に、人体に有害な物質がふくまれていないかを分析して安全性を証明する、世界トップレベルの認証ラベルです。（エコテックス®国際共同体）

SEKマーク（抗菌防臭加工）
→WHSマークと同じく、繊維評価技術協議会が認証する抗菌防臭加工のマークです。（繊維評価技術協議会）

シフ（SIF）マーク
→仕立てかた（縫製と仕上がり）の品質がすぐれている衣料品に表示されているマークです。（日本繊維製品品質技術センター）

ジャスポ（JASPO）マーク
→日本スポーツ用品工業協会の会員が製造販売する、スポーツ用品の品質保証マークです。（日本スポーツ用品工業協会）

全国マスク工業会会員マーク
→全国マスク工業会会員が製造販売する、品質などの基準を満たしたマスクであることを保証するマークです。（全国マスク工業会）

SEK消臭加工マーク
→繊維評価技術協議会が認証する消臭加工製品につけられるマークです。（繊維評価技術協議会）

エコ・ユニフォームマーク
→再生PET樹脂から国内で生産された生地をもちいて、国内で縫製された制服や作業服などにつけられるマークです。（日本被服工業組合連合会）

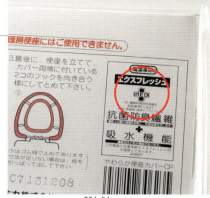
SEKマーク
このマークは「抗菌防臭加工」や「制菌加工」などをおこなった繊維製品につけられています。

標準型学生服の認証マーク
→日本被服工業組合連合会の認証基準に合格した学生服につけられるマークです。（日本被服工業組合連合会）

SIAAマーク
→適切な抗菌性能を発揮する抗菌加工製品や抗菌剤につけられるマークです。（抗菌製品技術協議会）

ユニバーサルファッション協会推薦商品マーク（Uマーク）
障害などにかかわらずつかえるファッションとして推奨された製品につけられるマークです。（ユニバーサルファッション協会）

→ユニバーサルデザインと記号……12ページ

衣料品

医薬品

薬の用法

薬には内服薬と外用薬がありますが、まちがって飲んだり、あやまったつかいかたをすると、危険な状態におちいることもあります。また、思いがけない副作用をおこすこともあります。このため、重要なことをわかりやすく伝えたり、注意を引きつけるために、説明文や注意書きといっしょに、絵文字がつかわれることがふえてきました。

海外では…

だれにもわかる！

字の読めない人が多いインドで、だれにでも理解できるようにくふうされた絵文字。朝・昼・夜などの服用時間や薬の種類や量がわかります。

朝・夜各1錠　　朝・夕各5滴

朝1錠　　食前1さじ　食後1さじ
1カプセル

薬の種類

内服薬
（くすりをのむ）

点眼薬
（眼にさす）

点鼻薬
（鼻にさす、鼻腔に噴霧する）

点耳薬
（耳にさす）

ぬり薬
（皮膚などにぬる）

飲みかた

朝、起床時にのむ

多めの水でのむ

朝、1回のむ

食事をしたら
30分後にのむ

よく振ってから
用いる

注意事項

眠くなることがあります
鎮痛剤など、服用すると眠くなることがあることを知らせる記号です。

フラフラする
ことがあります

他のくすりといっしょに
のんではいけません

就寝前にのんでは
いけません

子供の手の届くところに
保管してはいけません

一緒に牛乳をのんではいけません
牛乳といっしょに服用すると効き目がないことを知らせる記号です。

家庭用品

品質をしめす記号

品質のよい製品をふやし、消費者が商品を選ぶときに、どんな品質かがわかるように、家庭用品には、品質を保証したり、認定したりするいろいろな種類のマークがつけられています。JIS（日本工業規格）マークやG（グッドデザイン）マークのほか、品質基準の合格製品につけるマークや、種類や内容をわかりやすく伝えるためのマークもあります。

➡ さまざまなところについているSGマーク
ベビーカーなどの乳幼児用品から、油こし器などの家庭用品、野球用ヘルメットなどのスポーツ用品や自転車などについています。

JIS（日本工業規格）マーク
工業標準化法という法律にもとづいて品質などの基準に適合していることをしめすマークです。（経済産業省＜日本工業標準調査会＞）

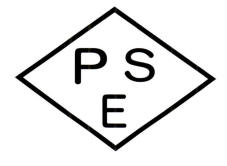

PSEマーク（特定電気用品）
電気用品安全法という法律にもとづいて国で定める安全基準に合格した特定電気用品（コンセントなど110品目以上）につけられる安全規定マークです。（経済産業省）

● 安全規定マークは、電気製品だけでなく、重大な事故をおこす危険性のある製品の安全性を保証するマークです。

SGマーク
製品安全協会による消費生活用製品の安全性に関する認定基準に適合した製品にのみ表示されています。（製品安全協会）

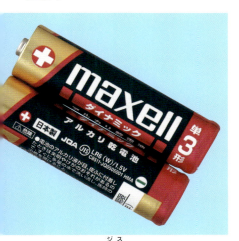

⬆ JISマーク
いろいろな工業製品についています。

PSCマーク
（特別特定製品＊1）

PSTGマーク
（特定ガス用品）

PSLPGマーク
（特定液化石油ガス器具等）

PSEマーク
（特定電気用品以外の電気用品）

PSCマーク
（特別特定製品以外の特定製品＊2）

PSTGマーク
（特定ガス用品以外のガス用品）

PSLPGマーク
（特定液化石油ガス器具以外の液化石油ガス器具等）

➡ リサイクルのための記号……114ページ

＊1 特別特定製品　乳幼児用ベッドなど。
＊2 特別特定製品以外の特定製品　圧力なべや乗車用ヘルメットなど。

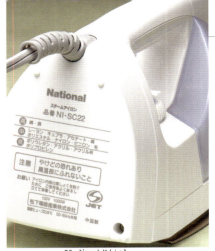

⬆S-JET認証マーク

このマークの認証は、国の定める電気用品安全法の適用外の製品でも受けることができます。

S-JET認証マーク

➡安全試験と製造工場の管理体制の検査・確認に合格した電気製品につけられるマークです。（電気安全環境研究所）

S-JQAマーク

➡国内外の安全規格や国際規格にもとづき、安全性などが基準に適合した電気製品であることをしめすマークです。（日本品質保証機構）

愛情点検

安全点検シンボルマーク（ハートマーク）

長期間使用する家電製品の事故防止や消費者の安全を守るシンボルとしてつかわれているマークです。（家電製品協会）

VCCIマーク

➡テレビやラジオなどに障害をあたえる妨害電波の少ないパソコン、FAXなどにつけられます。（VCCI協会）

技適マーク

➡電話やデジタル通信装置などが国の定める技術基準適合証明もしくは技術基準適合認定の認証を受けていることをしめしています。（総務省）

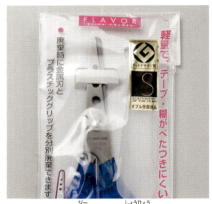

⬆Gマーク商標

デザインと実用性が両立し、合理的な価格の製品が選定され、Gマークの使用が認められます。

石油燃焼機器の認証マーク

➡協会の検査に合格した安全で品質のよい石油ストーブや湯わかし器などにつけられます。（日本燃焼機器検査協会）

Cマーク

➡電話機の通話の品質を保証するマーク。電話機につけられています。（情報通信ネットワーク産業協会）

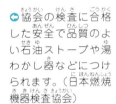

品質認証マーク

➡給水器具や給水のための資材や機材が、基準に適合していることをしめすマークです。（日本水道協会）

検定証

➡ルームエアコンなどの冷暖房能力と消費電力の性能を保証するマークです。（日本冷凍空調工業会）

Gマーク商標

グッドデザイン賞の受賞製品につけられるマークです。（日本デザイン振興会）

JIA認証マーク

➡適合性検査に合格したガスレンジやオーブンなど家庭用ガス機器につけられるマークです。（日本ガス機器検査協会）

➡JIA認証マーク

カセットガスボンベにも、JIA認証マークのついた製品があります。

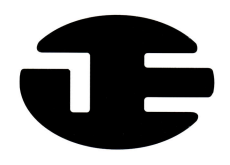

特殊容器のマーク
計量法という法律で定められた表示マーク。容量などの基準に適合した牛乳、酒、しょうゆなどのびんにつけられています。（経済産業省）

↑**電子レンジ容器検済マーク**
電子レンジに使用できるめやすになります。

TSマーク
点検整備をおこない、基準に適合した安全な自転車にはられるマークです。（日本交通管理技術協会）

検定証印

↶ 都道府県などがおこなう検定に合格した計量器にはられるマークです。（経済産業省）

基準適合証印

↶ 経済産業大臣が指定した事業者によって製造・検定をおこなった計量器につけられるマークです。（経済産業省）

電子レンジ容器検済マーク

↶ 電子レンジに使用できるプラスチック容器が安全基準に達していることをしめすマークです。（日本プラスチック日用品工業組合）

自主基準適合マーク

↶ コンタクトレンズのケア用品の品質などが基準に達していることをしめすマークです。（日本コンタクトレンズ協会）

JPRマーク

↶ プラスチック製の定規の精度や品質を保証するもので、プラスチック定規性能マークといいます。（日本プラスチック工業協同組合連合会）

優良ソーラーシステム認証マーク

↶ 太陽熱を利用してお湯をわかしたりするソーラーシステムで、優良な性能をもつものにつけられるマークです。（ソーラーシステム振興協会）

家庭用計量器のマーク

↶ 家庭でつかわれるはかりや体重計などが基準にしたがって製造されたことをしめすマークです。（経済産業省）

ガスメーター

↶ ガスメーターについている基準適合証印です。

SVマーク

↶ 卓上用や携帯用のガラス製まほうびんの安全を保証するマークです。（全国魔法瓶工業組合）

伝統マーク

↶ 伝統的な手法で作られる伝統工芸品をしめすマークです。「伝」の字と日の丸がデザインされています。（伝統的工芸品産業振興協会）

PLマーク

↶ 基準に達しているポリオレフィンなど樹脂製の食品容器包装や器具につけられるマークです。（化学研究評価機構）

クリーンマーク

↶ 有害物質にかんする安全性および必要な性能の基準に適合した、消しゴムや粘土などにつけられるマークです。（日本字消工業会）

↪ **自動車につけられるマーク** ……52ページ

第3章 製品

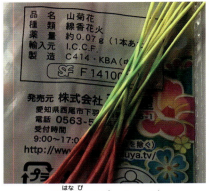
↑花火のパッケージ
火薬量や製造地などとともに、製品の安全性を保証するSFマークが表示されています。

SFマーク
↩火薬類取締法に適合しているかどうかの基準検査と安全検査に合格した花火であることをしめしています。（日本煙火協会）

MADE IN JAPAN 信頼のマーク
↩日本鞄協会加盟のメーカーが日本国内で製造したかばんであることをしめすマークです。（日本かばん協会）

レザーマーク
↩皮革製かばんの品質を保証するマークです。（日本かばん協会）

衛生マーク
↩衛生的な「おしぼり」につけられるマークです。Zで「細菌ゼロ」をイメージしています。（全国おしぼり協同組合連合会）

遠赤外線協会 認定マーク
↩遠赤外線協会の自主認定制度に合格した遠赤外線の性能にすぐれた製品につけられています。（遠赤外線協会）

↑消火器
消火器につけられた検定合格証（写真左）と、エアゾール式簡易消火具につけられたNSマークです。

検定合格証
↩国の検定に合格した消火器、火災報知器、金属製避難はしごなどにはられるマークです。（総務省消防庁）

NSマーク
↩エアゾール式簡易消火具などに表示される日本消防検定協会の評価合格マークです。（日本消防検定協会）

ランドセル認定証
↩ランドセル工業会の保証マーク。同工業会規格にしたがって製造されたランドセルにつけられます。（ランドセル工業会）

HAPIマーク
↩日本ホームヘルス機器協会の会員企業が製造・販売するホームヘルス機器（家庭用医療機器・健康管理機器等）につけられているマークです。（日本ホームヘルス機器協会）

芳香・消臭・脱臭剤の適合マーク
↩安全性や有効性、表示などの基準に適合している芳香剤、消臭剤、脱臭剤につけられるマークです。（芳香消臭脱臭剤協議会）

こんなところにこんな記号

ベルマーク

ベルマーク教育助成財団と協賛企業、学校・PTAが共同でおこなっている運動です。学校単位で参加し、さまざまな商品についているベルマークをあつめます。これを学校にもちよって会社別に集計し、財団経由で各会社に報告します。協賛会社は送られた点数を1点1円に換算して、財団を経由して各学校にふりこみます。PTAはこの預金をもとに、子どもたちが望んでいる品物を買います。財団によると、約2万6000の幼稚園や学校が参加しています（2024年現在）。

🔗 ベルマーク教育助成財団のホームページ
https://www.bellmark.or.jp/

家庭用品

取りあつかいかたの記号

家庭用品などを取りあつかうとき、危険をともなう場合や、指示にもとづいておこなう必要がある場合などにもちいられるマークです。JISでは、「消費者用警告図記号」として「禁止図記号」「注意図記号」「指示図記号」の3種類に分類されています。これらの図記号は、その分類ごとに色分けされ、その内容を、わかりやすく図でしめしています。

⊘ 禁止図記号

分解禁止
製品を分解すると、感電などによる傷害がおこる可能性をしめすものです。

火気禁止

風呂、シャワー室での使用禁止

接触禁止　　水ぬれ禁止　　ぬれ手禁止

可燃物の近くで使用禁止　　手を触れない（洗濯機の脱水槽）　　手を触れない（扇風機）

⚠ 注意図記号

一般注意

感電注意
電源部など、ふれると感電の危険のあるところに表示されます。

発火注意

破裂注意　　高温注意　　回転物注意

● 指示図記号

一般指示

電源プラグをコンセントから抜け
取りあつかい説明書などで、コンセントをぬく指示は、この図記号でしめされます。

必ずアース線を接続せよ

🌙 電気用品の安全表示 ……219ページ
🌙 接地の記号と接地の意味 ……219ページ
🌙 荷あつかいをしめす記号 ……106ページ

🌙 おもちゃやゲームソフトについている記号 ……99ページ

●はJIS案内用図記号（5ページ参照）です。

携帯電話とスマートフォン

携帯電話やスマートフォンの表示パネルや取りあつかい説明書には、メーカーによっていろいろな記号がつかわれ、操作のしかたや状態をしめしています。

なるほど情報ファイル

ISOとIEC

ISO（国際標準化機構）はたくさんの国ぐにが参加する国際機関で、電気・電子技術分野をのぞくすべての産業分野の国際規格の作成をおこなっています。また、この機関で作られた国際規格もISOといいます。

IEC（国際電気標準会議）はISOと同じように電気および電子技術分野の国際規格を作成する国際機関で、ここで作られた国際規格もIECとよばれます。

携帯電話

開始ボタン
（電話の発信など）

終了ボタン
（通話の終了など）

電池残量表示

電波の受信レベル
（図は「強」の状態）

ドライブモード
（相手に運転中を知らせる）

マナーモード
周囲に迷惑にならないよう、よび出し音などを鳴らさない状態のことをいいます。

テレビ電話

メール

ロック
（操作できなくする）

電話帳

写真

こんなところにこんな記号

絵文字と顔文字

普通の文字を組み合わせて、人の顔（表情）やしぐさなどを文字であらわしたものが顔文字です。笑顔 (^_^) や泣き顔 (T_T) など、さまざまな顔文字が考案されています。

(^▽^)ノ
おはよ～！

＼(^o^)／
よろしく～♪

m(.__.)m
ありがとう

m(_ _)m
ごめんなさい

(;゜～゜)
こまった

携帯電話には、メールなどで文字や数字といっしょに利用できる絵文字が用意されているものもあります。この絵文字をじょうずに利用して、短い文章で、よりたくさんの情報を相手に伝えることができます。

スマートフォン

↑iPhoneのホーム画面（左）とコントロールセンター（右）

スマートフォンは電話やメールだけでなく、さまざまな機能をもっています。画面上に表示されたアイコンをタッチすることで、つかいたい機能を選びます。

機内モード
無線機能をオフにする「機内モード」になっていることをしめすアイコンです。

モバイルデータ通信
携帯電話会社の回線によるデータ通信が有効になっていることをしめすアイコンです。

無線LAN
無線LAN（Wi-Fi）でインターネットに接続されることをしめすアイコンです。

Bluetooth
イヤホンなどを無線で接続することのできる状態であることをしめすアイコンです。

画面のむきをロック

おやすみモード

画面の明るさ

懐中電灯

電卓

アラーム

こんなところにこんな記号
地域のフリーWi-Fiのマーク

地方自治体の中には、観光客向けに公衆無線LAN（フリーWi-Fi）を提供している自治体があります。利用できる場所では、それぞれの地域らしい図案をあしらったマークが見られます。

札幌市

千代田区

名古屋市

京都市

広島市

那覇市

家庭用品

ファクシミリとコピー機

ファクシミリ、コピー機、プリンタなどの操作パネルや取りあつかい説明書にも、多くの記号がつかわれています。

電源

リセット
（設定をもとにもどす）

コピー
文書のコピー（複写）をあらわす記号です。コピー中の表示などにもつかわれます。

電源の入り

電源の切り

ファクシミリ
ファクシミリや、ファクシミリ機能をあらわす記号です。

スタート
（開始）

ストップ
（停止）

表面原稿

裏面原稿

コピー枚数

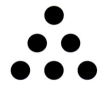
トナー
（プリント用の粉）

濃度

自動濃度調整

ソータ*1

紙づまり
（故障の表示）

トナー補給
（トナー切れの表示）

用紙補給
（用紙切れの表示）

コピー機
コピー機の操作パネルの部分です。記号だけでなく、ボタンの大きさや形・色なども、つかいやすいようにくふうされています。

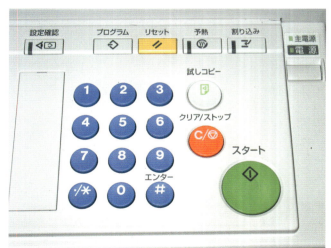

カラー

ズーム

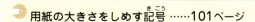
用紙の大きさをしめす記号……101ページ

*1 ソータ　複数枚の原稿を指定部数コピーするときに、1部ずつ順に仕分けする装置。

電話とAV機器

電話やビデオ、オーディオプレイヤーなどのAV機器の操作ボタンなどにも、いろいろな記号がつかわれています。

電話

呼出音量

受話音量
受話器のスピーカー音量を調節するボタンなどにつけられています。

留守録

ハンズフリー

イヤホン

音量

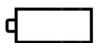
バッテリー

こんなところにこんな記号

フリーダイヤル

フリーダイヤルやフリーコールは、通話料金を着信側が支払う電話サービスです。商品カタログなどの問い合わせ電話番号には、右の記号がつけられ、一般の電話番号と区別できるようにしています。

フリーコール

AV機器

ヘッドホン
ヘッドホンのコードを接続する専用ジャックなどに表示されています。

マイクロホン

電源入力

再生・演奏・プレイ

早送り・早戻し

停止・ストップ

録音・録画

一時停止・ポーズ

取出し・イジェクト

↑DVDプレイヤーのリモコン
いろいろな操作をあらわす記号がえがかれたボタンが並んでいます。

家庭用品

デジタルカメラ

カメラやデジタルカメラの操作ボタンなどや、パネルやファインダーの状態表示につかわれている記号です。

撮影モードの記号

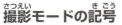

ポートレート
（近くの人物撮影）

風景
（遠くの風景撮影）

広角
（被写体を小さく撮影）

望遠
（被写体を大きく撮影）

パンフォーカス
近くの人物から遠くの風景まで、ぜんぶがくっきりと写せる撮影モードです。

夜景
（夜の屋外撮影）

接写
（すぐ近くでの撮影）

ストロボ発光禁止
ストロボをつかわない、またはつかえない状態をしめす図記号です。

ストロボ

（残量が十分ある）
（残量が少ない）
バッテリー

連続撮影
（連写）

動画
（ビデオ撮影）

セルフタイマー
（自動シャッター）
赤目軽減

こんなところにこんな記号

えんぴつのしんの記号

えんぴつのH・F・Bといった記号は、しんのかたさや濃さをあらわす記号です。HはHARD（ハード・かたい）、BはBLACK（ブラック・黒い）、FはFIRM（ファーム・しっかりした）という意味です。FはHとBの中間になります。Hは番号の大きいものほどかたくて色がうすく、Bは番号の大きいものほどやわらかくて色が濃いことをしめします。JISには、9Hから6Bまで17種類あります。

洗剤

さまざまな家庭用洗剤の説明書きや使用上の注意にも、注目してもらうために、記号がつかわれています。

目に入らないようにする

子供の手が届くところに置かない

必ず換気する
換気を指示する記号です。防かび剤や漂白剤などについています。

➡ 洗濯方法などをしめす記号……214ページ

住宅と設備

マンションやアパートなどの集合住宅、一戸建て住宅にも、いろいろなマークや図記号がつかわれています。

品質保証の記号

LCCM住宅認定マーク
建設、居住、解体などを通じてCO_2排出量の低減に取り組んでいることを評価・認定された住宅につけられるマークです。（建築環境・省エネルギー機構）

環境共生住宅認定マーク
省エネ、資源の有効利用などの条件を満たし、環境共生の新提案をしている住宅につけられるマークです。（建築環境・省エネルギー機構）

設計住宅性能評価書のマーク

建設住宅性能評価書のマーク

住宅性能表示制度にもとづいて交付される、住宅性能評価書につけられているマークです。設計段階の評価をしめすもの（設計住宅性能評価書）と、施工・完成段階の検査を経た評価をしめすもの（建設住宅性能評価書）との2種類があります。（国土交通省）

CPマーク
官民合同会議によって防犯性能を評価されたドア・鍵などの建物部品につけられるマークです。（全国防犯協会連合会）

合わせガラス
保温や防音、破片がほとんど飛び散らないなどの特長をもった合わせガラスをしめすマークです。（板硝子協会）

強化ガラス
ふつうのガラスよりも約3〜5倍の強度があり、破片が粒状になるガラスをしめすマークです。（板硝子協会）

注意をよびかける記号

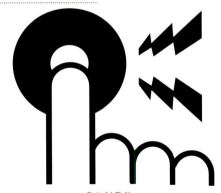
非常呼出し
防犯や救急など、非常時につかうよび出しボタンをしめす記号です。

火災

ガス漏れ

防犯

こんなところにこんな記号

洗浄便座

トイレの温水洗浄便座の操作パネルにも、そのつかいかたをわかりやすくしめすために、記号がつかわれています。ここに掲載した以外にも、いろいろなデザインのものがあります。

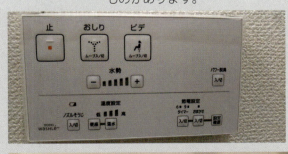

- 建築物の設計図の記号……213ページ
- 防災のための記号……16ページ

家庭用品

玩具

ゲームにつかわれる記号

トランプや将棋のほか、花札やカルタなど多くのゲームがありますが、いずれも古い歴史をもち、さまざまな変化やくふうがされて受けつがれてきました。それらのゲームには文字やマーク・絵などがつかわれています。ひとつひとつが特定の意味をもつ記号になっています。♠♥♣◆のマークは、「スーツ」とよばれます。

こんなところにこんな記号

点字つきトランプ

目の不自由な人と楽しめる点字つきのトランプが販売されています。点字にふれることで何のカードかわかります。

トランプ

わたしたちがよくつかうトランプのマークは、イギリス・アメリカ系の「国際式」とよばれるものです。

スペード

ハート

クラブ

ダイヤ

⬆もともとは「刀剣」で貴族や軍人をあらわす記号でしたが、その形が変化して、スペードのマークになりました。

⬆もともとは「聖杯」で聖職者や僧侶をしめすマークでしたが、「心臓」をあらわすハートのマークになりました。

⬆もともとは「こん棒」で、農民や労働者をしめすマークでしたが、いつのまにか三つ葉のマークに変化しました。

⬆もともとは「貨幣」で商人をあらわすカードでした。これが鈴やダイヤモンドをあらわすマークへと変化しました。

なるほど情報ファイル

タロットカード

22枚の大アルカナ（絵札）と56枚の小アルカナ（数札）の合計78枚のカードがあります。タロットの起源についてはいろいろな説がありますが、現在のタロットは14世紀のイタリア北部で誕生したとされています。

➡星や星座の記号……201ページ
➡花札……97ページ

第3章 製品

花札

江戸時代末期に生まれた花札は、1年12か月の花がそれぞれ4枚ずつ合計48枚で構成される日本独特のカードです。

1月（松）

2月（梅）

3月（桜）

4月（藤）

5月（菖蒲）

6月（牡丹）

7月（萩）

8月（薄）

9月（菊）

10月（紅葉）

11月（柳）

12月（桐）

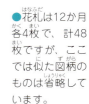

●花札は12か月各4枚で、計48枚ですが、ここでは似た図柄のものは省略しています。

玩具

⬅ 花札の「こいこい」の並べかた
花札の「こいこい」という遊びかたでは、自分の手札の中に場の札と同じ花の札があれば、取ることができます。取った札から役を完成させて、得点を競い合います。

将棋とチェス

古代インドで誕生したゲームが日本に伝わって将棋に、ヨーロッパでチェスになりました。

↑将棋盤と将棋の駒
将棋は、縦・横それぞれ9つのますに区切られた盤の上で、それぞれ20個の駒をつかって、交互に、盤上にある自分の駒をルールにしたがって1回ずつ動かしながらおこなうゲームです。

将棋の駒とその動きかた

王将 　玉将 　金将

動きかた➡ 　

飛車　角行　銀将　桂馬　香車　歩兵

龍王（成り飛車）　龍馬（成り角）　成り銀　成り桂　成り香　と金（成り金）

↑成ることができる駒の裏側
相手の陣地に入ると「成る」ことができる駒があります。左から、龍王、龍馬、成り銀、成り桂、成り香、と金。

チェスの駒とその動きかた

 キング（王）
将棋の「王将」と同じ動きかたができます。

 クイーン（后）
将棋の「角行」と「飛車」をあわせた動きをします。

 ルーク（城）
将棋の「飛車」と同じ動きかたができます。

 ビショップ（僧）
将棋の「角行」と同じ動きかたができます。

 ナイト（騎士）
8方向に、将棋の「桂馬」に似た動きをします。

 ポーン（兵卒）
将棋の「歩兵」と似た動きかたができます。

玩具

おもちゃやゲームソフトについている記号

おもちゃには、小さな子どもが手にとって遊んでも安全であるよう、安全性の基準がもうけられており、遊ぶときの注意をしめすための記号もあります。また、ゲームソフトの対象年齢を表示するレーティングマークも定められています。これらはおもちゃのパッケージや説明書に表示されており、保護者が子どもに買い与えるときの参考にもなります。

↑玩具のあつかいかた注意記号
STマークのついているおもちゃのパッケージや説明書などには、安全に遊ぶための注意点をしめす記号が記されています。

おもちゃ

STマーク
構造や材料、性能、表示などが玩具安全基準に合格したおもちゃであることをしめすマークです。（日本玩具協会）

 くちにいれない
 うえにのらない
 まきつけない
 みずにぬらさない
 おとなといっしょ
 ひとにむけない
 ひにちかづけない

ゲームソフト

↑レーティング（対象年齢）マークとコンテンツアイコン
ゲームソフトの対象年齢や表現内容をしめすマークです。国内で販売されるほとんどすべてのゲームソフトのパッケージに表示されています。（コンピュータエンターテインメントレーティング機構）

レーティング（対象年齢）マーク

コンテンツアイコン

 恋愛
 セクシャル
 暴力
 恐怖
 ギャンブル
 犯罪
 飲酒・喫煙
 麻薬等薬物
 言葉・その他

本や雑誌

本についている記号

本の裏表紙には、ISBNで始まる数字とアルファベットの組み合わせが並んでいます。これは、ISBNコードと日本図書コードの分類コードで、その本がどこの国のどういう分野の本で、出版社はどこで、定価はいくらかなどの情報を符号にしたものです。そばにそえてあるバーコードは、その符号を機械で読み取るためのものです。

こんなところにこんな記号

ⓒとⓇのマーク

ⓒは「著作権マーク」とよばれ、万国著作権条約（著作権にかんする国際条約）にもとづいて、このマークのあとに著作物を発表した年、著作権者の名前をつけます。Ⓡは登録商標を意味するマークで、「登録商標マーク」とよばれます。

第3章 製品

- 出版者記号 → くもん出版
- 書名記号 → くらしの中の知らない化学物質 第5巻「自動車」
- 国記号 → 日本
- チェック数字

ISBN*1 コード（国際標準図書番号）……… ISBN978-4-7743-0425-0

分類コード ……………………………………… C8343　￥2800E

- 本体価格 → 2800円
- 内容コード → 化学
- 販売形態コード
  - 0 …… 単行本
  - 1 …… 文庫本
  - 2 …… 新書
  - 3 …… 全集・双書
  - 4 …… ムック・その他
  - 5 …… 辞典・事典
  - 6 …… 図鑑
  - 7 …… 絵本
  - 8 …… 磁性媒体など
  - 9 …… コミック

書籍コード

書籍にはISBNコードのほかに、Cで始まる数字のコードと2つのバーコードがついています。Cで始まる数字のコードは日本図書コード*2の分類コードです。2つのバーコードは「書籍JANコード」とよばれ、ISBNコードと日本図書コードを読み取るためのものです。

- 販売対象コード
  - 0 …… 一般
  - 1 …… 教養
  - 2 …… 実用
  - 3 …… 専門
  - 4 …… 検定教科書ほか
  - 5 …… 婦人
  - 6 …… 学習参考書（小・中学生）
  - 7 …… 学習参考書（高校生）
  - 8 …… 児童（中学生以下）
  - 9 …… 雑誌あつかい

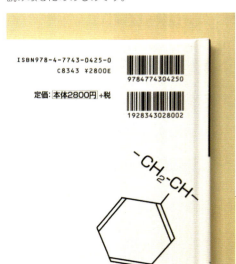

*1 ISBN　International Standard Book Number の略。書籍の流通をコンピュータで処理するために作られた国際的な番号システムです。

*2 日本図書コード　ISBNコードに加え読者対象、発行形態、内容の分類と価格情報をコードしたもの。日本国内でつかわれています。

本や雑誌

用紙の大きさをしめす記号

ふつうの本や雑誌は、ある一定の大きさに作られます。これは、製紙会社が製造した用紙をむだにしないように、また、取りあつかいをしやすいように、用紙の大きさの種類が決められているからです。もっとも一般的なのがA判とB判の2種類で、B判は、A判の1.5倍の面積をもっています。この2種類の用紙の縦横の比率は、つねに1：√2（約1.414）で一定です。

なるほど情報ファイル

和書の寸法

A判・B判系列のほか、菊判や四六判とよばれるむかしからの判型の書籍もたくさんあります。菊判はアメリカ合衆国の標準判の25×37インチに由来する大きさです。四六判（4/6判）はイギリスのクラウン判に由来します。

●A判仕上がり寸法

判型	仕上がり寸法(mm)	主なつかいみち
A0	841×1189	ポスター
A1	594×841	ポスター
A2	420×594	ポスター・カレンダー
A3	297×420	ポスター
A4	210×297	写真集・豪華本
A5	148×210	書籍一般・教科書
A6	105×148	文庫本・辞書
A7	74×105	手帳
A8	52×74	
A9	37×52	

●B判仕上がり寸法

判型	仕上がり寸法(mm)	主なつかいみち
B0	1030×1456	街頭ポスター
B1	728×1030	駅ばり観光ポスター
B2	515×728	ポスター
B3	364×515	車内づりポスター
B4	257×364	写真集・グラフ雑誌
B5	182×257	一般週刊誌
B6	128×182	書籍一般・辞書
B7	91×128	手帳
B8	64×91	
B9	45×64	

A4判、B4判などはコピーや印刷用紙でもおなじみです。図でしめしたようにA0判の半分がA1判、その半分がA2判……という関係になっています。この関係はB判の用紙でも同じです。A判B判ともに10判まであります。

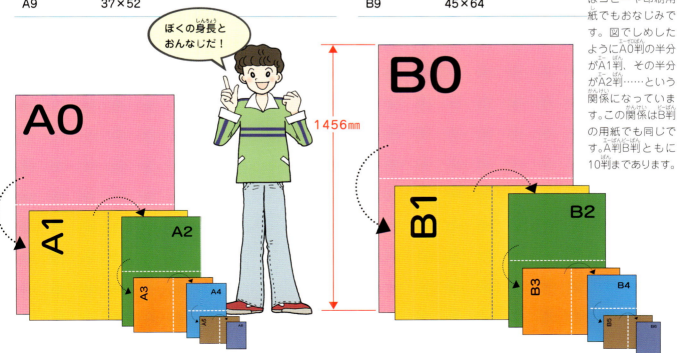

ぼくの身長とおんなじだ！

1456㎜

本や雑誌

文字の大きさと書体

印刷物の文字にはさまざまなデザインが見られます。これを書体またはフォントといいます。字の大きさも、タイトルや本文など、つかわれかたによって変わります。

第3章 製品

●欧文のフォント（書体）の例

フォント	名前
ABCDEFG abcdefg	センチュリー
ABCDEFG abcdefg	タイムズ・ニューローマン
ABCDEFG abcdefg	タイムズ・ニューローマン・イタリック
ABCDEFG abcdefg	タイムズ・ニューローマン・ボールド
ABCDEFG abcdefg	パラティノ
ABCDEFG abcdefg	パラティノ・イタリック
ABCDEFG abcdefg	ボドニー・ローマン
ABCDEFG abcdefg	ボドニー・ローマン・ボールド
ABCDEFG abcdefg	ガラモンド
ABCDEFG abcdefg	ガラモンド・セミボールド
ABCDEFG abcdefg	クーリエ
ABCDEFG abcdefg	クーリエ・ボールド
ABCDEFG abcdefg	ヘルベチカ
ABCDEFG abcdefg	ヘルベチカ・ボールド
ABCDEFG abcdefg	ユニバース
ABCDEFG abcdefg	ユニバース・コンデンスト
ABCDEFG abcdefg	フーツラ・ライト・コンデンスト
ABCDEFG abcdefg	フーツラ
ABCDEFG abcdefg	フーツラ・ヘビー
ABCDEFG abcdefg	シカゴ

●日本語のフォント（書体）の例

フォント	名前
ジュニア記号の大事典	リュウミンL-KL
ジュニア記号の大事典	リュウミンM-KL
ジュニア記号の大事典	リュウミンB-KL
ジュニア記号の大事典	リュウミンU-KL
ジュニア記号の大事典	太ミンA-101
ジュニア記号の大事典	見出ミンMA31
ジュニア記号の大事典	ユトリロM
ジュニア記号の大事典	ユトリロDB
ジュニア記号の大事典	教科書ICA L
ジュニア記号の大事典	新正楷書CBSK-1
ジュニア記号の大事典	グレコM
ジュニア記号の大事典	グレコB
ジュニア記号の大事典	新ゴL
ジュニア記号の大事典	新ゴM
ジュニア記号の大事典	新ゴB
ジュニア記号の大事典	新ゴU
ジュニア記号の大事典	中ゴシックBBB
ジュニア記号の大事典	太ゴB101
ジュニア記号の大事典	見出ゴMB31
ジュニア記号の大事典	ゴシックMB101B
ジュニア記号の大事典	ゴシックMB101U
ジュニア記号の大事典	じゅん101
ジュニア記号の大事典	じゅん34
ジュニア記号の大事典	じゅん501
ジュニア記号の大事典	勘亭流
ジュニア記号の大事典	ナウMB
ジュニア記号の大事典	ナウMU
ジュニア記号の大事典	スーラM
ジュニア記号の大事典	スーラB
ジュニア記号の大事典	スーラEB
ジュニア記号の大事典	マティスL
ジュニア記号の大事典	マティスUB

●約物とけい線

記号	名前や通称
、	読点、点
。	句点、丸
•	中黒、中点
.	ピリオド
,	コンマ、カンマ
:	コロン
;	セミコロン
?	疑問符、耳だれ
??	二重疑問符、二つ耳だれ
!	感嘆符、雨だれ
!!	二重感嘆符、二つ雨だれ
！	ななめ雨だれ
!?	ダブルだれ
ヽ	ひらがながえし、一つ点
〱	大がえし、くの字点
々	漢字がえし、同の字点
〃	同じく、チョンチョン
ミ	ピリピリ、二の字点
’	アポストロフィ、アポ
‐	ハイフン、連字符

記号	名前や通称
゠	二重ハイフン
―	ダーシ、ダッシュ
＝	二重ダーシ、二重ダッシュ
〜	波形、波ダッシュ
‥	二点リーダー
…	三点リーダー
†	ダガー、短剣符
‡	ダブルダガー、二重短剣符
※	米じるし
＊	アステリスク、アステリ
＊＊	アステリズム
§	セクション、章標
¶	パラグラフ、段標
‖	パラレル、並行符
♯	ナンバー、番号符
☆	白星、白スター
★	黒星、黒スター
○	丸印、白丸
●	太丸
◎	二重丸

記号	名前や通称
◉	蛇の目
●	黒丸
□	白四角
■	黒四角
△	白三角
▲	黒三角
◇	白ひし形
◆	黒ひし形
卍	まんじ
→	矢印
↔	両矢印
⇨	白ぬき太矢、白矢
( )	パーレン、かっこ、丸かっこ
(( ))	二重パーレン、二重かっこ
〔 〕	亀甲、亀甲かっこ
[ ]	ブラケット、大かっこ
【 】	すみつきパーレン、黒亀甲かっこ
〘 〙	二重亀甲
「 」	かぎ、かぎかっこ
『 』	二重かぎ、二重かぎかっこ

記号	名前や通称
‘ ’	クォーテーションマーク
" "	ダブルクォーテーションマーク
〝 〟	ダブルミニュート、ちょんちょん
〈 〉	山形、ギュメ
《 》	二重山形、二重ギュメ
{ }	ブレース、中かっこ
──	表けい
──	裏けい
----	ミシンけい、破線
～～	ブルけい、波けい
〰	太ブルけい、太波けい
══	双柱けい
══	太双柱けい
──	子もちけい
──	両子もちけい
▥	かすみけい
▨	ななめかすみけい
━━	無双けい

本や雑誌では、文字や数字のほかにも、いろいろな記号やけい線がつかわれます。文章中につかわれる記号類は「約物」とよばれますが、約物やけい線には、それぞれ名前や通称がつけられています。

●文字の大きさ

級（Q）

記号の大事典 ⇦100級

記号の大事典 ⇦50級

記号の大事典 ⇦20級

記号の大事典 ⇦10級

ポイント

6ポイント⇨ 記号の大事典

12ポイント⇨ 記号の大事典

24ポイント⇨ 記号の大事典

50ポイント⬇

記号の大事典

級は、クオーター（QUARTER=4分の1）のQから名づけられ、4分の1ミリが1級となります。ポイントは、もとは活字の単位で、1ポイントは約0.35ミリです。

本や雑誌

色と印刷

色は色相、明度、彩度の3原則で人工的に再現されますが、テレビのモニターから見られる色と印刷物では作りかたがことなります。印刷物では、CMYKという（シアン、マゼンタ、イエロー、すみ（黒））4つのインクを組み合わせて作ります。

第3章 製品

● 印刷インクで作る色
印刷物では、「プロセスカラー」とよばれるシアン（C）、マゼンタ（M）、イエロー（Y）、すみ（黒）（KまたはBL）の4種類の基本色のインクの割合を変えながら、あらゆる色を表現します。

● 光をまぜて作る色
テレビやパソコンの画面、スポットライトなどの色は、透過光を直接目で見て感じる色です。この色は、赤（R）・緑（G）・青（B）の「光の三原色」の組み合わせで、あらゆる色を表現できるため「RGBカラー」とよばれます。インクや絵の具とはちがって、光の三原色を同じ割合でまぜると白色（光）になります。

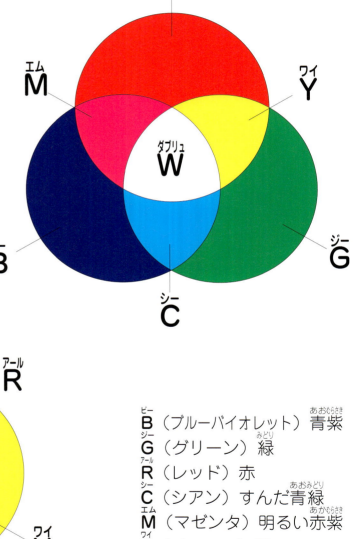

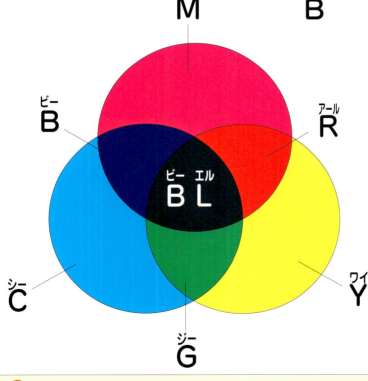

B（ブルーバイオレット）青紫
G（グリーン）緑
R（レッド）赤
C（シアン）すんだ青緑
M（マゼンタ）明るい赤紫
Y（イエロー）黄
W（ホワイト）白
BL（ブラック）黒

→ カラーユニバーサルデザイン ……13ページ
→ 記号の色 ……20ページ

●印刷インクとカラーチャート

本や雑誌のカラー写真や文字などの色は、シアン（C）、マゼンタ（M）、イエロー（Y）、すみ（黒）（KまたはBL）の4種類の基本色のインクをつかって、さまざまな色を表現しますが　どの基本色を、どれぐらいの割合で組み合わせると、どんな色ができるのかを知るために「カラーチャート」とよばれる道具をつかいます。このカラーチャートをつかって、たとえば「シアンを20％、マゼンタを25％」といった指示のしかたで色を指定します。

なるほど情報ファイル

小さな点のあつまりで色を！

印刷物のカラー写真の色は、絵の具のようにいろいろな色のインクでえがかれているのではありません。CMYKの4色を肉眼で確認できないくらい小さな点にし、人間の目の錯覚を利用して、いろいろな色を表現しています。この文字の下の色を拡大して見ると右のように3色でできていることがわかります。

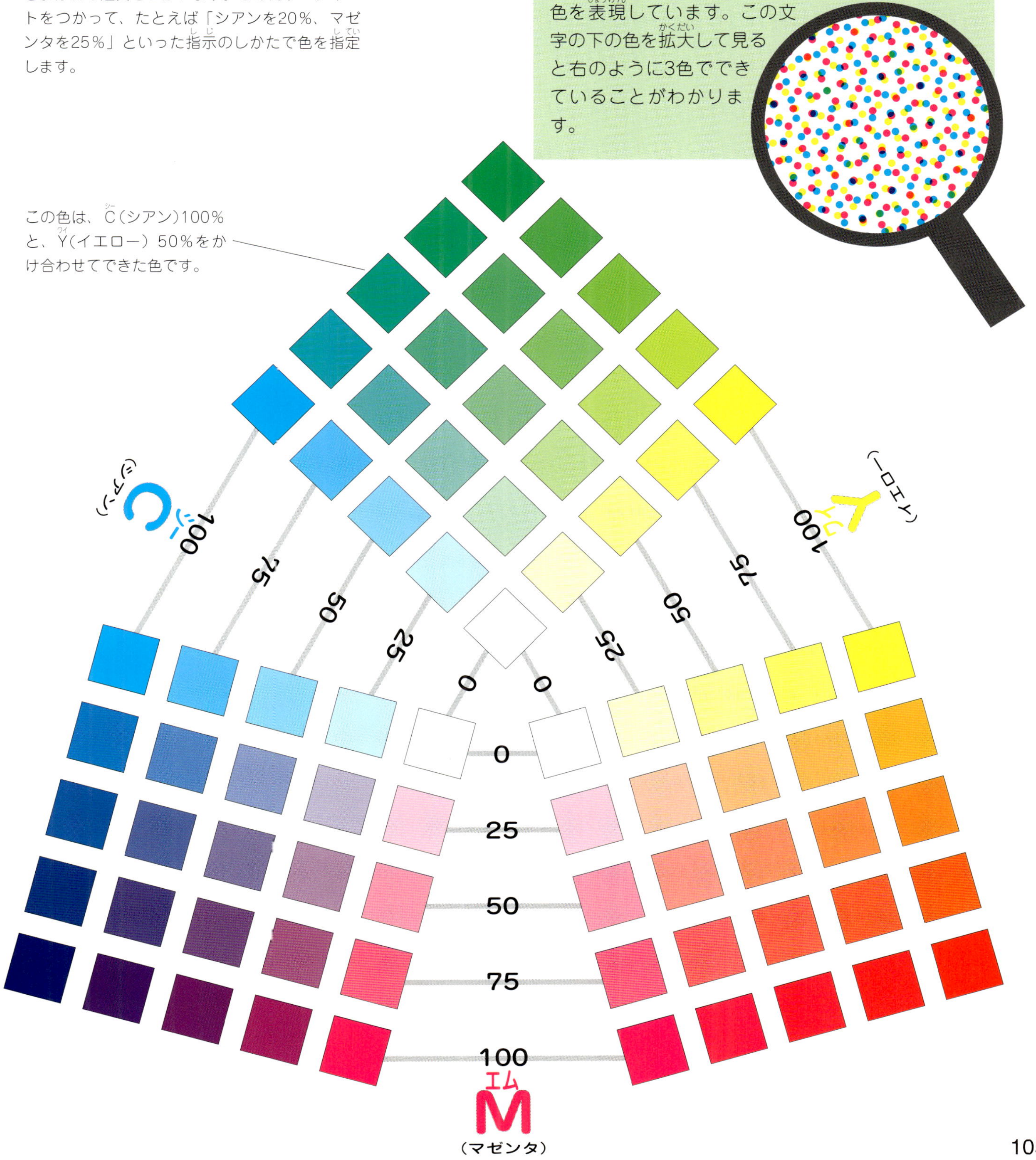

本や雑誌

この色は、C（シアン）100％と、Y（イエロー）50％をかけ合わせてできた色です。

C（シアン）　100　75　50　25　0

Y（イエロー）　0　25　50　75　100

M（マゼンタ）　0　25　50　75　100

105

荷物
荷あつかいをしめす記号

荷物の運搬や輸送をする際に、梱包された中の製品の取りあつかいかたをマークでしめしたものを「包装貨物の荷扱い図記号」として、JIS（日本工業規格）で形が決められています。パソコンやゲーム機、ガラス製品など、運搬のときに取りあつかいかたを注意することで、こわれたりしないように決められたものです。段ボールで包装されたものには、各種の指示マークが並んで印刷されています。

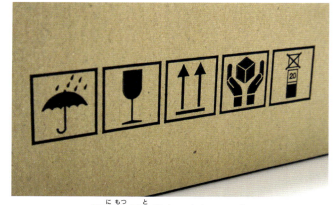
⬆荷物の取りあつかいマーク
荷物の取りあつかいかたの指示が、段ボールの梱包に印刷されています。下に掲載した記号のほかにも、いろいろなものがつかわれています。

第3章 製品

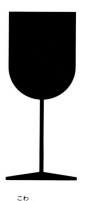
壊れもの
こわれやすいので、取りあつかいに注意することを知らせる記号です。

上積み禁止

転がし禁止

温度制限

火気厳禁

フォーク差込み禁止

ハンドトラック差込み禁止

重心位置

取扱注意

手かぎ禁止

上

水ぬれ防止
荷物が水にぬれないように取りあつかうことを指示する記号です。

クランプ位置

上積み質量制限

直射日光遮へい

放射線防護

クランプ禁止

つり位置

➡ 取りあつかいかたの記号……89ページ

お金

カードの記号

　スーパーやデパートでの買い物や、レストランなどの支払いをクレジットカードですませる人もいます。クレジットカード会社が会員の信用を保証するしくみで、ふつうはサイン（署名）か暗証番号を入力するだけで、加盟店なら一定金額までつかえます。カードで現金も借り入れできることから、ついお金を借りすぎてしまうという問題もあります。

↑クレジットカードと現金支払い機
現金自動支払い機のとびらの前にはられたカード会社のマークです。取りあつかいができるクレジットカードが、ひと目でわかります。

Visa

Mastercard

Union Pay（銀聯）

Discover

アメリカン・エキスプレス

ダイナースクラブ

こんなところにこんな記号
ホログラムで浮かび上がる模様

クレジットカード（JCB）のホログラム

1万円札のホログラム

　クレジットカードの券面には、きらきらと光っている部分があります。これにカードの偽造を防ぐための「ホログラム」という技術で、見る角度によって模様や文字が浮かび上がるようになっています。お札などにもホログラムがつかわれています。

JCB

→ 会社のマーク ……142ページ

お金

通貨記号

お金の単位をあらわす「¥」や「$」などは、通貨記号とよばれる記号の一種です。通貨記号は、数字の前や後ろについて、ものの値段をあらわすほか、駅や空港の外貨両替所で取扱いのできる通貨の種類をしめすなどの役割ももっています。

$
USドル
（USD）*1
アメリカ合衆国

£
UKポンド
（GBP）*2
イギリス

₽
ロシア・ルーブル
（RUB）
ロシア

第3章 製品

֏
ドラム
（AMD）
アルメニア

₡
コスタリカ・コロン
（CRC）
コスタリカ

฿
バーツ
（THB）
タイ

₱
フィリピン・ペソ
（PHP）
フィリピン

ユーロ
（EUR）
欧州連合〈EU〉

؋
アフガニ
（AFN）
アフガニスタン

৳
タカ
（BDT）
バングラデシュ

₮
トゥグルク
（MNT）
モンゴル

₫
ドン
（VND）
ベトナム

₹
インド・ルピー
（INR）
インド

₺
トルコリラ
（TRY）
トルコ

なるほど情報ファイル

「円」も「人民元」も同じ記号！？

¥

わたしたちにとってなじみ深い「¥」記号ですが、じつはこの記号をつかっているのは日本の円（JPY）だけではありません。中国の通貨である人民元（CNY）も、同じ通貨記号によってあらわされます。「円」(yen)も「元」(yuán)もアルファベットであらわすと「Y」からはじまるため、同じ記号がつかわれているのです。

₪
新シェケル
（ILS）
イスラエル

₦
ナイラ
（NGN）
ナイジェリア

↑空港の外貨両替所（関西国際空港）
受付カウンターの前面に大きく通貨記号が記されています。

*1 USドル以外にも、この記号がつかわれる通貨がある。
*2 UKポンド以外にも、この記号がつかわれる通貨がある。

▶商店や飲食店……28ページ

108

お金

電子マネーのマーク

電車の改札口やお店の会計時に、カードをタッチするだけで支払いをすませることができるICカードをつかう人が増えています。これらは電子マネーとよばれ、電子情報をやり取りすることでお金の代わりとなります。電子マネーにはそれぞれマークがあり、ICカードの表面に印刷されていたり、お店の店頭に表示されたりしています。

交通系電子マネー

「Suica」をはじめとする交通機関でつかうことのできる電子マネーを交通系電子マネーといいます。JR各社や私鉄から発行されており、現在では多くのカードが異なる鉄道会社の間で相互利用することができます。

Kitaca（JR北海道）

Suica（JR東日本ほか）

ICOCA（JR西日本）

TOICA（JR東海）

SUGOCA（JR九州）

WAON

楽天Edy

iD

QUICPay

こんなところにこんな記号

暗号資産のマーク

国が発行する通貨ではなく、おもにインターネット上でそれまでのお金と同じようにやりとりされる「暗号資産（仮想通貨）」が世界中で流通しています。暗号資産には紙幣や貨幣のような目に見える形はありませんが、通貨記号と同じようにそれぞれの通貨をあらわすマークがあります。

ビットコイン

イーサリアム

モナコイン

リップル

⬆ コンビニエンスストアの店頭で見られる電子マネーのマーク

コンビニエンスストアなど電子マネーに対応しているお店では、店頭やレジの横などにマークを表示することで、支払いにつかえる電子マネーの種類をしめしています。

第4章
環境・福祉

省エネやリサイクル、バリアフリーのために
さまざまな記号がつかわれています

ごみの分別にも
いろいろな絵文字が
つかわれているよ

リサイクルを
おし進める記号

資源をどんどんつかって製品を作ったり、たくさんのごみを生み出すような生活をやめて、環境を大切にしていこうという考えかたが広がっています。現在、資源をなるべく節約してつかおうという省エネや省資源、これまでごみとして捨てられていたものを、ふたたび原料や材料として利用していこうというリサイクル、まだつかえるものは捨てないで、新しい用途に再利用しようというリユースなど、さまざまな取り組みがおこなわれています。こうした考えかたを広めたり、取り組みをおこないやすくしたりするために、たくさんの記号がつかわれています。

一方、わたしたちの社会には、赤ちゃんからお年寄りまで、また、病気や事故などで、体に障害のある人びとがいます。どんな人にも、もっとくらしやすい社会を作ろうという取り組みも、さかんになってきました。

たとえば、車いすに乗った人が移動しやすい段差のない道や、目の不自由な人が安心して歩くことができる点字ブロックなどがその例です。さらに、こうしたバリアフリーの考えかたを進め、体が不自由な人も健常者もともにつかいやすい製品などを作ろうというユニバーサルデザイン（12ページ参照）の考えかたも注目をあつめ始めています。こうした分野でも、絵文字を中心にたくさんの記号がつかわれています。

バリアフリーを
めざす記号

だれでも安心して
くらせるようにという考えかたが
バリアフリーなのね

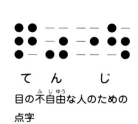

てんじ

目の不自由な人のための
点字

110

環境

環境ラベル

自然環境を守るため、資源のむだづかいをしていないと認定された商品につけられる記号です。日本では、一般には「エコマーク」とよばれます。ほかの多くの国ぐにでも、これと同じような制度があり、各国でそれぞれ独自の記号が作られています。このほか、商品の種類や業界単位、都道府県単位などで、いろいろな記号が作られ、独自の取り組みもおこなわれています。

＊（　）内はそのマークを管理する役所や団体です。

↑エコマークのついた商品
資源を再利用して作られた商品、ごみを出さないようにくふうされた商品、つかうと環境を守るのに役立つ商品などに表示されています。

いろいろな国の環境ラベル

日本（エコマーク）
メーカーなどからの申請を受けて日本環境協会が認定した、環境を守るのに役立つ商品に表示されています。（日本環境協会）

EUほか

北欧5か国
（ノルディックスワン）

フランス

オランダ

ドイツ（ブルーエンジェル）
世界で最初に環境ラベルを導入したドイツのマーク。日本のエコマーク制度もドイツを参考に作られました。

大韓民国

台湾

インド

オーストラリア

アメリカ合衆国（グリーンシール）
アメリカの環境ラベル。独立非営利団体であるグリーンシールが認定した商品に表示されています。

ハンガリー

チェコ共和国

カナダ

クロアチア共和国

111

環境

省エネと自然保護のための記号

資源を有効に利用して作られた商品、製造のためのエネルギーをへらすくふうをした商品などに対してつけられる「省エネ性マーク」や「環境ラベル」があります。こうした取り組みは、いまや日本だけでなく世界中で協力しながらおこなわれている運動で、日本でも素材や商品の種類ごと、また地方自治体や企業単位でたくさんの記号が作られて、商品につけられています。

↑ノートパソコン
「国際エネルギースタープログラム」で決められた省エネルギー基準を達成したことをしめすマークが表示されています。

省エネ性マーク（グリーン）
省エネ法で定めた省エネ基準を、100％以上達成している製品に表示されています。

省エネ性マーク（オレンジ）

↑省エネ基準の達成率が100％未満の製品に表示されています。

←↑エアコン、照明器具、テレビ、電気冷蔵庫、電気冷凍庫、ストーブ、ガス調理機器などについて、国が省エネ基準を定めて、その目標値を達成している商品かどうかがひと目でわかるように、表示されているマークです。（経済産業省資源エネルギー庁）

国際エネルギースターのロゴマーク
日本の経済産業省とアメリカ合衆国の環境保護庁が共同で実施している「国際エネルギースタープログラム」で、一定の省エネルギー基準をクリアした製品（おもにOA関連商品*1）に表示されるマークです。（経済産業省など）

こんなところにこんな記号
日本各地の環境ラベル

環境ラベルをつかった認定制度は、国が実施しているエコマーク制度と同じように、日本各地のたくさんの都道府県や市などでもおこなわれています。リサイクル商品を認定したり、環境にやさしい活動をおこなっている商品などに、ラベルを発行したりしています。

岩手県

宮城県

富山県

石川県

福井県

第4章 環境・福祉

間伐材マーク
森林を守るためにおこなわれる間伐*2でとれた材木をつかって製造された製品につけられているマークです。（全国森林組合連合会）

グリーンプラマーク
↩自然界の微生物や分解酵素で水と二酸化炭素に分解されるプラスチックをつかった製品をしめすマークです。（日本バイオプラスチック協会）

植物油インキマーク
再生産可能な植物油と植物油を主体とする再生油を基準量以上含む植物油インキ製品、またはそれらで印刷された印刷物につけられるマークです。（印刷インキ工業連合会）

FSC認証マーク
↩適正に管理された森林の木材を使用して作られた家具などの木製品であることをしめす認証マークです。（FSC）

非木材グリーンマーク
↩安定供給でき、品質も高い非木材パルプを10％以上配合した紙や紙製品の認定マークです。（非木材グリーン協会）

バイオマスプラマーク
↩植物など有機資源由来物質を所定量以上含むバイオマスプラスチック製品をしめすマークです。（日本バイオプラスチック協会）

PCグリーンラベル
↩環境を考えた設計・製造、リサイクルなどに配慮していることを認められたパソコンであることをしめしています。（パソコン3R推進協会）

↩**WWFマーク**
売上金の一定割合がWWFの活動資金となる商品です。

WWFマーク（パンダマーク）
世界最大の民間自然保護団体、WWF（世界自然保護基金）のロゴマーク。絶滅危機にあった野生生物の保護を目的に作られました。（世界自然保護基金）

環境

静岡県

和歌山県

香川県

愛媛県

佐賀県

長崎県

↩環境ラベル……111ページ
↩県章・市章……144ページ

*1 OA関連商品　会社などの事務の仕事につかう複写機（コピー機）やファクシミリ、パソコンなどをいいます。
*2 間伐　森林の木の生育をよくするために、不要な木を切って、木の生える間かくを広くすること。

環境

リサイクルのための記号

リサイクルとは一度使用したものを、原材料として再利用することです。あき缶やペットボトルなどには、回収してリサイクルしやすくする記号がつけられています。このほか包装容器や段ボールなどにも、再資源として活用するためのマークがあり、さまざまな製品・商品に広がっています。リサイクルは世界中で取り組まれています。

リサイクル品回収施設●
リサイクル品を回収する設備や施設をしめす図記号です。

びん

ガラスびん
リターナブルマーク

●販売店で回収して、くり返し使用されるガラスびんにつけられているマークです。（日本ガラスびん協会）

ペットボトル・プラスチック

PET
〔PETボトル〕の法定識別表示マーク
清涼飲料、しょうゆ、酒類などのPETボトルに表示が義務づけられている識別表示マークです。（PETボトルリサイクル推進協議会）

HDPE
高密度ポリエチレン
レジ袋など

PVC
ポリ塩化ビニル樹脂
卵パックなど

プラスチック製容器包装
●飲料やしょうゆなどのPETボトルをのぞくプラスチック製であることをしめしています。（プラスチック容器包装リサイクル推進協議会）

LDPE
低密度ポリエチレン
透明ポリ袋など

PP
ポリプロピレン
プリンのカップなど

PS
ポリスチレン
魚や肉などのプラスチックトレイなど

OTHER
その他
1〜6以外の材質のプラスチック

＊三角形のリサイクルマークや1〜7の分類は、アメリカプラスチック産業協会が定めたものです。

●飲料PETボトルのリサイクルマーク
容器はPET製、ラベルやキャップはそのほかのプラスチックであることをしめしています。

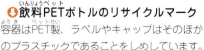

充電式電池

Ni-Cd
ニカド電池
ニカド電池のリサイクルを促進するためにつけられている識別表示マークです。（JBRC）

Li-ion
リチウムイオン電池

Ni-MH
ニッケル・水素電池

Pb
小形シール鉛蓄電池

●充電式電池の識別表示マーク
携帯電話やコードレス電話、ノートパソコンなど充電式電池がつかわれている製品につけられています。

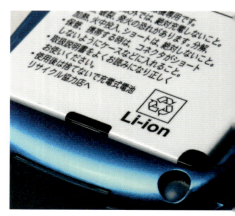

●はJIS案内用図記号（5ページ参照）です。

缶

統一美化マーク

飲料の缶をごみ箱に捨てて、リサイクルをしようとよびかけるマークです。「リサイクルマーク」などの名前でも親しまれています。(食品容器環境美化協会)

スチール缶の識別表示マーク

↪ 資源ごみの分別がしやすいように、スチール製の飲料の缶に表示されているマークです。(食品容器環境美化協会)

アルミ缶の識別表示マーク

↪ 資源ごみの分別がしやすいように、アルミニウム製の飲料の缶に表示されているマークです。(食品容器環境美化協会)

一般缶材質表示マーク

↪ 一般缶(スチール缶)のリサイクルを促進するため、業界団体が自主的に表示をおこなっているマークです。(全日本一般缶工業団体連合会)

18リットル缶リサイクル推進マーク

↪ 18リットル缶のリサイクルを促進するため、業界団体が自主的に表示をおこなっているマークです。(全国18リットル缶工業組合連合会)

紙

紙製容器包装の識別表示マーク

↪ この紙製容器包装には紙単体のもののほか、プラスチックフィルムやアルミはくとの複合材のものも含みます。(紙製容器包装リサイクル推進協議会)

ダンボールはリサイクル 段ボールのリサイクルマーク

↪ 2000年6月に国際段ボール協会が定めた世界共通の段ボールのリサイクルマークです。(段ボールリサイクル協議会)

洗って開いてリサイクル 紙パックマーク

↪ アルミはくを使用していない、牛乳やジュース類などの飲料用紙容器をしめすマークです。(全国牛乳容器環境協議会)

携帯電話やパソコン

モバイル・リサイクル・ネットワーク

メーカーに関係なく携帯電話を回収し、リサイクル活動をおこなっている販売店をしめすマークです。(電気通信事業者協会)

PCリサイクルマーク

↪ 販売価格にリサイクル費用がふくまれているパソコンなどに表示されているマークです。(パソコン3R推進協会)

リサイクル品をつかった製品

ペットハンズシール

↪ ペットボトルを再生して作られた作業用手袋につけられているシールです。(日本作業手袋工業組合連合会)

PETボトルリサイクル推奨マーク

↪ 回収されたPETボトルを原料として作られた製品に表示されているマークです。(PETボトルリサイクル推進協議会)

再生紙使用マーク(Rマーク)

↪ 使用している再生紙の古紙配合率をしめすマーク。「100」は古紙を100%使用して作られた再生紙であることをしめしています。(3R活動推進フォーラム)

グリーンマーク

牛乳パック再利用マーク

↪ 使用済み牛乳パックを原料とした商品に表示されているマークです。(全国牛乳パックの再利用を考える連絡会)

↪ グリーンマーク
一定割合以上の古紙を原料にした紙製品であることをしめすマークです。(古紙再生促進センター)

↩ ノートのリサイクルマーク
グリーンマークと再生紙使用マーク(古紙80%使用)が表示されています。

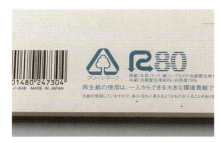

環境

115

福祉
バリアフリーのための記号

バリアフリーとは、体の不自由な人やお年寄りが、そのほかの人びとと同じように町の中を自由に行き来したり、施設やサービスを変わりなく利用できることをいいます。このバリアフリーを取り入れようという動きが活発になっています。駅や電車の席や街路、公共施設やホテル・スーパーなどの施設に障害のある人たちのための記号が普及し始めたのもそのひとつです。

盲導犬マーク
→目の不自由な子どもたちもいっしょに遊べるおもちゃ（共遊玩具）のパッケージについています。（日本玩具協会）

うさぎマーク
→耳の不自由な子どもたちもいっしょに遊べるおもちゃ（共遊玩具）のパッケージについています。（日本玩具協会）

身障者専用駐車場

スロープ

点字ブロック
目の不自由な人や視力の弱い人を目的の場所まで誘導するものと注意をうながすものの2種類があります。

誘導ブロック（線状ブロック）
出っぱった線がのびている方向に進めばよいという合図になります。

警告ブロック（点状ブロック）
点のでこぼこで、「注意してください」という合図を送ります。

障害のある人が使える設備
体に障害のある人が利用できる建築物や施設をしめすマークです。世界共通のシンボルマークになっています。

白杖SOSシグナル
→目の不自由な人が白杖を頭上に掲げているのを見かけたら、進んで声をかけようという「白杖SOSシグナル」の普及啓発のためのマークです。（日本盲人会連合）

耳マーク
→途中から耳が聞こえなくなった人や難聴者（聞こえにくい障害をもつ人）をしめすマークです。（全日本難聴者・中途失聴者団体連合会）

○点字ブロック
駅の構内やその周辺、地下街や街路などに敷いてあります。

手話マーク
手話で対応してほしいことをしめしたり、役所やお店などに手話通訳者がいることなどをしめしたりするためのマークです。（全日本ろうあ連盟）

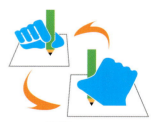
筆談マーク
筆談で対応してほしいことをしめしたり、役所やお店などで筆談で対応可能であることをしめしたりするためのマークです。（全日本ろうあ連盟）

→身障者用設備 ……19ページ
→ユニバーサルデザインと記号 ……12ページ
→シルバーゾーン ……47ページ

●はJIS案内用図記号（5ページ参照）です。

第4章　環境・福祉

字幕ガイド対応マーク（UDCast）
機器を用いた字幕の表示に対応している映画作品などにつけられるマークです。（Palabra）

補助犬同伴可
↷盲導犬など、障害者を助ける犬（補助犬）をつれて入ってもよい店などをしめすマークです。（全国盲導犬施設連合会）

↥多機能トイレ（多目的トイレ）
体に障害のある人や高齢者が利用しやすいくふうがなされたトイレ設備や、一人でトイレができない小さな子どもが親といっしょに利用できる広いトイレ、赤ちゃんをつれた人がおむつをかえられる設備があることなどをしめすマークが掲示されています。

音声ガイド対応マーク（UDCast）
機器を用いた音声ガイドの再生に対応している映画作品などにつけられるマークです。（Palabra）

ほじょ犬マーク
体に障害のある人が補助犬を同伴して施設などを利用するために制定された身体障害者補助犬法を啓発するためのマークです。（厚生労働省）

視覚障害者マーク
↷視覚障害者のための国際シンボルマークです。（世界盲人連合）

↥信号につけられた「音響用押ボタン」
目の不自由な人のために信号を音で知らせるボタンにマークがつけられています。

↥福祉センターの案内標識
福祉施設をしめす、車いすの絵をもちいたマークです。

障害者雇用支援マーク
↷障害者を雇用するために努力している企業や団体へむけて、ソーシャルサービス協会が発行しているマークです。（ソーシャルサービス協会）

→駅のエレベーター
車いすに乗った人も届くように低い位置につけられたエレベーターのボタン。障害のある人がつかえる設備のマークが表示されています。

↷点字つきトランプ……96ページ

福祉

第4章 環境・福祉

ハートビル法シンボルマーク

→ 高齢者や障害者がスムーズに利用できる建築物づくりを進める法律（ハートビル法）の認定建築物に表示されています。（国土交通省）

シルバーマーク

→ 高齢者が安心して健康にくらすための在宅配食サービスなど、良質な福祉介護サービスをおこなう事業所にあたえられるマークです。（シルバーサービス振興会）

認知症サポーターキャラバンのマーク
施設の入り口などに認知症についての知識をもつスタッフがいることをしめすためのマークです。（地域ケア政策ネットワーク）

⬆ ハートビル法シンボルマーク
公共施設やたくさんの人が利用する商業施設などの入り口に表示されています。

介護マーク

→ 介護をおこなっている人が首からかけるなどして身につけ、まわりの理解をもとめるためのマークです。（静岡県長寿政策課）

買物まかせなサイマーク

→ 店頭などに表示することで、高齢者などが買い物をする際の手助けをおこなっていることを伝えるためのマークです。（流通経済研究所）

シルバースターマーク

→ 高齢者にやさしく、施設のバリアフリー化が一定の基準を満たしている旅館やホテルが表示することのできるマークです。（全国旅館ホテル生活衛生同業組合連合会）

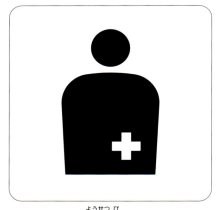
オストメイト用設備/オストメイト●
オストメイト（人工肛門や人工膀胱をもっている人）のための設備をそなえたトイレなどに表示するためのマークです

● 優先席に見られる記号
優先席の窓には、優先して席に座るよう勧められるお年寄り、体の不自由な人、内部障害のある人、子どもを連れている人、妊娠している人をあらわす記号が見られます。

→ オストメイト対応トイレ
オストメイト対応トイレには、人工肛門や人工膀胱に溜まった排せつ物を洗い流すための設備などがそなわっています。

● はJIS案内用図記号（5ページ参照）です。

ハート・プラスマーク
心臓疾患などの内部障害・内臓疾患のある人びとへの理解と支援をうながすためのマークです。（ハート・プラスの会）

ヘルプマーク●
義足や難病、妊娠初期など、援助や配慮を必要としていることが外見からわからない人が、援助を得やすくなるようにつけるマークです。

↑ヘルプマークの使用例
かばんなどにつけることで、援助や配慮が必要であることを知らせます。

マタニティマーク
妊娠している人が交通機関などを利用する際に身につけ、周囲に妊婦であることを知らせるためのマークです。（厚生労働省）

くるみんマーク
←子育てしやすい環境づくりをおこない、一定の基準を満たしている企業として認定されたことをしめすマークです。（厚生労働省）

プラチナくるみんマーク
←くるみん認定を受けた企業の中でも、さらに継続的に高い水準の取り組みをしている企業として認定されたことをしめすマークです。（厚生労働省）

こども車いすマーク
←外見からはベビーカーと区別がつきにくい小児用の車いすのことをもっと広く知ってもらおうと作られたマークです。（mina family）

ベビーケアルーム●
←子どもを連れた人が、授乳やおむつ交換などの世話をすることのできる設備がそなわっていることをしめす記号です。

なるほど情報ファイル

リボンにメッセージを託すリボン運動

リボン運動とよばれる社会運動では、社会に対するメッセージを発信するためのシンボルマークとして、さまざまな色のリボンがもちいられます。世界的にさまざまな形でおこなわれており、同じ色のリボンが国によって異なる意味をもつ場合もあります。ここでは日本で知られているおもなリボンの色と、その意味を紹介します。

レッドリボン
〈エイズへの理解と支援〉

ピンクリボン
〈乳がんの予防と啓発〉

オレンジリボン
〈子ども虐待防止〉

イエローリボン
〈障害のある人の社会参加〉

パープルリボン
〈女性に対する暴力根絶〉

グリーンリボン
〈移植医療の普及と啓発〉

●はJIS案内用図記号（5ページ参照）です。

福祉

点字

点字とは視覚障害者が、目で見なくとも指先をつかって読むことのできる文字のことです。縦3点、横2点に並んだ合計6つの凸点の組み合わせで、かな、アルファベット、数字などを表現できるようになっています。現在、この6点1組で文字をあらわす点字は世界中でつかわれています。

点字の6つの点

6つの点が1組です。

1の点…●●…4の点
2の点…●●…5の点
3の点…●●…6の点

数字

数符　小数点

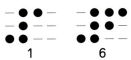
1　6

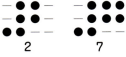
2　7

3　8

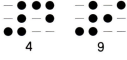
4　9

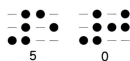
5　0

符号類

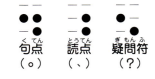
句点（。）　読点（、）　疑問符（？）

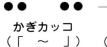
かぎカッコ（「　」）　棒線（──）

点字を打つときは、点字器などで紙の表面へ、右から左へとへこみをつけていきます。利用者はこれを裏返して、紙の出っぱった部分を指でさわって読み取ります。このページに掲載した点字は、すべて凸面の点字です[*1]。左から右へ読みます。

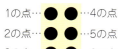
てんじを　よんで　みよー

かな

あ	か	さ	た	な	は	ま	や	ら	わ	ん	濁音符
い	き	し	ち	に	ひ	み		り			半濁音符
う	く	す	つ	ぬ	ふ	む	ゆ	る			長音符（ー）
え	け	せ	て	ね	へ	め		れ			促音符
お	こ	そ	と	の	ほ	も	よ	ろ	を		

- 点字つきトランプ……96ページ
- バリアフリーのための記号……116ページ

[*1] 実際の点字では、黒丸の部分が出っぱっていて、─でしめした部分は空白になっています。

第4章　環境・福祉

こんなところにこんな記号

身のまわりにあるさまざまな点字

点字はわたしたちに身近な場所や製品などにもつかわれています。手で触っても形だけでは区別できないものなどに点字をつけることによって、目の不自由な人でも安心して利用することができるようになります。

⬇ プラスチック容器
調味料や接着剤の容器には、よく似た形のものも多いため、区別できるよう表面に点字がついています。

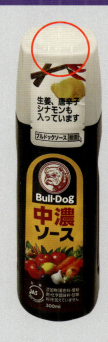

⬇ 点字つきのトイレ案内
点字と文字を併用して作られたトイレの案内表示です。図面の部分も浮き彫りになっています。

⬇ 洗濯機（左）と炊飯器（右）の操作パネル
多機能な家電製品でも、ボタンのそばに点字がついていれば、目の不自由な人でも手で触って意味を確かめることができます。

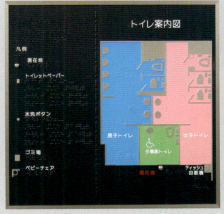

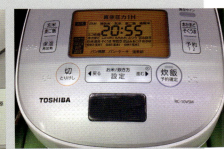

⬇ 缶ビールなど
缶入りのビールやお酒には、ジュースなどと区別できるように点字で「おさけ」などと記されています。

⬇ 自動販売機
硬貨や紙幣を入れるところや、おつりの返却レバーに点字がついています。

➡ 公衆電話
硬貨やテレホンカードを入れるところや、カードの返却口に点字がついています。また、5の数字ボタンに突起がつけられているため、ここを基準にしてほかの数字の位置がわかります。

福祉

福祉

手話

口の動き、手や指の動き、顔の表情などで相手と通じ合えることばです。耳が不自由な人や、耳が不自由でことばが話せない人どうしなどのコミュニケーションにつかわれています。手話には指だけで作られる指文字と、手指だけでなく腕や顔の表情や体の動きも加える手話があります。日本では日本語の手話というように、世界各国の手話があります。

こんにちは

（昼間のあいさつです。右側の手話だけでも、あいさつの意味になります。）

一方の手の人さし指と中指を立て、ひたいの中央にあてます。次に、両手の人さし指を、むかいあわせに立ててから曲げます。

わたしの名前は佐藤といいます

人さし指で自分を指して「わたし」。「名前」は、右手の親指の腹を、左の手のひらに押すようにあてます。口の前で手をまわして、「甘い」→「砂糖」→「佐藤」をあらわします。口から指を前に出して「いう」となります（「いう」は省略可）。

よろしくお願いします

じゃんけんのグーの形に手をにぎって、鼻のところにつけます。次に、手を開いて指をそろえ顔のところに置き、そのままおじぎをします。

➡ 身ぶりによる伝達 ……168ページ
➡ バリアフリーのための記号 ……116ページ

単語の例

家　　　小さい

家の形　　手のひらで作った輪をせばめ
　　　　（反対の動きは「大きい」）

行く

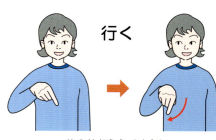

体の前からふるように

教える

手前を中心に人さし指を2回前にふり出す

持つ

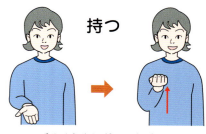

手のひらをにぎって上げる

太陽

太陽がのぼるようす

第4章 環境・福祉

122

日本とアメリカの手話

ありがとう

手の甲に他方の手を直角にのせた状態から、その手を上げます。

なげキッスの形です。

すみません

片手の親指と人さし指で、眉の中央あたりをつまみます。次に、顔の中央で片手を立てたまま前方へ下げます。

右の親指を出したにぎりこぶしを、左胸のあたりにおき、2、3回小さく回す。

さようなら

片手のひらを相手にむけてふります。

4本の指を閉じたり開いたりします。

指文字（相手から見たときの図です）

 あ	い	う	え	お
か	き	く	け	こ
さ	し	す	せ	そ
た	ち	つ	て	と
な	に	ぬ	ね	の（かたかなの「ノ」を書く）
は	ひ	ふ	へ	ほ
ま	み	む	め	も
や		ゆ		よ
ら	り	る	れ	ろ
わ	 を（自分の体の方へ引く・指を立ててから曲げる。）		 ん（かたかなの「ン」を書く）	

数の表現の例

 1　 2　 3　 5　 7　 10　 12　 30　 50

福祉

第5章 国際・団体

人と人とをつなぐ
さまざまなシンボルマーク

シンボルマークにはいろんな人の気持ちをひとつにするはたらきがあるのね

シンボルマークは、形と色によってイメージをひとつに統一する記号です。たとえば、国旗や、さまざまな組織や団体のマークが、シンボルマークの例です。また、オリンピックやワールドカップ、万博などの国際的行事では、五輪などのマークやかわいらしい動物のキャラクターなどが、シンボルマークとしてつかわれています。

日本では、古くからシンボルマークがつかわれてきました。その代表が「家紋」とよばれる家の紋章です。そのデザインと種類とつかいかたのどれをとっても、世界のシンボルマークの最高傑作といわれています。現在でも、絵文字をデザインするときの重要なポイントである、形を単純にしていくという点でとても参考になるのです。家紋の中には、家業の商売のシンボルマークとしてつかわれ、現在の会社の社章につながっている例もあります。

シンボルマークは、どこに属しているのかを伝えるほか、気持ちをひとつにしたり、誇りをもってはげむ気持ちを高めたりする効果があります。1980年代には、こうしたシンボルマークの役割が見なおされ、会社などではシンボルマークをバッジ、名刺、封筒などにつける活動がおこなわれました。現在では、官公庁でも独自のシンボルマークをもつところがふえてきました。

マークデザインの宝庫
日本の紋章

紋章はこんなところにもつかわれているんだね

上から、国際連合の旗、日章旗、五輪旗

シンボルマークとしてつかわれている紋章
（東京・湯島天神）

国際

国際連合と国際機関

国際連合（国連）は、第二次世界大戦後の1945年10月24日に、国際連合憲章にもとづいて設立された国際機構です。2023年3月現在、193か国が加盟しています。その役割は国際平和と安全を保つこと、国際協力を推進していくことの2つです。国連のほかにも、世界にはさまざまな国際機関があり、いろいろな分野で、国ぐにが協力して活動をおこなっています。

国連食糧農業機関

国際労働機関

国連世界食糧計画

国際連合

国連教育科学文化機関（ユネスコ）

国連児童基金（ユニセフ）

国連大学

おもな国際機関の略号

FAO	国連食糧農業機関
IAEA	国際原子力機関
IBRD	国際復興開発銀行（世界銀行）
ICAO	国際民間航空機関［イカオ］
ICJ	国際司法裁判所
IDA	国際開発協会（世界銀行）
IFAD	国際農業開発基金
IFC	国際金融公社（世界銀行）
ILO	国際労働機関
IMF	国際通貨基金
IMO	国際海事機関
ITC	国際貿易センター
ITU	国際電気通信連合
MIGA	多数国間投資保証機関（世界銀行）
UNODC	国連薬物犯罪事務所
OHCHR	国連人権高等弁務官事務所
UN-HABITAT	国連人間居住計画［ハビタット］
UNCTAD	国連貿易開発会議［アンクタッド］
UNDP	国連開発計画
UNEP	国連環境計画［ユネップ］
UNESCO	国連教育科学文化機関［ユネスコ］
UNFPA	国連人口基金
UNHCR	国連難民高等弁務官事務所
UNICEF	国連児童基金［ユニセフ］
UNIFEM	国連婦人開発基金
UNOPS	国連プロジェクトサービス機関
UNTSO	国連休戦監視機構
UNU	国連大学
UNV	国連ボランティア計画
UPU	万国郵便連合
WFP	国連世界食糧計画
WHO	世界保健機関
WIPO	世界知的所有権機関
WMO	世界気象機関
WTO	世界貿易機関

こんなところにこんな記号
万国博覧会のシンボルマーク

万国博覧会は、国際的な規模で開催される工業製品や技術、文化・伝統工芸などの展示会です。日本初の万国博覧会は1970年に大阪府吹田市で開かれた大阪万博です。

大阪・関西万博（2025年）

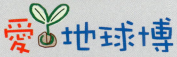
愛知万博（2005年）

つくば万博（1985年）

大阪万博（1970年）

国際連合広報センター（国連キッズ）
https://www.unic.or.jp/kids/

国際

国旗

国旗は、王や貴族、部族の目印などとしてもちいられた旗に由来しますが、国を象徴する国旗が登場したのは、近代国家があらわれた18世紀から19世紀にかけてのころです。第一次世界大戦や第二次世界大戦後に独立国になった国ぐにも国旗を制定し、現在ではすべての国に国旗があります。国連でかかげる旗は、縦と横の比率を2対3に決めています。

【解説の見かた】

アジア

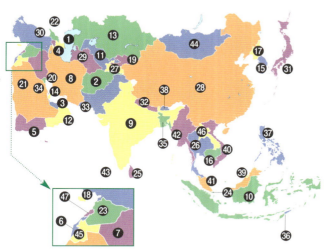

- ❶アゼルバイジャン
- ❷アフガニスタン
- ❸アラブ首長国連邦
- ❹アルメニア
- ❺イエメン
- ❻イスラエル
- ❼イラク
- ❽イラン
- ❾インド
- ❿インドネシア
- ⓫ウズベキスタン
- ⓬オマーン
- ⓭カザフスタン
- ⓮カタール
- ⓯韓国
- ⓰カンボジア
- ⓱北朝鮮
- ⓲キプロス
- ⓳キルギス
- ⓴クウェート
- ㉑サウジアラビア
- ㉒ジョージア
- ㉓シリア
- ㉔シンガポール
- ㉕スリランカ
- ㉖タイ
- ㉗タジキスタン
- ㉘中国
- ㉙トルクメニスタン
- ㉚トルコ
- ㉛日本
- ㉜ネパール
- ㉝パキスタン
- ㉞バーレーン
- ㉟バングラデシュ
- ㊱東ティモール
- ㊲フィリピン
- ㊳ブータン
- ㊴ブルネイ
- ㊵ベトナム
- ㊶マレーシア
- ㊷ミャンマー
- ㊸モルディブ
- ㊹モンゴル
- ㊺ヨルダン
- ㊻ラオス
- ㊼レバノン

❶アゼルバイジャン AZ(AZE)
アゼルバイジャン共和国
イスラムの三日月と星。青は同国の伝統の色、緑はイスラム教をあらわしている。
首都 バクー

❷アフガニスタン AF(AFG)
アフガニスタン・イスラム共和国
黒は侵略と抑圧、赤は独立で流された血、緑は自由と平和、説教台とコーランの聖句などがえがかれている。 首都 カブール

❸アラブ首長国連邦 AE(UAE)
アラブ首長国連邦
緑は豊かな国土、白は清浄な生活、黒はイスラムの勝利や油田、赤は尊い犠牲をあらわしている。
首都 アブダビ

❹アルメニア AM(ARM)
アルメニア共和国
赤は独立で流された尊い犠牲、青は豊かな国土と大空、オレンジは小麦と国民の勇気を象徴する。
首都 エレバン

❺イエメン YE(YEM)
イエメン共和国
赤は独立への情熱、白は未来、黒は過去の圧政をあらわしている。
首都 サヌア

❻イスラエル IL(ISR)
イスラエル国
6角の星（ダビデの星）はユダヤ人の伝統的なシンボル。青と白は、ユダヤの高僧の肩かけの色でもある。 首都 エルサレム*1

❼イラク IQ(IRQ)
イラク共和国
神をたたえる言葉、勇気（赤）、寛大さ（白）、イスラムの勝利（黒）を配している。
首都 バグダッド

❽イラン IR(IRI)
イラン・イスラム共和国
緑はイスラム教、白は平和と永遠、赤は勇気をあらわしている。
首都 テヘラン

外務省（各国・地域情勢）
https://www.mofa.go.jp/mofaj/area/index.html

第5章 国際・団体

❶掲揚された各国の国旗

スポーツの国際大会や国際博覧会、国際会議などでは、参加国の国旗が掲揚されます。

❾インド　IN(IND)
インド共和国
オレンジはヒンズー教、緑はイスラム教、白はほかの宗教をあらわす。紋章は伝統のチャクラ（輪）をあらわしている。　ニューデリー*2

❿インドネシア　ID(INA)
インドネシア共和国
赤に自由と勇気を、白が正義と純潔をしめしている。
ジャカルタ

⓫ウズベキスタン　UZ(UZB)
ウズベキスタン共和国
12個の星は1年（12か月）、三日月と星はイスラム教国であることをしめしている。　タシケント

⓬オマーン　OM(OMA)
オマーン国
赤は敵との戦い、白は平和、緑は農作物をあらわす。紋章は君主の権威のシンボル。
マスカット

⓭カザフスタン　KZ(KAZ)
カザフスタン共和国
中央には太陽と鷲。左側に民族伝統の装飾文様がえがかれている。
アスタナ

⓮カタール　QA(QAT)
カタール国
9つのぎざぎざは、部族国家の数とされるが、ときには直線のものがつかわれる。
ドーハ

⓯韓国　KR(KOR)
大韓民国
中心の円は宇宙、青は陰、赤は陽をしめし、万物は陰陽の調和によって成り立つことをしめしている。　ソウル

⓰カンボジア　KH(CAM)
カンボジア王国
青色は王室の権威、赤は国民の忠誠心、白は仏教をあらわす。建物はアンコールワット遺跡。
プノンペン

⓱北朝鮮　KP(PRK)
朝鮮民主主義人民共和国
青、赤、白は伝統的な民族の色。赤は社会主義をしめす。星は社会主義国家の建設をあらわしている。　ピョンヤン

⓲キプロス　CY(CYP)
キプロス共和国
キプロスの島と2本のオリーブの枝で、ギリシャ系とトルコ系の国民が平和に暮らす姿をあらわしている。　ニコシア

国際

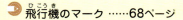
飛行機のマーク……68ページ

*1 イスラエルの首都　イスラエルはエルサレムを首都と定めていますが、国際的には正式な首都として認められていません。
*2 インドの首都　デリーとする場合もあります。

⑲**キルギス** KG(KGZ)
キルギス共和国
太陽と遊牧民の移動式テント（ユルト）の天井の形を組み合わせたデザイン。🏛 ビシュケク

⑳**クウェート** KW(KUW)
クウェート国
黒、緑、白、赤は古くからのイスラム教の王朝のシンボルカラーをあらわしている。🏛 クウェート

㉑**サウジアラビア** SA(KSA)
サウジアラビア王国
緑はイスラム教の聖なる色。コーランの一節と聖地メッカを守護する剣がえがかれている。
🏛 リヤド

㉒**ジョージア**＊3 GE(GEO)
ジョージア
白地の真ん中にある赤十字は、十字軍の聖人・聖ジョージに由来。
🏛 トビリシ

㉓**シリア** SY(SYR)
シリア・アラブ共和国
赤は血と武器、白は平和、2つの星はアラブの一致をあらわしている。🏛 ダマスカス

㉔**シンガポール** SG(SIN)
シンガポール共和国
赤は平等、白は純粋性、5つの星は自由・平和・進歩・平等・公正をあらわしている。
🏛 シンガポール

㉕**スリランカ** LK(SRI)
スリランカ民主社会主義共和国
緑はイスラム教、オレンジはヒンズー教。剣をもつライオンはむかしの王朝のシンボル。🏛 スリジャヤワルダナプラコッテ

㉖**タイ** TH(THA)
タイ王国
国民をあらわす赤、王室をあらわす青に、仏教の信仰心をあらわす白が配されている。🏛 バンコク

㉗**タジキスタン** TJ(TJK)
タジキスタン共和国
赤は労働者、白は綿花と純潔、緑は自然とイスラム教をあらわす。
🏛 ドゥシャンベ

㉘**中国** CN(CHN)
中華人民共和国
大きな星は中国共産党を、小さな星は労働者、農民、知識階級、愛国的資本家をあらわしている。
🏛 北京（ペキン）

㉙**トルクメニスタン** TM(TKM)
トルクメニスタン
緑に三日月と星はイスラム教国をしめす。左側には伝統工芸品である絨毯の模様がえがかれている。
🏛 アシガバット

㉚**トルコ** TR(TUR)
トルコ共和国
月と星はイスラムの象徴で、進歩・国民の一致・独立などの意味があるといわれている。
🏛 アンカラ

㉛**日本** JP(JPN)
日本国
赤い丸は太陽をあらわす。日の丸は古くからつかわれてきたが、1999年の「国旗・国歌法」により正式に国旗となった。🏛 東京

㉜**ネパール** NP(NEP)
ネパール
月と太陽をえがき、国が長く続くようにという願いをこめている。
🏛 カトマンズ

㉝**パキスタン** PK(PAK)
パキスタン・イスラム共和国
緑はイスラムの聖なる色。白は平和。三日月は進歩と発展、星は光明と知識をあらわしている。
🏛 イスラマバード

㉞**バーレーン** BH(BRN)
バーレーン王国
赤は戦いで勝ちとった自由、白は平和を象徴する。
🏛 マナーマ市

第5章 国際・団体

128

㉟ バングラデシュ　BD(BAN)
バングラデシュ人民共和国
緑は国土と若さ、赤い丸は独立に流された血をあらわしている。
首都 ダッカ

㊱ 東ティモール　TL(TLS)
東ティモール民主共和国
黒は植民地時代、黄は独立闘争、赤は闘争の犠牲、白い星は平和や希望をあらわしている。
首都 ディリ

㊲ フィリピン　PH(PHI)
フィリピン共和国
白は平等、青は平和と真実と正義、赤は愛国心。3つの星は3つの島、太陽は自由をしめしている。
首都 マニラ

㊳ ブータン　BT(BHU)
ブータン王国
白い竜は王家の守護神、黄は王家の権威を、オレンジはラマ教をあらわしている。
首都 ティンプー

㊴ ブルネイ　BN(BRU)
ブルネイ・ダルサラーム国
国民のほとんどがイスラム教のため、イスラムのシンボルがえがかれている。
首都 バンダルスリブガワン

なるほど情報ファイル

星と月はイスラムの国旗

国旗にはさまざまなデザインがあります。その一方で、民族や宗教が同じであったり、歴史や文化などが似かよった国ぐにでは、国旗のデザインにも共通性があることが少なくありません。
北欧諸国のスカンディナビア十字旗、三日月と星を組み合わせたイスラム諸国の旗、アフリカ諸国の赤・黄・緑をつかった三色旗などは、その代表例です。

イスラム諸国の旗の例

トルコ

アルジェリア

モーリタニア

㊵ ベトナム　VN(VIE)
ベトナム社会主義共和国
赤は革命に流された血、黄色の星は労働者、農民、知識人、青年の団結をあらわしている。
首都 ハノイ

㊶ マレーシア　MY(MAS)
マレーシア
14本の赤白の線は独立時の州の数、青はイギリス連邦を、三日月と星はイスラム教国をしめしている。
首都 クアラルンプール

㊷ ミャンマー　MM(MYA)
ミャンマー連邦共和国
黄は国民の団結と幸福、緑は豊かな国土、赤は勇気をあらわし、白い星は国家の統一と平和を象徴している。
首都 ネーピードー

㊸ モルディブ　MV(MDV)
モルディブ共和国
緑と白い三日月はイスラム教を、赤はイスラムのために流された血をあらわしている。
首都 マレ

㊹ モンゴル　MN(MGL)
モンゴル国
赤は勝利と喜び、青は空、左側にモンゴルの古いシンボルがえがかれている。
首都 ウランバートル

㊺ ヨルダン　JO(JOR)
ヨルダン
赤はアラブの抵抗、黒は敵の敗北、白は純潔、緑は豊かな国土をあらわしている。
首都 アンマン

㊻ ラオス　LA(LAO)
ラオス人民民主共和国
赤は革命で流された血、青は国の繁栄、白は未来への展望と約束をあらわしている。
首都 ビエンチャン

㊼ レバノン　LB(LIB)
レバノン共和国
赤は勇気と犠牲、白は平和と純潔、中央にはキリスト教徒のシンボルのレバノン杉がえがかれている。
首都 ベイルート

---

*3 ジョージア　2015年4月、改正在外公館法が成立し、日本語での国名表記が、「グルジア」から「ジョージア」に変更されました。

国際

アフリカ

❶アルジェリア
❷アンゴラ
❸ウガンダ
❹エジプト
❺エチオピア
❻エリトリア
❼ガーナ
❽カーボベルデ
❾ガボン
❿カメルーン
⓫ガンビア
⓬ギニア
⓭ギニアビサウ
⓮ケニア
⓯コートジボワール
⓰コモロ
⓱コンゴ共和国
⓲コンゴ民主共和国
⓳サントメ・プリンシペ
⓴ザンビア
㉑シエラレオネ
㉒ジブチ
㉓ジンバブエ
㉔スーダン
㉕エスワティニ
㉖赤道ギニア
㉗セーシェル
㉘セネガル
㉙ソマリア
㉚タンザニア
㉛チャド
㉜中央アフリカ
㉝チュニジア
㉞トーゴ
㉟ナイジェリア
㊱ナミビア
㊲ニジェール
㊳ブルキナファソ
㊴ブルンジ
㊵ベナン
㊶ボツワナ
㊷マダガスカル
㊸マラウイ
㊹マリ
㊺南アフリカ
㊻南スーダン
㊼モザンビーク
㊽モーリシャス
㊾モーリタニア
㊿モロッコ
51リビア
52リベリア
53ルワンダ
54レソト

❹エジプト　EG(EGY)
エジプト・アラブ共和国
赤は力と希望を、白は純粋さを、黒は外国支配からの解放をあらわしている。　カイロ

❺エチオピア　ET(ETH)
エチオピア連邦民主共和国
緑・黄・赤は『聖書』にある虹に関係している。真ん中の紋章は「ソロモンの星」。　アディスアベバ

❻エリトリア　ER(ERI)
エリトリア国
緑は農業、青は紅海、赤は戦いで流れた血をあらわしている。　アスマラ

❼ガーナ　GH(GHA)
ガーナ共和国
赤は独立のために流された血、黄は地下資源、緑は森と農地、黒い星は自由への道しるべをあらわしている。　アクラ

❽カーボベルデ　CV(CPV)
カーボベルデ共和国
赤は民衆の努力、白は平和、10個の星は国を構成している大きな島の数をあらわしている。　プライア

❶アルジェリア　DZ(ALG)
アルジェリア民主人民共和国
緑は繁栄を、白は平和をあらわす。三日月と星はイスラム教のシンボル。　アルジェ

❾ガボン　GA(GAB)
ガボン共和国
緑は原生林、黄は赤道と太陽を、青は海をあらわしている。　リーブルビル

❷アンゴラ　AO(ANG)
アンゴラ共和国
赤は独立で流された血、黒はアフリカ、黄は国富をあらわす。星は社会主義、鉈は農業、歯車は工業をあらわしている。　ルアンダ

❿カメルーン　CM(CMR)
カメルーン共和国
緑は繁栄への希望、黄は太陽、星は同国がひとつに統一されたことをしめしている。　ヤウンデ

❸ウガンダ　UG(UGA)
ウガンダ共和国
黒は国民、黄は太陽、赤はアフリカ人の同胞愛。カンムリヅルは民族のシンボル。　カンパラ

⓫ガンビア　GM(GAM)
ガンビア共和国
赤は太陽を、青は国の中央を流れるガンビア川、緑は農業をあらわしている。　バンジュール

⑫ギニア　GN(GUI)
ギニア共和国
赤は太陽と生命、黄は黄金と光、緑は農業と森林をあらわしている。　首都 コナクリ

⑬ギニアビサウ　GW(GBS)
ギニアビサウ共和国
黄は富と太陽、緑は農業、赤は民族の血をあらわす。黒い星はアフリカ統一のシンボル。
首都 ビサウ

⑭ケニア　KE(KEN)
ケニア共和国
黒と赤は国民の血、緑は草原と森林、中央には自由を守るマサイ族の盾と槍がえがかれている。
首都 ナイロビ

⑮コートジボワール　CI(CIV)
コートジボワール共和国
オレンジは情熱とサバンナを、緑は将来への希望と森林を、白は河川と統一をあらわしている。
首都 ヤムスクロ

⑯コモロ　KM(COM)
コモロ連合
緑と三日月と星はイスラムを、星はこの国を構成する島をあらわしている。　首都 モロニ

⑰コンゴ共和国　CG(CGO)
コンゴ共和国
緑は平和と森林資源、黄は希望と天然資源、赤は独立をあらわしている。　首都 ブラザビル

⑱コンゴ民主共和国　CD(COD)
コンゴ民主共和国
青は平和と希望、黄は天然資源、赤は民衆の血をあらわしている。
首都 キンシャサ

⑲サントメ・プリンシペ　ST(STP)
サントメ・プリンシペ民主共和国
赤は独立に流した血、緑は主要産業のカカオと自然、黒はアフリカの一員であることをしめしている。　首都 サントメ

⑳ザンビア　ZM(ZAM)
ザンビア共和国
緑は自然、赤は自由の闘争、黒は国民、オレンジは鉱物資源。鷲は自由と栄光の象徴。　首都 ルサカ

㉑シエラレオネ　SL(SLE)
シエラレオネ共和国
緑は農業と自然資源と内陸部の丘陵地帯を、青は大西洋と港をあらわす。白は統一と正義をしめしている。　首都 フリータウン

㉒ジブチ　DJ(DJI)
ジブチ共和国
青と緑は同国の2つの部族、三角は部族の統合、赤い星は独立で流れた血をあらわしている。
首都 ジブチ

㉓ジンバブエ　ZW(ZIM)
ジンバブエ共和国
鳥は古代ジンバブエ遺跡の神殿にあった紋章からとっている。
首都 ハラレ

㉔スーダン　SD(SUD)
スーダン共和国
赤が革命・進歩、白は平和と希望、黒は国土、緑はイスラム教国であることをあらわしている。
首都 ハルツーム

なるほど情報ファイル
アフリカ大陸の国旗の色

アフリカ諸国の国旗の配色は、サハラ砂漠をはさんで北側と南側で大きく分かれます。サハラ砂漠より南の国ぐにには、エチオピアの国旗に代表される緑・黄・赤か、または赤・黒・緑の配色の三色旗をベースにしているものがほとんどです。一方、サハラ砂漠の北側はイスラム教国が多いので、月と星がえがかれた国旗がよく見られます。

どこの国でしょう？

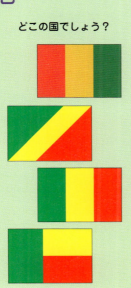

㉕ エスワティニ*1　SZ(SWZ)
エスワティニ王国
平和の青、鉱物資源の黄、自由の戦いをあらわす赤に、戦士の盾と槍などがえがかれている。

🏛 ムババーネ

㉖ 赤道ギニア　GQ(GEQ)
赤道ギニア共和国
紋章はパンヤの木、白いリボンには統一・平和・正義と書かれている。星はおもな6つの地域をあらわしている。　🏛 マラボ

㉗ セーシェル　SC(SEY)
セーシェル共和国
青は空と海を、黄は太陽を、赤は国民を、白は正義と調和を、緑は豊かな自然をあらわしている。

🏛 ビクトリア

⬆ **国連本部と参加国の国旗**
国連の本部はアメリカ合衆国のニューヨーク市にあります。

㉘ セネガル　SN(SEN)
セネガル共和国
緑は農業と希望、黄は富、赤は独立で流された血をあらわす。星は国民の団結のシンボル。

🏛 ダカール

㉝ チュニジア　TN(TUN)
チュニジア共和国
三日月と星はイスラム教徒の国であることをあらわしている。

🏛 チュニス

㉙ ソマリア　SO(SOM)
ソマリア連邦共和国
5つの光を放つ白い星はソマリ人が住む5つの地域をあらわしている。　🏛 モガディシュ

㉞ トーゴ　TG(TOG)
トーゴ共和国
アフリカの色（緑・黄・赤）に、純潔と永遠を意味する白い星がえがかれている。　🏛 ロメ

㉚ タンザニア　TZ(TAN)
タンザニア連合共和国
緑は国土と農業、黒は国民、青はインド洋、2本の黄色い線は鉱物資源をあらわしている。
🏛 ダルエスサラーム*2

㉟ ナイジェリア　NG(NGR)
ナイジェリア連邦共和国
緑は農業を、白は国の統一をあらわしている。　🏛 アブジャ

㉛ チャド　TD(CHA)
チャド共和国
青は空とチャド湖と国の南部、黄は太陽と北部の砂漠地帯を、赤は進歩と統一をあらわしている。

🏛 ウンジャメナ

㊱ ナミビア　NA(NAM)
ナミビア共和国
青は大西洋、白は統一、赤は戦いで流された血、緑は農業などをあらわす。　🏛 ウィントフック

㉜ 中央アフリカ　CF(CAF)
中央アフリカ共和国
アフリカの色（緑・黄・赤）の三色旗に、独立と進歩をしめす星をえがいたもの。　🏛 バンギ

㊲ ニジェール　NE(NIG)
ニジェール共和国
オレンジが北部の砂漠と独立、緑は南部の草原と繁栄、白は平和と純潔をあらわしている。

🏛 ニアメ

🌐 **国連広報センター**　https://www.unic.or.jp/

*1 エスワティニ　2018年4月、スワジランド王国からエスワティニ王国に国名が変更されました。
*2 タンザニアの首都　法律上の首都はドドマ。

㊳ブルキナファソ　BF(BUR)
ブルキナファソ
赤が革命を、緑が希望と未来を、黄は天然資源をあらわしている。
首都 ワガドゥグ

㊴ブルンジ　BI(BDI)
ブルンジ共和国
中央の星は、団結・労働・進歩をあらわしている。
首都 ギテガ*3

㊵ベナン　BJ(BEN)
ベナン共和国
緑は森林を、黄はサバンナと富を、赤は独立に流した血をあらわしている。
首都 ポルトノボ

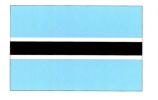

㊶ボツワナ　BW(BOT)
ボツワナ共和国
青は水、黒と白は黒人と白人が平等の社会を築く決意をしめしている。
首都 ハボロネ

㊷マダガスカル　MG(MAD)
マダガスカル共和国
王国時代の赤と白の旗に緑を加えて作られた。
首都 アンタナナリボ

㊸マラウイ　MW(MAW)
マラウイ共和国
黒はアフリカ人、赤は尊い犠牲、緑は自然を、太陽は希望と自由をあらわしている。
首都 リロングウェ

㊹マリ　ML(MLI)
マリ共和国
緑は農業を、黄は資源を、赤は独立のために流された血をあらわしている。
首都 バマコ

㊺南アフリカ　ZA(RSA)
南アフリカ共和国
はじめて同国のすべての人種の人が参加した選挙の年、1994年に制定。
首都 プレトリア

㊻南スーダン　SS(SSD)
南スーダン共和国
黒は国民、赤は独立のために流された血、緑は国土、白は平和をあらわしている。
首都 ジュバ

㊼モザンビーク　MZ(MOZ)
モザンビーク共和国
星・本・鍬・銃の紋章は、それぞれ社会主義の連帯・知識・農民・兵士をあらわしている。
首都 マプト

㊽モーリシャス　MU(MRI)
モーリシャス共和国
赤は独立犠牲、青はインド洋、黄は未来と太陽、緑は農業をあらわしている。
首都 ポートルイス

㊾モーリタニア　MR(MTN)
モーリタニア・イスラム共和国
緑、三日月、星はイスラムの象徴。緑は砂漠を豊かな土地に変える願いを、赤は独立時に流された血をしめしている。
首都 ヌアクショット

㊿モロッコ　MA(MAR)
モロッコ王国
むかしから続いてきた伝統の王国旗に、「スレイマンの印章」を加えて作られた。
首都 ラバト

51 リビア　LY(LBA)
リビア国
三日月と星はイスラムの象徴。赤は剣と力、黒は闘争、緑は植林、白は国民をあらわしている。
首都 トリポリ

52 リベリア　LR(LBR)
リベリア共和国
建国にアメリカ合衆国第5代大統領モンローが関わっているので、星条旗に似ている。
首都 モンロビア

53 ルワンダ　RW(RWA)
ルワンダ共和国
青は幸福と平和、黄は経済と国力、緑は繁栄を、右上の太陽は、国民と明るい未来をしめしている。
首都 キガリ

54 レソト　LS(LES)
レソト王国
青は雨、白は平和、緑は国土と繁栄、黒は国民をあらわし、王権の象徴でもある帽子がえがかれている。
首都 マセル

*3 **ブルンジの首都**　2018年12月、首都がブジュンブラからギテガに変更になりました。

ヨーロッパ

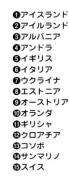

❶アイスランド　　⓰スウェーデン　　㉛ベルギー
❷アイルランド　　⓱スペイン　　　　㉜ボスニア・ヘルツェゴビナ
❸アルバニア　　　⓲スロバキア　　　㉝ポーランド
❹アンドラ　　　　⓳スロベニア　　　㉞ポルトガル
❺イギリス　　　　⓴セルビア　　　　㉟北マケドニア
❻イタリア　　　　㉑チェコ　　　　　㊱マルタ
❼ウクライナ　　　㉒デンマーク　　　㊲モナコ
❽エストニア　　　㉓ドイツ　　　　　㊳モルドバ
❾オーストリア　　㉔ノルウェー　　　㊴モンテネグロ
❿オランダ　　　　㉕バチカン　　　　㊵ラトビア
⓫ギリシャ　　　　㉖ハンガリー　　　㊶リトアニア
⓬クロアチア　　　㉗フィンランド　　㊷リヒテンシュタイン
⓭コソボ　　　　　㉘フランス　　　　㊸ルクセンブルク
⓮サンマリノ　　　㉙ブルガリア　　　㊹ルーマニア
⓯スイス　　　　　㉚ベラルーシ　　　㊺ロシア

❶アイスランド　IS(ISL)
アイスランド
十字はノルウェーやデンマーク支配の名残。青は国民から親しまれてきた色。　🏛 レイキャビク

❷アイルランド　IE(IRL)
アイルランド
緑はカトリック教徒、オレンジはプロテスタント教徒、白は両教徒の平和と友情をしめしている。
🏛 ダブリン

❸アルバニア　AL(ALB)
アルバニア共和国
双頭の黒い鷲は東洋と西洋の間にあり、両方の文化に関わることをしめしている。　🏛 ティラナ

❹アンドラ　AD(AND)
アンドラ公国
フランスとスペインが共同で主権を管理してきたため、両国の旗を組み合わせて作られた。
🏛 アンドラ・ラ・ベリャ

❺イギリス　GB(GBR)
グレートブリテン及び北アイルランド連合王国
イングランド、スコットランド、アイルランドの十字架を組み合わせて作られた。　🏛 ロンドン

❻イタリア　IT(ITA)
イタリア共和国
緑は国土を、白は雪を、赤は愛国の血をあらわしている。
🏛 ローマ

❼ウクライナ　UA(UKR)
ウクライナ
伝統的な独立の旗を、国旗として制定したもの。青は空、黄は小麦をあらわしている。　🏛 キーウ

❽エストニア　EE(EST)
エストニア共和国
青は青空や希望を、黒はかつて失われた独立、白は雪と明るい未来をあらわしている。
🏛 タリン

❾オーストリア　AT(AUT)
オーストリア共和国
赤と白は十字軍の遠征に加わったレオポルト5世の伝説にちなんだもの。　🏛 ウィーン

❿オランダ　NL(NED)
オランダ王国
スペインからの独立のために戦った、ウィレム1世の旗がもとになっている。　🏛 アムステルダム

⓫ギリシャ　GR(GRE)
ギリシャ共和国
十字はキリスト教徒の信仰心、青は空と海、白は純粋さと平和をあらわしている。　🏛 アテネ

第5章　国際・団体

⑫**クロアチア**　HR(CRO)
クロアチア共和国
中央部分は、7世紀以前からつかわれていた紋章に5つの地域の紋章をえがいて作られた。
　ザグレブ

⑬**コソボ**　(KOS)
コソボ共和国
6つの白い星は6つの民族が平和に暮らすことを願ったもの。国土の黄は豊かさの象徴とされている。
　プリシュティナ

⑭**サンマリノ**　SM(SMR)
サンマリノ共和国
白は雪と平和、青は空と自由をあらわすといわれる。
　サンマリノ

⑮**スイス**　CH(SUI)
スイス連邦
シュビッツ州人の赤に白十字の盾に由来する。14世紀にはすでにつかわれていた。　ベルン

⑯**スウェーデン**　SE(SWE)
スウェーデン王国
12世紀のころ、エリク王が青空に金色の十字架が横切るのを見たという伝説による。
　ストックホルム

⑰**スペイン**　ES(ESP)
スペイン王国
5つの王国の紋章と本国と中南米の領土をあらわす、「ヘラクレスの柱」を組み合わせて作られた。
　マドリード

⑱**スロバキア**　SK(SVK)
スロバキア共和国
白・青・赤はスラブ民族の象徴。左側の国章は、ダブルクロスが国土の山やまに立っているよう。
　ブラチスラバ

⑲**スロベニア**　SI(SLO)
スロベニア共和国
白・青・赤はスラブ民族の象徴。左の国章には、トリグラフ山と3つの星がえがかれている。
　リュブリャナ

⑳**セルビア**　RS(SRB)
セルビア共和国
赤は革命と血、青は空、白はかがやく光をあらわしている。
　ベオグラード

㉑**チェコ**　CZ(CZE)
チェコ共和国
白は清潔、青は空、赤は尊い犠牲をしめしている。　プラハ

㉒**デンマーク**　DK(DEN)
デンマーク王国
13世紀のエストニアとの戦いの際に、デンマーク王の戦いの勝利をもたらした旗といわれる。
　コペンハーゲン

㉓**ドイツ**　DE(GER)
ドイツ連邦共和国
19世紀のドイツ統一運動のプロイセン軍の黒い服、赤い肩章、金ボタンに由来する。　ベルリン

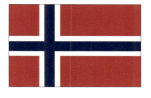
㉔**ノルウェー**　NO(NOR)
ノルウェー王国
旧宗主国デンマーク国旗に青の十字を重ねて作られた。　オスロ

㉕**バチカン**　VA
バチカン市国
黄も白も教皇の衣服の色で、紋章は教皇の冠と天国への扉の鍵をしめしている。　バチカン

㉖**ハンガリー**　HU(HUN)
ハンガリー
赤は力、白は忠誠心、緑は将来への希望をあらわしている。
　ブダペスト

㉗**フィンランド**　FI(FIN)
フィンランド共和国
青は湖、白は雪をあらわす。公式の場では、ライオンの紋章が入る。
　ヘルシンキ

なるほど情報ファイル

国ぐにをたばねる旗

国際連合 北極を中心に正距方位図法でえがいた世界地図を、平和の象徴であるオリーブの葉でかこんでいます。1947年10月の第2回国連総会で制定されました。

ヨーロッパ連合（EU） 最初は加盟国数をあらわしていましたが、その後改定され、完全無欠、永遠をあらわす「12」の星になりました。

国際オリンピック委員会 世界の5つの大陸の友愛と親交の象徴である5つの輪がデザインされています。

ヨーロッパ連合

国際連合

国際オリンピック委員会

第5章 国際・団体

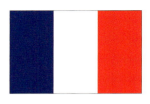
㉘**フランス** FR（FRA）
フランス共和国
フランス革命のころに考案され、1794年に今のデザインになったといわれる。🏛 パリ

㉝**ポーランド** PL（POL）
ポーランド共和国
この国の建国者が、赤い地に白い鷲がえがかれた旗をかかげていたという伝説による。🏛 ワルシャワ

㉙**ブルガリア** BG（BUL）
ブルガリア共和国
白は平和、緑は大地、赤は愛国心をあらわしている。🏛 ソフィア

㉞**ポルトガル** PT（POR）
ポルトガル共和国
緑は自然や希望などを、赤は血の尊さと生命をあらわしている。🏛 リスボン市

㉚**ベラルーシ** BY（BLR）
ベラルーシ共和国
赤は社会主義、緑は森林と未来をあらわす。🏛 ミンスク

㉟**北マケドニア**＊1 MK（MKD）
北マケドニア共和国
赤は自由と進歩を求める戦い、太陽は生命力や喜びをあらわしている。🏛 スコピエ

㉛**ベルギー** BE（BEL）
ベルギー王国
ベルギー王家の紋章である、黒い地に赤い舌と爪をもつ黄色いライオンにつかわれた3色の旗。🏛 ブリュッセル

㊱**マルタ** MT（MLT）
マルタ共和国
白は純潔と信仰、赤は情熱と犠牲をあらわし、紋章はイギリスから贈られた勲章に由来する。🏛 バレッタ

㉜**ボスニア・ヘルツェゴビナ** BA（BIH）
ボスニア・ヘルツェゴビナ
青地に星のデザインは、ヨーロッパ連合の旗をもとにして取り入れられた。🏛 サラエボ

㊲**モナコ** MC（MON）
モナコ公国
赤と白の2色は13世紀から、この地を支配してきたグリマルディ公家の色に由来する。🏛 モナコ

＊1 **北マケドニア** 2019年2月、北マケドニア共和国という新しい国名の使用が公式に開始されました。

㊳モルドバ　MD(MDA)
モルドバ共和国
青は民主主義、黄は伝統、赤は平等をあらわしている。
🏛 キシナウ

㊴モンテネグロ　ME(MNE)
モンテネグロ
真ん中にえがかれた頭が2つあるワシは、栄光をあらわしている。
🏛 ポドゴリツァ

㊵ラトビア　LV(LAT)
ラトビア共和国
茶色は独立を守るために流された血に由来するといわれる。
🏛 リガ

㊶リトアニア　LT(LTU)
リトアニア共和国
黄、緑、赤の配色は民族衣装にもとづくといわれる。
🏛 ビリニュス

㊷リヒテンシュタイン　LI(LIE)
リヒテンシュタイン公国
冠は人民と統治者が一体であることをあらわしている。
🏛 ファドーツ

㊸ルクセンブルク　LU(LUX)
ルクセンブルク大公国
赤・白・青は、むかしの大公の紋章の青と白の縞模様と赤いライオンの配色に由来する。
🏛 ルクセンブルク

㊹ルーマニア　RO(ROU)
ルーマニア
社会主義政権の崩壊にともない、王政時代の三色旗が復活した。
🏛 ブカレスト

㊺ロシア　RU(RUS)
ロシア連邦
ソ連崩壊で、帝政ロシア時代のスラブ民族を象徴する白・青・赤の三色旗が復活した。　🏛 モスクワ

北アメリカ

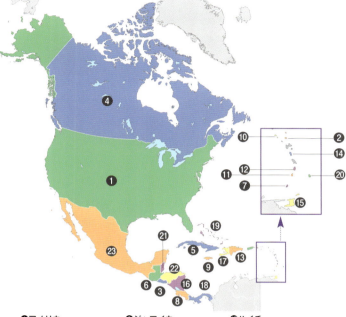

❶アメリカ
❷アンティグア・バーブーダ
❸エルサルバドル
❹カナダ
❺キューバ
❻グアテマラ
❼グレナダ
❽コスタリカ
❾ジャマイカ
❿セントクリストファー・ネービス
⓫セントビンセント・グレナディーン諸島
⓬セントルシア
⓭ドミニカ共和国
⓮ドミニカ国
⓯トリニダード・トバゴ
⓰ニカラグア
⓱ハイチ
⓲パナマ
⓳バハマ
⓴バルバドス
㉑ベリーズ
㉒ホンジュラス
㉓メキシコ

❶アメリカ　US(USA)
アメリカ合衆国
50の星は現在の州の数、13の赤白のすじは独立当時の州の数をあらわしている。　🏛 ワシントンD.C.

❷アンティグア・バーブーダ　AG(ANT)
アンティグア・バーブーダ
黒と白は黒人と白人、太陽は新しい時代、青はカリブ海、赤は国民の力をあらわしている。
🏛 セントジョンズ

❸エルサルバドル　SV(ESA)
エルサルバドル共和国
青は海、白は平和をあらわす。中央の紋章は自由と平等をあらわす虹と赤い帽子。
🏛 サンサルバドル

国際

❹カナダ　CA(CAN)
カナダ
両側の赤い帯は太平洋と大西洋、中央のメイプルリーフは同国の象徴。　首都 オタワ

❺キューバ　CU(CUB)
キューバ共和国
赤は自由、平等、博愛、白は独立の精神、3本の青線は独立時の3州、星は国家をあらわしている。
首都 ハバナ

❻グアテマラ　GT(GUA)
グアテマラ共和国
両側の青は太平洋とカリブ海、中央は「自由の鳥」（ケツァール）をえがいたもの。
首都 グアテマラ市

❼グレナダ　GD(GRN)
グレナダ
中央とまわりの星はこの国の7つの行政区をあらわす。左側にあるのは特産物のナツメグの実。
首都 セントジョージズ

❽コスタリカ　CR(CRC)
コスタリカ共和国
赤は自由のために流された血を、白は平和を、青は空をあらわしている。　首都 サンホセ

❾ジャマイカ　JM(JAM)
ジャマイカ
緑は希望と農業、黄の十字は聖アンデレの十字架とよばれ、同国民の信仰の厚さをしめす。
首都 キングストン

❿セントクリストファー・ネービス　KN(SKN)
セントクリストファー・ネービス
2つの星は、セントキッツ島とネービス島をあらわしている。
首都 バセテール

⓫セントビンセント・グレナディーン諸島　VC(VIN)
セントビンセント及びグレナディーン諸島
青は空と海を、黄は太陽と砂浜を、緑は農業と国民の活力をあらわしている。
首都 キングスタウン

⓬セントルシア　LC(LCA)
セントルシア
青はカリブ海と大西洋、三角は国土、白と黒は白人と黒人の団結、黄は太陽の光をあらわしている。
首都 カストリーズ

⓭ドミニカ共和国　DO(DOM)
ドミニカ共和国
赤は独立のために流された血、青は平和、白は自由と忠誠心をあらわす。中央は国章。
首都 サントドミンゴ

⓮ドミニカ国　DM(DMA)
ドミニカ国
3色の十字は国民の信仰、緑は豊かな国土、星は10の地方をあらわす。鳥は国鳥のオウム。
首都 ロゾー

⓯トリニダード・トバゴ　TT(TTO)
トリニダード・トバゴ共和国
2本の白い線は人類が平等であることと、トリニダード島とトバゴ島の間の海をあらわしている。
首都 ポートオブスペイン

→月面に立てられた星条旗
1969年7月20日、3人の宇宙飛行士を乗せたアメリカ合衆国の宇宙船アポロ11号は、月面への着陸に成功しました。

第5章　国際・団体

138

⑯ニカラグア　NI(NCA)
ニカラグア共和国
かつて存在した中央アメリカ連邦旗をもとに作られた。青は海、白は国土と正義をあらわす。

🏛 マナグア

⑰ハイチ　HT(HAI)
ハイチ共和国
中央にあるのは、大王ヤシ、小銃、大砲、弾丸、錨などがえがかれた同国の国章。

🏛 ポルトープランス

⑱パナマ　PA(PAN)
パナマ共和国
赤と青は独立当時の同国の2大政党の色、2つの星は、政党間の平和と国民の団結をあらわしている。🏛 パナマシティー

⑲バハマ　BS(BAH)
バハマ国
青は海、黒い三角形は同国民の約80％を占める黒人をあらわしている。

🏛 ナッソー

⑳バルバドス　BB(BAR)
バルバドス
青は海と空を、三つ又の鉾は海の守護神の象徴で国の守りをあらわしている。🏛 ブリッジタウン

㉑ベリーズ　BZ(BIZ)
ベリーズ
青は海をあらわす。紋章にはこの国ではたらく住民や帆船、道具類、マホガニーなどがえがかれている。🏛 ベルモパン

㉒ホンジュラス　HN(HON)
ホンジュラス共和国
5つの星は、中央アメリカ連邦に所属していた5つの国をあらわしている。

🏛 テグシガルパ

㉓メキシコ　MX(MEX)
メキシコ合衆国
緑・白・赤は、スペインから独立するときにかかげた諸州の独立と宗教と統一の保障をあらわしている。🏛 メキシコシティ

南アメリカ

- ❶アルゼンチン
- ❷ウルグアイ
- ❸エクアドル
- ❹ガイアナ
- ❺コロンビア
- ❻スリナム
- ❼チリ
- ❽パラグアイ
- ❾ブラジル
- ❿ベネズエラ
- ⓫ペルー
- ⓬ボリビア

❶アルゼンチン　AR(ARG)
アルゼンチン共和国
当時の革命軍の軍服の色とスペインへの抵抗の象徴「5月の太陽」を組み合わせている。

🏛 ブエノスアイレス

❷ウルグアイ　UY(URU)
ウルグアイ東方共和国
白と青の9の縞は、独立時点の9つの地方、太陽は独立を応援してくれたアルゼンチンに由来。

🏛 モンテビデオ

❸エクアドル　EC(ECU)
エクアドル共和国
黄は鉱物資源、青は海、赤は独立に流された血、中央にはエクアドルの国章がえがかれている。

🏛 キト

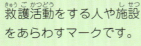

赤十字と赤新月

救護活動をする人や施設をあらわすマークです。

赤十字（左） 国際赤十字は、戦争のときにけが人を救助する目的で、スイス人のアンリ・デュナンによって1864年に設立された国際機関。旗はスイス国旗の色を反転して作られました。

赤新月（右） イスラム教の国では、十字を三日月に変えたものがつかわれます。

❹ガイアナ　GY(GUY)
ガイアナ協同共和国
黒い縁どりの赤い三角形は国家の建設のための熱意と活力をあらわしている。　ジョージタウン

❺コロンビア　CO(COL)
コロンビア共和国
黄は鉱物資源、青は海、赤は革命で流した血をあらわしている。
ボゴタ

❻スリナム　SR(SUR)
スリナム共和国
緑は国土、白は正義と自由、赤は独立や進歩、黄色の星は民族の統合と希望をあらわしている。
パラマリボ

❼チリ　CL(CHI)
チリ共和国
赤は独立で流された血を、白はアンデスの雪、青は空、星は国の統一への願いをあらわしている。
サンティアゴ

❽パラグアイ　PY(PAR)
パラグアイ共和国
赤は正義を、白は平和を、青は自由をあらわす。表と裏の紋章がことなる。　アスンシオン

❾ブラジル　BR(BRA)
ブラジル連邦共和国
緑は森林資源、黄は鉱物資源、青い円は天体、27の星は首都と州の数をあらわしている。
ブラジリア

❿ベネズエラ　VE(VEN)
ベネズエラ・ボリバル共和国
青は海、黄は鉱物資源、赤は勇気をあらわしている。　カラカス

⓫ペルー　PE(PER)
ペルー共和国
赤は勇気と愛国心を、白は平和と進歩と名誉をあらわすといわれる。　リマ

⓬ボリビア　BO(BOL)
ボリビア多民族国
赤は動物資源を、黄は鉱物資源、緑は森林資源をあらわす。紋章の星は同国の州の数をしめす。
ラパス*1

オセアニア

❶オーストラリア　❼トンガ　⓭パラオ
❷キリバス　❽ナウル　⓮フィジー
❸クック諸島　❾ニウエ　⓯マーシャル諸島
❹サモア　❿ニュージーランド　⓰ミクロネシア連邦
❺ソロモン諸島　⓫バヌアツ
❻ツバル　⓬パプアニューギニア

*1 ボリビアの首都　憲法上の首都はスクレ。

❶オーストラリア　AU(AUS)
オーストラリア連邦
南十字星をデザインした植民地時代のオーストラリアをあらわす商船旗が国旗になった。
🏛 キャンベラ

❷キリバス　KI(KIR)
キリバス共和国
南太平洋と朝日、かもめがえがかれている。🏛 タラワ

❸クック諸島　CK(COK)
クック諸島
青は太平洋、白は平和、左上のイギリス国旗はイギリス連邦の一員であることをあらわしている。
🏛 アバルア

❹サモア　WS(SAM)
サモア独立国
南十字星をデザインした国旗。星の白は国民の純粋性、青は自由、赤は勇気をあらわしている。
🏛 アピア

❺ソロモン諸島　SB(SOL)
ソロモン諸島
青は水を、緑は国土を、5つの星は南十字星と主要な島じまをあらわしている。🏛 ホニアラ

❻ツバル　TV(TUV)
ツバル
青は海を、星はこの国を構成する島じまをあらわしている。
🏛 フナフティ

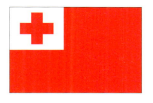

❼トンガ　TO(TGA)
トンガ王国
赤はキリストの血を、左上の十字は十字架をあらわしている。
🏛 ヌクアロファ

❽ナウル　NR(NRU)
ナウル共和国
黄色の線は赤道を、青は海を、12の光を放つ星は12の先住民をあらわしている。🏛 ヤレン

❾ニウエ　NU
ニウエ
中央の大きな星は自治独立、4つの小さな星は南十字星をあらわしている。
🏛 アロフィ

❿ニュージーランド　NZ(NZL)
ニュージーランド
商船旗をもとにして作られた。イギリス連邦をしめすユニオンジャックに南十字星を配している。
🏛 ウェリントン

⓫バヌアツ　VU(VAN)
バヌアツ共和国
赤はブタの血、緑は樹木、黒は豊かな土地を、黄は太陽とキリスト教精神をあらわしている。
🏛 ポートビラ

⓬パプアニューギニア　PG(PNG)
パプアニューギニア独立国
黒地に白い星は夜空に輝く南十字星、赤地に黄色い鳥は国鳥である極楽鳥。🏛 ポートモレスビー

⓭パラオ　PW(PLW)
パラオ共和国
青は太平洋を、黄色の丸は満月で、繁栄をあらわす。日本の国旗を手本に作られた。🏛 マルキョク

⓮フィジー　FJ(FIJ)
フィジー共和国
左上のイギリス国旗は、同国がイギリス連邦の一員であることをしめし、青は海をあらわす。
🏛 スバ

⓯マーシャル諸島　MH(MHL)
マーシャル諸島共和国
青は太平洋、オレンジは勇気、白は平和。24条の太陽の光は自治体の数をあらわしている。
🏛 マジュロ

⓰ミクロネシア連邦　FM(FSM)
ミクロネシア連邦
青と白は国連に敬意を払ったもの。星は南十字星と同国の4つの主要な島をしめしている。
🏛 パリキール

団体

会社のマーク

会社をあらわすシンボルで、もとは社名の頭文字や創業にまつわることがらをデザインしたものがほとんどでした。1970年ごろから、企業の姿勢や理想をしめすマークに変えられるようになりました。文字や絵、図形をもとに、色やデザインにくふうをこらしています。その会社の製品や看板、さまざまな印刷物などにつかわれています。

なるほど情報ファイル
変化するマーク

森永製菓

1905年　　1951年　　1986年

1905年の創業のころ、おもな商品であったマシュマロがアメリカで「エンゼルフード」とよばれていたことから、エンゼル（天使）を商標に。以来、少しずつ形を変えて、現在のマークになりました。

山崎製パン

キユーピー
発売当時、人気のあったセルロイドのキユーピー人形をモデルにしたマーク。

ハウス食品

森下仁丹

MARUHA NICHIRO
マルハニチロ

Tombow
トンボ鉛筆

FUJIFILM
富士フイルム

Takeda
武田薬品工業

SEKISUI HOUSE
積水ハウス

こんなところにこんな記号
道具や服にも

むかしは、道具や作業着などにも、よくお店のマークがつかわれていました。

ヤマサ醤油

むかしつかわれていた、仕こみ用の桶（上）と、はんてん（左）。このマークは、現在もつかわれています。

第5章　国際・団体

142

ヤマハ

沖電気工業

↑営業時間がマークに（セブン-イレブン・ジャパン）
開業したころは、朝7時から夜11時まで営業するお店だったので、数字の「7」と英語の「11」（ELEVEN）を組み合わせたもの。

LIXIL

コニカミノルタ

京セラ

イトーヨーカ堂

イオン

三越

ローソン

丸井

日本航空

日本生命保険

朝日生命保険

三井住友銀行

団体

中部電力
日本地図をモチーフにして、中心の白い部分を中部地域に見立てたマーク。

全日本空輸

佐川急便
荷物を届ける青いしま模様のユニフォームを着たドライバーと、江戸時代に手紙などを届けていた飛脚の「命がけで荷物を守り、届ける」という精神を表現。

ヤマト運輸

TEPCO
東京電力グループ

NTT

フジテレビジョン

🌙 カーエンブレム……53ページ
🌙 鉄道会社のマーク……61ページ
🌙 飛行機のマーク……68ページ
🌙 ファンネルマーク……73ページ

143

団体
県章・市章

国に国旗があるように、各都道府県、市区町村にもシンボルマークが定められています。地名の文字や地形を図案化し、歴史、地域の理想をあらわすように考えられています。とくに県章は「国民体育大会（国体）」の際に、県旗としてつかわれます。市章も同様に人口5万人以上の市制がしかれた都市の標章です。市の広報物や住民票などの書類につかわれます。

↑東京都庁の前に掲げられた旗
右端が東京都のシンボルマーク。左端は東京が市であったころのマークを受けついだ「東京都紋章」。太陽が光を放つようすを図案化。

県章

都道府県のシンボルマークの多くは、都道府県名や特産品やその都道府県をあらわすものなどをデザインして作られています。

❶北海道
○明治時代の開拓史時代の旗章をもとに七光星を表現し、先人たちの開拓者精神とのびゆく北海道の未来をあらわしています。

❷青森県
○青森県の地形を図案化したものです。背景の白地は無限に広がる宇宙世界を、深緑色は希望と未来をあらわしたものです。

❸岩手県
○岩手県の「岩」の字を図案化したもので、豊かで住みよい郷土づくりをめざして躍進する岩手県をあらわしています。

❹宮城県
○県花として選定されている「ミヤギノハギ」を図案化し、「みやぎ」の「み」の字をあらわしています。

❺秋田県
○「アキタ」の「ア」を図案化したもの。秋田県がいきおいよく飛躍・発展するすがたをあらわしています。

❻山形県
○3つの山の形は山形県の山やまと同時に、最上川の流れをあらわし、山形県の発展という願いがこめられています。

❼福島県
○「ふくしま」の「ふ」の字をデザインしたものです。県民が仲よく協力しあうすがたと発展していく福島県のすがたをあらわしています。

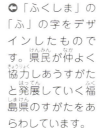
❽茨城県
○開き始めたばら（県花）のつぼみをデザインしたもので、茨城県の先進性・創造性・躍動・発展をあらわしています。

❾栃木県
○「栃木」の「栃」の字をもとに、向上性と躍動感を表現したもの。3本の矢印は「木」の古代文字を引用しています。

❿群馬県
○中心部は「群」の古字をデザインしたもの。その周囲は赤城・榛名・妙義山の上毛三山を表現しています。

⓫埼玉県
○県名の由来とされている「幸魂」から、まが玉16個を円形に並べたもの。太陽・発展・情熱・力強さをあらわしています。

➲ 国旗……126ページ
➲ 家紋……152ページ

第5章 国際・団体

144

⑫千葉県
◐「チバ」の「チ」と「ハ」を図案化し、県花の菜の花の黄色で縁どっています。背景の空色は希望と発展をあらわしています。

⑬東京都
◐「TOKYO」の頭文字「T」をデザインし、これからの東京都の躍動、繁栄、うるおい、やすらぎを表現しています。

⑭神奈川県
◐「神奈川」の「神」の字を図案化したもの。県民に一般公募し、その応募作品の中から選ばれました。

⑮新潟県
◐「新」を中心に「ガタ」(潟)の2文字を円形にデザインして融和と希望をあらわし、新潟県の発展の願いがこめられています。

⑯富山県
◐富山県のシンボルの立山をモチーフに、その中央に「とやま」の「と」の字をデザインしています。

⑰石川県（県旗）
◐「石川」の2文字と地形をデザイン化したものです。青色は日本海と豊かな緑、清い水、澄んだ空気をあらわしています。

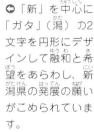
⑱福井県
◐福井県の発展の願いをこめて、「フクイ」の3文字を二葉の間から若葉が出るすがたにデザインされています。

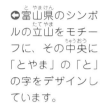
⑲山梨県
◐周囲は富士山と山梨を代表する武田信玄の家紋「武田菱」を、3つの「人」の字で和と協力と「山」の字を表現しています。

⑳長野県
◐「ナガノ」の「ナ」の字を円形の中にえがき、横棒を中心に、山とそれを湖に映すすがたをあらわしています。

㉑岐阜県
◐「岐阜」の「岐」の字をデザインしたものです。まわりを丸くかこんで、平和と円満をあらわしています。

㉒静岡県
◐富士山と静岡県の地形を曲線で表現し、親しみやすく、住みよい静岡県と、県民の力強い団結をあらわしています。

㉓愛知県
◐「あいち」の3文字を図案化し、太平洋に面した県の海外発展と、希望に満ちた朝日と波をあらわしています。

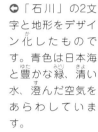
㉔三重県
◐「みえ」の「み」の字をデザインし、同県を代表する真珠を象徴しています。右上がりの「み」の字は飛躍をあらわしています。

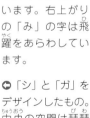
㉕滋賀県
◐「シ」と「ガ」をデザインしたもの。中央の空間は琵琶湖、全体の円と2つの翼は「調和のとれた発展」をあらわしています。

こんなところにこんな記号

都道府県の旗

国民体育大会などで勢ぞろいする都道府県の旗は、県章のデザインをもちいて色などを変えたりしたものがほとんどです。ここでは、県章とことなるものを一部取り上げてみました。

群馬県

山梨県

佐賀県

愛媛県

宮崎県

兵庫県

団体

㉖京都府 ◎6つの葉の形で格調高い古都を表現し、中央に図案化した「京」の字を配置して、府民の連帯と団結力をあらわしています。

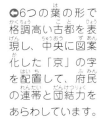
㉗大阪府 ◎「OSAKA」の「O」をもとに、大阪を代表する先人である豊臣秀吉の旗印の「千成びょうたん」を図案化しています。

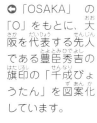
㉘兵庫県 ◎兵庫県の「兵」の字を四角い形にデザインしたものです。

㉙奈良県 ◎「ナラ」の「ナ」の字をデザインし、外側の円は奈良県の自然を、内側の円は協和の精神を表現しています。

㉚和歌山県 ◎「ワカヤマ」の「ワ」の字をデザインし、県民の和と発展するすがたや力強くおおらかな県民性をあらわしています。

㉛鳥取県 ◎「とっとり」の「と」の字で飛ぶ鳥のすがたをデザインし、自由と平和と鳥取県の明日への進展を象徴しています。

㉜島根県 ◎「シマネ」の「マ」の字を雲のように4つ組み合わせ「四マ」（シマ＝島）とし、発展と躍進、団結をあらわしています。

㉝岡山県 ◎「岡山」の「岡」の字を円形に図案化し、県民の一致団結と、将来の飛躍・発展を力強くあらわしています。

㉞広島県 ◎「ヒロシマ」の「ヒ」を円形にデザインし、県民の和と団結を表現し、円の重なりで広島県の躍進と発展を象徴しています。

㉟山口県 ◎「山」と「口」の文字を組み合わせて太陽にむかって羽ばたく飛ぶ鳥にデザインし、団結と飛躍を表現しています。

㊱徳島県 ◎「とくしま」の「と」と「く」の字を飛鳥のすがたにデザインしたもので、融和・団結・雄飛・発展をあらわしています。

㊲香川県 ◎「カガワ」の「カ」をデザインし、同県の山やまの特徴ある形と、平和のシンボルである県木オリーブの葉を表現しています。

㊳愛媛県 ◎3色で構成され、赤が太陽と県花であるミカン、緑が自然の恵み、青が瀬戸内海をあらわし「県民の健康で明るい未来」をしめしています。

㊴高知県 ◎高知県のむかしの国名「土佐」の「と」と「さ」の字をデザインしたもので、円は平和と協力を、たてにのびるけん先は向上を表わしています。

㊵福岡県 ◎県の花である梅の花の形をかたどり、県の発展と県民の融和をあらわしています。

㊶佐賀県 ◎県民が力をあわせ手をつなぎ、3つの力でますます三カ（さか）えるすがたと、「三カ（さか）」（佐賀）をあらわしています。

㊷長崎県 ◎頭文字「N」と平和の象徴である「はと」をデザインしたもの。未来へ力強く前進する長崎県のすがたを表現しています。

㊸熊本県 ◎「クマモト」の「ク」の字と九州の形をデザインして、九州の中央にある熊本県をあらわしています。

第5章 国際・団体

146

㊹大分県

○「大分」の「大」の文字を円形にデザインし、県民の仲のよいことと、未来にむかって発展するようすをあらわしています。

㊺宮崎県

○「日向」(むかしの宮崎県の国名)の「日」と「向」の字をデザインしたもので、三方にのびた「向」は躍進をあらわしています。

㊻鹿児島県

○郷土を愛する気持ちを高めてもらおうと、鹿児島県の形をデザインしたものです。中央の円は火の島「桜島」をあらわしています。

㊼沖縄県

○外側の円は海洋を、白い部分は「OKINAWA」の「O」と人の和をあらわしています。内側の円は沖縄の発展をしめしています。

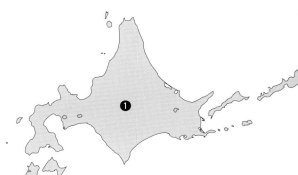

市章

県章と同じように、全国の市町村でもシンボルマークを定めています。ここでは都道府県庁所在地の市章などを紹介します。

団体

札幌市

青森市

盛岡市

仙台市

秋田市

山形市

福島市

水戸市

宇都宮市

前橋市

さいたま市

千葉市

横浜市	川崎市	新潟市	富山市	金沢市	福井市

甲府市	長野市	岐阜市	静岡市	名古屋市	津市

大津市	京都市	大阪市	神戸市	奈良市	和歌山市

鳥取市	松江市	岡山市	広島市	山口市	徳島市

高松市	松山市	高知市	福岡市	北九州市	佐賀市

長崎市	熊本市	大分市	宮崎市	鹿児島市	那覇市

第5章 国際・団体

団体

公的機関のマーク

かつて公的機関は、民間企業のような広告やシンボルマークはつかわれていませんでした。近年、公的機関も民間企業と同じようなサービスをもとめられるようになり、それぞれの機関のマークを作るようになりました。どこの省庁が関係しているかがわかるように、看板や印刷物、ホームページなどの目立つところでつかわれています。

内閣府
2枚の木の葉で「日本の将来を考える」機能と「総理が直接になう」機能を、木の葉の間からの光で、希望をあらわしています。

経済産業省

金融庁

文化庁
円形と市松模様の組み合わせ、2種類の円の重なりにより、文化芸術とその可能性をあらわしています。

環境省

気象庁

人事院

警察庁

防衛省

スポーツ庁

国土交通省
国土の上で人びとがはずんでいる躍動感を、人びとのハートである「心」の文字でデザイン化しています。

なるほど情報ファイル

電子政府 e-Gov [イーガブ]

電子政府の総合窓口(e-Gov)では、政府や各省のホームページの検索のほか、申請・届出などの手続きや政策に対する意見の提出ができます。

https://www.e-gov.go.jp/

会計検査院

特許庁

郵便局や警察署……36ページ

団体

大学のマーク

学校のシンボルマークのひとつが校章です。大学にかぎらず、ほとんどの小中高校には校章が定められています。大学の校章は、「学」などの文字や大学名に、大学の由来や設立の目的や教育の方針、特徴のある専門分野などをあらわすシンボルをデザインしたものが見られます。このほかにも、いろいろ個性的なデザインをもったマークも、少なくありません。

❶校章を染めぬいた小旗
大学対抗のラグビーの試合を応援する学生たち。（関東学院大学）

北海道大学

小樽商科大学

北星学園大学

仙台大学

東北学院大学

新潟大学

東京大学

お茶の水女子大学

国立音楽大学

慶應義塾大学

学習院大学

東京慈恵会医科大学

上智大学

多摩美術大学

電気通信大学

東京医科歯科大学

東京海洋大学

東京外国語大学

東京藝術大学

東京工業大学

東京農工大学

東京理科大学

日本大学

法政大学

第5章 国際・団体

150

一橋大学

明治大学

海外では…

西洋の大学の紋章

西洋の大学の紋章は、古い歴史をもっています。ヨーロッパではむかしから、個人や家などが盾の形の紋章を定めており、これらの大学のもつ紋章もその形式にのっとっています。日本の大学は、明治時代以降に設立されましたが、ヨーロッパにはパリ大学やオックスフォード大学のように、800年以上の歴史をもつ大学もあります。

立教大学

早稲田大学

名古屋大学

南山大学

バーミンガム大学
（イギリス）

エジンバラ大学
（イギリス）

オックスフォード大学
（イギリス）

ケンブリッジ大学
（イギリス）

金沢大学

京都大学

パリ大学
（フランス）

プリンストン大学
（アメリカ合衆国）

ハーバード大学
（アメリカ合衆国）

クイーンズ大学
（カナダ）

団体

同志社大学

龍谷大学

大阪大学

関西大学

関西学院大学

福岡大学

広島大学

愛媛大学

九州大学

西南学院大学

長崎大学

琉球大学

団体

家紋

家紋は、日本独特の家や一族のシンボルマークです。現在、家紋は2万種類以上あるともいわれていますが、現在のような形で家紋がつかわれ、その形の基本ができ上がったのは室町時代から戦国時代にかけての時期だといわれています。その後、江戸時代になると、家紋は武家や公家だけでなく庶民の間にも広がっていきました。

↑神田明神（東京）のちょうちんにえがかれた紋
神社にも家紋と同じように、神社の紋があります。

植物

十六菊

下がり花桐

徳川葵

五三の桐
「五三」は上のほうにある5枚と3枚の桐の葉を指します。

伊藤藤

笹竜胆

梅の花

向こうねじ梅

梅鶴
名前どおり、縁起のよい梅とつるを組み合わせた家紋です。

落ち牡丹

陰杏葉牡丹

丸に桔梗

毛輪に豆桔梗

片喰

中陰片喰桐

光琳爪形桔梗
尾形光琳という江戸時代の画家のデザインに似たききょうの家紋です。

第5章 国際・団体

152

沢瀉（おもだか）

橘（たちばな）

立ち梶の葉（たちかじのは）

抱き茗荷（だきみょうが）

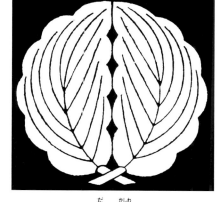
抱き柏（だきかしわ）
2枚のかしわの葉が寄りそう形をしているので「抱き柏」といいます。

三つ柏（みつかしわ）

一つ松（ひとつまつ）

中陰光琳松（ちゅうかげこうりんまつ）

中輪に一つ折れ松葉（ちゅうわにひとつおれまつば）

三つ追い細松葉の丸（みつおいささまつばのまる）

三枚笹（さんまいざさ）

五枚根笹（ごまいねざさ）

中輪に十五枚笹（ちゅうわにじゅうごまいざさ）

変わり稲の丸（かわりいねのまる）
「変わり」は「稲の丸」の家紋を変形させたものという意味です。

篠笹の丸（しのざさのまる）

笹竹枝丸（ささたけえだまる）

抱き稲（だきいね）

右廻り一つ稲（みぎまわりひとついね）

一本杉（いっぽんすぎ）

雪輪に違い丁字（ゆきわにちがいちょうじ）
外側の雪の結晶のような形が雪輪、「違い」は交差している形を指します。

丸に一つ柊（まるにひとつひいらぎ）

蔦（つた）

丸に陰鬼蔦（まるにかげおにつた）

丸に一つ丁字（まるにひとつちょうじ）

丸に変わり一つ銀杏（まるにかわりひとついちょう）

陰三つ銀杏（かげみついちょう）

一つ梛の葉（ひとつなぎのは）

団体

蕪（かぶ）

萩の丸（はぎのまる）

地楡に雀（われもこうにすずめ）

撫子（なでしこ）

立ち杜若（たちかきつばた）／向こう山吹（むこうやまぶき）／水仙（すいせん）／中陰撫子（ちゅうかげなでしこ）
花の白黒の部分が反転していることを「中陰」といいます。

蓮の花（はすのはな）

第5章 国際・団体

桜（さくら）

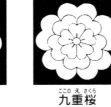
九重桜（ここのえさくら）

三つ割桜（みつわりさくら）

葉付き三つ桜の丸（はつきみつさくらのまる）

向こう山桜（むこうやまざくら）
「向こう」は、真正面から見た山桜の花の形を指します。

桜蝶（さくらちょう）

丸に葉付き桃（まるにはつきもも）

柿の花（かきのはな）

中輪に楓（ちゅうわにかえで）

茶の実（ちゃのみ）

三つ葉南天（みつばなんてん）

丸に梨の切り口（まるになしのきりくち）

梨の花（なしのはな）

枇杷（びわ）

月輪に陰豆夕顔（つきわにかげまめゆうがお）

葡萄枝丸（ぶどうえだまる）

三つ葡萄の葉（みつぶどうのは）

瓜の花（うりのはな）

中輪に一つ瓢（ちゅうわにひとつひさご）

八つねじ瓢（やつねじひさご）
8つの瓢（ひょうたん）がねじれて車のように丸く並んでいる家紋です。

丸に違い唐辛子

茄子桐

石持地ぬき三本蕨
「地ぬき」は3本のわらびが反転していることを指します。

五つ茄子

丸に葉付き茄子

一つ折り芭蕉

歯朶

三つ折り芭蕉

三つ割蕨

動物

抱き角

真向き兎

鳩

鶴の丸

烏の丸

降り鶴の丸
「降り」は下むきにのこと。つるを丸い形にデザインした家紋です。

飛び鶴

丸に雁金

三つ折り鶴

中太輪に一つ鷹の羽

三羽雀　　一つ百足の丸

丸に千鳥

対い鴛鴦の丸

伊勢海老の丸

光琳蝙蝠

揚羽蝶
華麗なすがたで武将たちに好まれた、蝶をデザインした家紋です。

団体

物や建物

丸に椀庵

丸に隅立ち四つ石

折り込み井筒

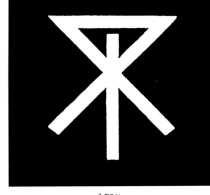
澪標
船に流れや深さを知らせるために立てたくいを「澪標」といいます。

丸に矢筈

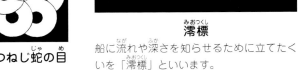
折り四つ目
4つの四角に目（点）のある家紋。「折り」は折っているようすを指します。

五つねじ蛇の目

房付き団扇

丸に鍬形

錨

丸に井桁

隅切り角に割三文字

熨斗の丸

丸に笠

丸に並び扇

七つ籠目釜敷

丸に釘抜

四文銭（裏波銭）
四文銭とよばれた寛永通宝の裏側の波もようを家紋にしたものです。

丸に駒

丸に算木

「丸に木瓜」ののれん
木瓜の花をデザインした家紋のひとつです。

第5章 国際・団体

156

文様や自然

左二つ巴

糸輪に重ね三階菱

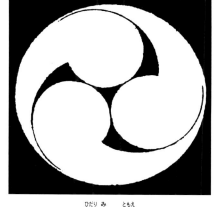
左三つ巴
巴は波頭を図案化したといわれます。左まわりの3つの巴の紋です。

長尾巴

丸に二つ引

木瓜

丸に隅立ち四つ目

輪違い

おぼろ輪

一重亀甲

六つ組合亀甲

亀甲崩し

杏葉花菱

丸に竹の角字

左卍

桐壺

初音

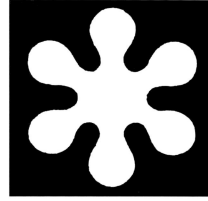
初雪
雪の結晶をデザインした家紋のひとつです。この形を初雪といいます。

丸に七曜

むかい波

海外では…

西洋の紋章

日本の家紋と同じように、西洋でも、王族や貴族が家系と個人の2つの系図をしめす印として紋章をつかいました。はじめは戦場で敵と味方がわかるように武具、とくに盾にえがかれた印でしたから、使用は騎士階級以上の者に厳格に制限されていました。やがて、国家・団体・僧侶などに広がり、都市や大学などもつかうようになりました。

イギリス国王の紋章

団体

階級章と勲章

階級章は地位・階級をしめすための記章です。おもに軍隊や警察などの指令系統をはっきりさせるためにできたものです。警察官や駅長・パイロットなど帽子や胸についているものを見る機会があるでしょう。階級章には帽章・肩章・襟章などがあります。勲章は国や社会に対して業績を上げた人に、国が贈る記章で、いくつかの分野と階級があります。

警察官の階級章と識別番号

警察官の階級章は、2002年から個人識別ができるように、識別番号と一体になりました。制服の左胸につけられています。

警察官		消防士	
階級章	階級	階級章	階級
	警視総監		消防総監
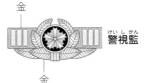	警視監	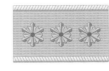	消防司監
	警視長		消防正監
	警視正		消防監
	警視		消防司令長
	警部		消防司令
	警部補		消防司令補
	巡査部長		消防士長
	巡査長		消防副士長
	巡査		消防士

こんなところにこんな記号

たいへんよくできました！！

小学校や幼稚園、保育園でつかわれているスタンプのデザイン。スタンプや印章のデザインは、紋章などと深いつながりがあります。西洋では、ろうの封印などに紋章のデザインがつかわれていました。スタンプはそういう歴史から発展してきたものです。

なるほど情報ファイル

晴れの舞台無事終えて
10日夜、ノーベル賞授賞式を終え、メダルを手に笑顔の小柴昌俊さん(左)と田中耕一さん(14面に記事)=代表撮影

↑ノーベル賞*1のメダル
ノーベル物理学賞を受賞した小柴さんと、化学賞を受賞した田中さん。授賞式のあとでメダルを披露しているところです。
(「朝日新聞」2002年12月11日夕刊)

オリンピックのメダル

オリンピックでは競技の1位から3位の入賞者に金、銀、銅のメダルが国際オリンピック委員会(IOC)から授与されます。

日本初の金メダル
第9回アムステルダム大会(1928)の男子陸上三段跳びで織田幹雄選手が獲得。

長野オリンピックのメダル*2

勲章と褒章

勲章は、国に功績のあった人をたたえるための記章で、日本では菊花・旭日・瑞宝・宝冠などの種類があります。一方、褒章はよいことをした人を国がたたえる名誉賞です。

大勲位菊花大綬章

桐花大綬章

瑞宝大綬章

旭日大綬章

文化勲章

宝冠大綬章

→褒章の種類
褒章は、リボンの色によって、
紅綬褒章(紅)
緑綬褒章(緑)
藍綬褒章(あい色)
紺綬褒章(こん色)
黄綬褒章(黄)
紫綬褒章(紫)
の6種類があります。

紫綬褒章

*1 ノーベル賞 スウェーデンのノーベル財団から、功績の大きかった人などに贈られる世界的な賞です。物理学、化学、医学・生理学、文学、平和、経済学の6つの賞があります。

*2 写真提供 日本スポーツ振興センター

第6章
情報・通信、スポーツ・伝統芸能

通信技術の進歩で世界はますます近くなり
世界共通の絵文字が必要とされています

> 絵文字はグラフなどにもよくつかわれているわ

1964年、東京でアジア初のオリンピックが開かれました。このとき、海外から訪れた人たちや、子どもたちにもわかるように、施設や競技種目の案内用絵文字が作られました。世界が注目するなかでおこなわれたオリンピックを通じて、この絵文字シンボルは世界に知られ、そのすぐれたデザインで大きな評価を得ました。その後、次の主催国にも絵文字シンボルを作ろうという思いが受けつがれ、そのたびに新たな絵文字シンボルが作られるようになりました。

情報や通信の分野では、新聞やテレビの天気予報や地震・津波情報の記号表現、パソコンのはたらきやつかいかたをあらわすアイコン、インターネットやメールでつかわれる絵文字などが続ぞく登場しています。これらの絵文字は、公共・交通・製品などの各分野の記号とともに、世界共通の表現にすることが望まれています。ともにつかいながら、よりよいものに育てて国際標準語を作ろうという機運がたかまり、国際協力も進んでいます。

わたしたちがグラフなどでよく見るアイソタイプは、1930年代に、科学的知識や情報をわかりやすく表現する「絵ことば」として開発されました。絵文字を単語とすれば絵ことばは文章といえるものです。この流れは、世界中の人が簡単な学習でつかえる「ロコス」としていまにいきています。

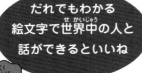

グラフにつかわれる絵文字・アイソタイプ
（オットー・ノイラート）

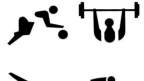

東京オリンピックの競技ピクトグラム
（ディレクター勝見勝）

> だれでもわかる絵文字で世界中の人と話ができるといいね

世界中の人がつかえる絵文字をめざすロコス
（太田幸夫）

情報・通信

電波の記号

電波は周波数*1や波長*2のちがいによって、ミリ波、短波、長波などに区別され、通信やラジオ・テレビ放送などにも利用されています。電波の種類によって、その特性が変わるため、周波数帯ごとに、利用のしかたが決められ、国によって管理されています。

↑ラジオの電波
AM放送（MF）とFM放送、テレビの音声（VHF）が受信できるラジオです。

●電波の種類と用途

周波数（波長）	名前・略号	用途
3kHz （100km）	超長波 VLF	
30kHz （10km）	長波 LF	船舶・航空機用ビーコン 標準電波
300kHz （1km）	中波 MF	船舶通信　　　　　　　　　　　アマチュア無線 中波放送（AMラジオ） 船舶・航空機用ビーコン
3MHz （100m）	短波 HF	船舶・航空機通信 短波放送 アマチュア無線
30MHz （10m）	超短波 VHF	FM放送（コミュニティ放送）　消防無線　　　簡易無線　　　　　アマチュア無線 マルチメディア放送　　　　　列車無線　　　航空管制通信　　　コードレス電話 防災行政無線　　　　　　　　警察無線　　　無線呼出
300MHz （1m）	極超短波 UHF	携帯電話　　　タクシー無線　　移動体衛星通信　簡易無線　　　　無線LAN　　ISM機器 PHS　　　　　テレビ放送　　　列車無線　　　　レーダー　　　　コードレス電話 MCAシステム　防災行政無線　　警察無線　　　　アマチュア無線
3GHz （10cm）	マイクロ波 SHF	マイクロ波中継　　衛星放送　　　　　　無線LAN　　　　　ISM機器 放送番組中継　　　レーダー　　　　　　加入者系無線アクセス 衛星通信　　　　　電波天文・宇宙研究　DSRC
30GHz （1cm）	ミリ波 EHF	電波天文　　　　加入者系無線アクセス 衛星通信　　　　レーダー 簡易無線
300GHz （1mm）	サブミリ波	
3THz （0.1mm）		

電波は、波長が長い（周波数が小さい）ほど、直進性が弱く、電波に乗せられる情報量も小さくなります。反対に、波長が短い（周波数が大きい）ほど、直進性が強く、情報の伝達量も大きくなります。

▶ モールス信号……171ページ

*1 周波数　電波が1秒間に振動する回数。単位はヘルツ。
*2 波長　電波の波の長さ。周波数は波長に反比例するので、波長が短い電磁波ほど周波数が大きくなります。

情報・通信

161

情報・通信

天気予報のマーク

各地点で観測された気象状況を1枚の地図上に、数字や記号でしめしたものを天気図といいます。その日や翌日以降の天気は多くの人が気になることですから、新聞やテレビなどが天気図をよく取り上げています。新聞社や放送局などでは、天気予報をわかりやすくするために、天気図記号とは別に、さまざまな記号を作って、くふうしています。

なるほど情報ファイル

波浪の記号

テレビの天気予報で、ときに海上の波の高さなどが報じられることもあります。気象庁では風による波を、10段階にわけて「風浪階級」を定めています。

●気象庁の風浪階級

階級	海面の状態（波の高さ）
0	鏡のようになめらかである。（0m）
1	さざ波がある。（0〜0.1m）
2	なめらか、小波がある。（0.1〜0.5m）
3	やや波がある。（0.5〜1.25m）
4	かなり波がある。（1.25〜2.5m）
5	波がやや高い。（2.5〜4m）
6	波がかなり高い。（4〜6m）
7	相当荒れている。（6〜9m）
8	非常に荒れている。（9〜14m）
9	異常な状態。（14m〜）

新聞

晴れ  昼／夜

くもり

のち

雨（降水量） 5ミリ未満／5ミリ以上

雪

一時・時どき

全国の今日と明日からの天気予報

（『朝日新聞』2005年2月5日朝刊）

テレビ

（NHK NEWS WEB 2018年11月12日の画面より　https://www3.nhk.or.jp/weather/）

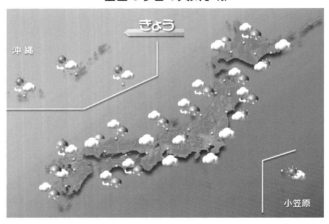

全国の今日の天気予報

各地の週間天気予報

こんなところにこんな記号

いろいろなところに天気予報のマークが

多くの人でにぎわう町中や、電車の中にも、天気予報のマークがあります。右の写真は、地下街の通路に設置された天気予報の電光掲示板です。左は車内のモニターに表示された、天気予報です。

インターネット

(Yahoo!JAPAN天気・災害　https://weather.yahoo.co.jp/weather/)

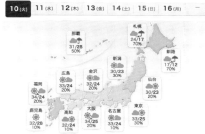

インターネットでは、いつも最新の天気予報を知ることができます。また、「洗濯指数」、「紫外線指数」、「星空指数」などの記号をつかった情報も見ることができます。（「Yahoo！JAPAN」の例）

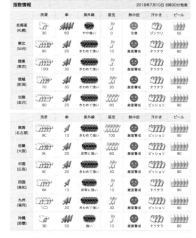

海外では…

海外の天気予報

インターネットをつかうと、世界各国の天気予報を見ることができます。天気やくもり、雨などのマークは、国によって多少ちがいますが、だれが見てもわかるデザインになっています。

●イギリスの天気予報の例（metoffice.gov.uk）

🌐 天気や震度をあらわす記号……202ページ

情報・通信

情報・通信

パソコンでつかわれる記号

パソコンのキーボード上には数字やアルファベットや＃、＆、＠（アットマーク）などの記号がたくさんあります。また、モニターにはアイコンというマークがたくさんあります。これはパソコンをつかうときの用途や道具（ツール）を、記号化してしめしたもので、パソコンのつかいかたを、わかりやすくしたものです。

なるほど情報ファイル

メモリとハードディスクの単位記号

パソコンの性能をしめす数値に、メモリとハードディスク容量があります。メモリはパソコンが仕事をする机の広さを、ハードディスク容量は、資料などを出し入れする倉庫の大きさにたとえられます。バイト（B）は情報の量をしめす単位で、KB、MB、GB、TBという形で目にすることが多いです。1KBは1024B、1MBは1024KB、1GBは1024MB、1TBは1024GBです。

メモリ
8GB

ハードディスク
1TB

●いろいろなアイコン（ウインドウズの例）

●おもなキーの名前（キーの配列は機種によってことなります）

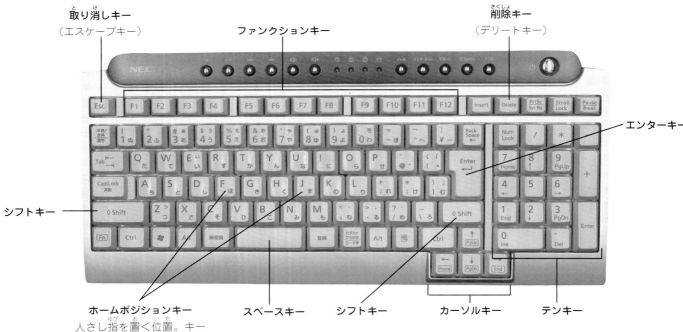

第6章 情報・通信、スポーツ・伝統芸能

こんなところに こんな記号

コードの先を見てみよう

パソコンは、多くのコードでさまざまな機器に接続されています。機器のどこにどのコードをつないだらよいかわかるように、コードと機器の差しこみ口に同じ記号がつけられているものがあります。

↑USBの差しこみ口と記号

↑マックのアイコンの例

🔵 文字の大きさと書体 ……102ページ
🔵 単位記号 ……194ページ

情報・通信

情報・通信

時や年月をしめす記号

1日は24時間、1年は12か月で365日というように、太陽の動きをもとにした時間や月日の数えかたになったのは明治時代からです。江戸時代までは、月の満ち欠けで1か月を決め、日の出や日の入りを基準にして1日を12等分して時刻を決めていました。町中では鐘の数で、時刻がつげられていました。また、絵や符号でえがかれた「こよみ」もありました。

江戸時代の時報

江戸時代では、夜明けから日没までを6等分して、それを「一時」（現在の約2時間）としていました。そのため、季節によって、また夜と昼によって「一時」の長さがちがっていました。当時は、お寺などが「九つ」から「四つ」まで、打つ鐘の数で、時刻を知らせていました。

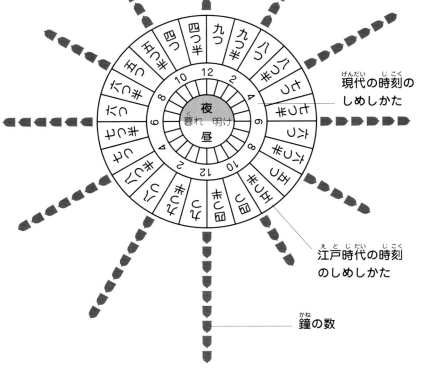

― 現代の時刻のしめしかた
― 江戸時代の時刻のしめしかた
― 鐘の数

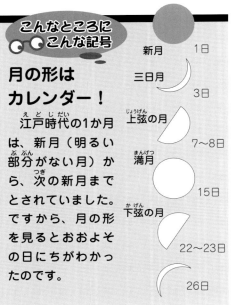

こんなところにこんな記号

月の形はカレンダー！

江戸時代の1か月は、新月（明るい部分がない月）から、次の新月までとされていました。ですから、月の形を見るとおおよその日にちがわかったのです。

- 新月　　　1日
- 三日月　　3日
- 上弦の月　7〜8日
- 満月　　　15日
- 下弦の月　22〜23日
- 　　　　　26日

絵文字でえがかれたこよみ

むかしは、文字が読めない人がたくさんいました。そのため、絵文字をつかったこよみが作られていました。左の図は、南部地方（今の岩手県と青森県の一部）でつかわれていた「絵ごよみ」の一部です。

第6章　情報・通信、スポーツ・伝統芸能

十二支（えと）

むかしは年や日、方位のよび名でしたが、のちに、年のよび名となり、その名が動物と結びついて、その年の守り神とされるようになりました。また、時刻のよび名としてもつかわれました。

十二支	読み	動物
子	ね	鼠
丑	うし	牛
寅	とら	虎
卯	う	兎
辰	たつ	竜
巳	み	蛇
午	うま	馬
未	ひつじ	羊
申	さる	猿
酉	とり	鶏
戌	いぬ	犬
亥	い	猪

- 国際機関……125ページ
- 絵文字のお経？……172ページ
- 数のあらわしかた……192ページ

国連の国際年

国際社会が1年間取り組むテーマです。国際連合（国連）が各国と協議して決めています。

スポーツと体育の国際年

世界物理年

国際コメ年

国際山岳年

ボランティア国際年

国際高齢者年

2006年	砂漠と砂漠化に関する国際年
2005年	世界物理年
2005年	スポーツと体育の国際年
2005年	国際マイクロクレジット年
2004年	奴隷制との闘争とその廃止を記念する国際年
2004年	国際コメ年
2003年	キルギス国家年
2003年	国際淡水年
2002年	国際エコツーリズム年
2002年	国際山岳年
2002年	国連文化遺産年
2001年	人種主義、人種差別、排外主義、不寛容に反対する動員の国際年
2001年	国連文明間の対話年
2001年	ボランティア国際年
2000年	国際感謝年
2000年	平和の文化のための国際年
1999年	国際高齢者年
1998年	国際海洋年
1996年	貧困撲滅のための国際年
1995年	第二次世界大戦の犠牲を記念する世界年
1995年	国連寛容年
1994年	国際スポーツ年
1994年	国際家族年
1993年	世界の先住民の国際年
1992年	国際宇宙年
1990年	国際識字年
1987年	家のない人々のための国際居住年
1986年	国際平和年
1985年	国連年
1985年	国際青少年年
1983年	世界コミュニケーション年
1982年	南アフリカ制裁国際年
1981年	国際障害者年
1979年	国際児童年
1978/79年	国際反アパルトヘイト年
1975年	国際婦人年
1974年	世界人口年
1971年	人種差別と闘う国際年
1970年	国際教育年
1968年	国際人権年
1967年	国際観光年
1965年	国際協力年
1961年	国際保健医療研究年
1959/60年	国際難民年

情報・通信

身ぶりによる伝達

わたしたちは、口で話すことばだけでなく、手指や体もつかって会話をします。あいさつをするときにおじぎをしたり、「うんうん」とうなずいたり、首を横にふったりします。このように、体や上半身をつかって、ある意味をあらわす記号をジェスチャーやボディランゲージ（身ぶりことば）といいます。世界中でつかわれますが、国ごとに、その意味もことなります。

🔼ピースサイン
指でアルファベットの「V」を作るピース（平和）のサイン。これは日本だけの習慣のようです。ほんとうの意味は「勝利」（Victory）のVサインです。

なるほど情報ファイル

じゃんけん

中国から伝わり、グー・チョキ・パーの日本独自の形に変化しました。ほかにも、いろいろなじゃんけんがあります。

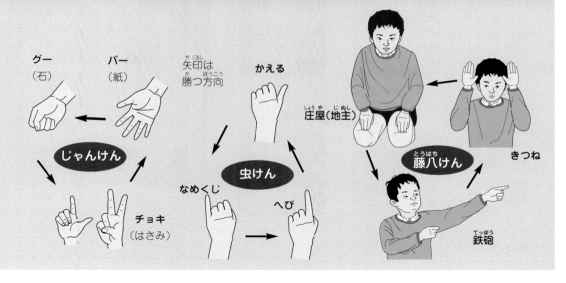

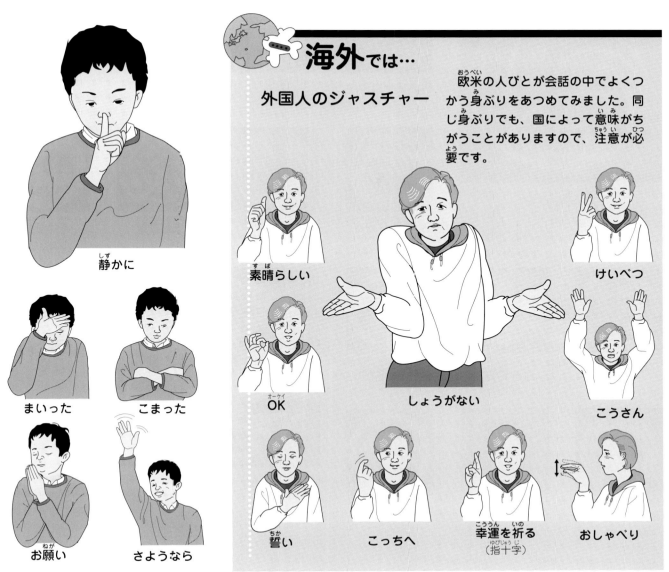

海外では…

外国人のジェスチャー

欧米の人びとが会話の中でよくつかう身ぶりをあつめてみました。同じ身ぶりでも、国によって意味がちがうことがありますので、注意が必要です。

情報・通信

情報・通信

手旗信号

電話がなかった時代に考えだされた、声の届かない距離で通信をおこなう方法のひとつです。両手に2本の小旗をもって、その位置や角度で作る旗の形の意味を決めて、連絡を取り合いました。陸の上でもつかわれますが、おもに船と船との連絡につかわれてきました。和文信号（日本語の手旗信号）は右手に赤、左手に白い旗をもっておこないます。

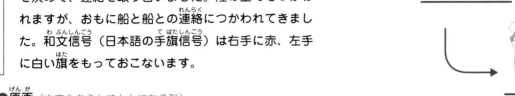

なんといっているのでしょうか？
（答えは……173ページ）

●原画（文字をあらわすもとになる形）

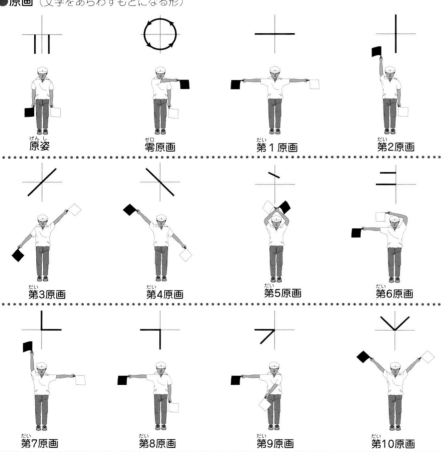

●和文の形

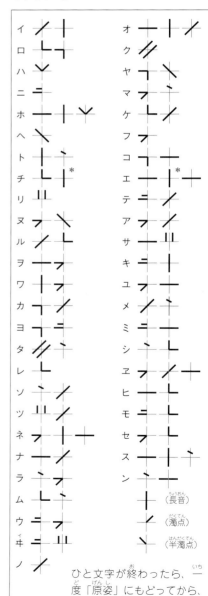

ひと文字が終わったら、一度「原姿」にもどってから、次の文字に移ります。

＊白旗を上にする。

情報・通信

モールス信号

「・」（短点）の「トン」と「ー」（長点）の「ツー」を組み合わせてつかう符号です。1837年にアメリカのサムエル・モールスが発明しました。電線に電気を流したり切ったりして、電磁石を利用した受信装置で通信したのが最初です。無線が発明されると、無線通信にも利用されました。かたかなに置き換える日本符号と、アルファベットに置き換える国際符号があります。

モールス信号規則

モールス信号を打つときの、点や間の間かくは、次のように決められています。

- ●長い点は、短い点の長さの3倍
- ●1字中の符号の間かくは1点分
- ●文字と文字との間は3点分
- ●語と語の間は、7点分

●日本符号

イ	・ー	ウィ	・・ー	スン	・・・ー・・・
ロ	・ー・ー	キ	ー・ー・・	ン	・ー・ー・
ハ	ー・・・	ノ	・・ーー	濁点	・・
ニ	ー・ー・	オ	・ー・・・	半濁点	・・ーー・
ホ	ー・・ー・	ク	・・・ー		
ヘ	・	ヤ	・ーー	長音	・ーーー・
ト	・・ー・・	マ	ー・・ー	区切り点	ー・・・ー・
チ	・・ー・	ケ	ー・ーー	段落	ー・ー・ー・・
リ	ーー・	フ	ーー・・	括弧（開く）	ー・ーー・ー
ヌ	・・・・	コ	ーーーー	括弧（閉じる）	ー・ーー・ー
ル	ー・ーーー	エ	ー・ーーー	終信	・・・ー・
ヲ	・ーーー	テ	・ーーー・	
ワ	ー・ー	ア	ーー・ー	●数字符号
カ	・ー・・	サ	ー・ー・ー	1	・ーーーー
ヨ	ーー	キ	ー・ー・・	2	・・ーーー
タ	ー・	ユ	ー・・ーー	3	・・・ーー
レ	ーーー	メ	ー・・・ー	4	・・・・ー
ソ	ーーー・	ミ	・・ー・・	5	・・・・・
ツ	・ーー・	シ	ーー・ー・	6	ー・・・・
ネ	ーー・ー	ヱ	・ー・ーー	7	ーー・・・
ナ	・ー・	ヒ	ーー・・ー	8	ーーー・・
ラ	・・・	モ	ー・・ー・	9	ーーーー・
ム	ー	セ	・ーーー・	0	ーーーーー

🌏 船の信号旗……76ページ

こんなところにこんな記号

速記記号

人が話すことばを記録するために、どんなスピードでも書き取れるようにくふうされた記号です。

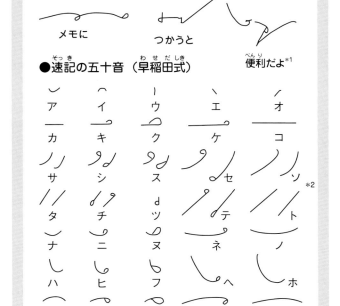

*1 「ン」は、前の文字の最後を右上方にはじく、または、すっと抜く。
*2 サ行とタ行（「ツ」を除く）は、2種類ずつあり、濁音は清音で代用してもよい。

なるほど情報ファイル

SOSは救助をもとめる信号

「SOS」は、国際的に決められた救助信号ですが、なぜSOSなのかには諸説あります。連続して打ちやすい符号だったから、というのが有力なようです。

情報・通信

絵ことば

絵や図形的な記号をつかい、さまざまな情報を伝える連絡方法。文字が読めなくても意味がわかるように作られたもので、文字も絵文字から進化して、字形を作ってきたともいえます。現在は、「公共サイン」をはじめ、だれでもわかる絵ことばがたくさんあります。

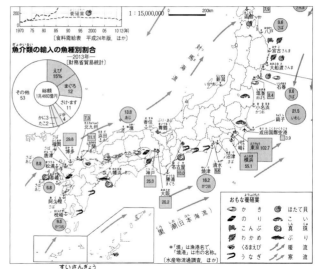

●日本の水産業　（Ⓒ帝国書院『新編 中学校社会科地図』）

アイソタイプ

文字とくらべると、だれにでもすぐに理解できる絵の長所を、うまく利用した表現のことです。グラフなどによくつかわれています。

●ウィーン市の出生・死亡グラフ

「文字がなくてもよくわかるわ！」

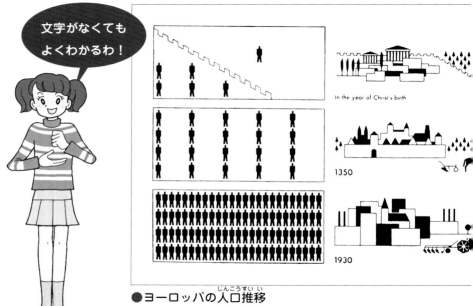

●ヨーロッパの人口推移

第6章　情報・通信、スポーツ・伝統芸能

こんなところにこんな記号

絵文字のお経？

江戸時代には、文字が読めない人のために、絵文字をつかったお経がありました。右の図は、南部地方（今の岩手県と青森県の一部）で作られた「般若心経」というお経の一部を、書き写したものです。読みかたも書いてありますので、漢字で書かれたお経と見くらべてみましょう。

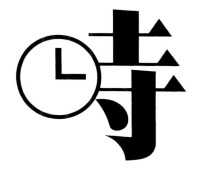

外国の人にも読める！漢字？

形で意味がわかるようにデザインした漢字です。
（上5点　高原新一、下6点　伊藤勝一）

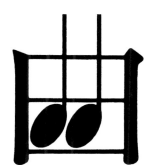

情報・通信

○ 漢字の成り立ち……186ページ　　　　　　　　　　［170ページの答え］……「サクラ」

ロコス[*1]
この本の監修をしている、太田先生が作った絵文字です。簡単な形のことばを組み合わせて、文が作れます。世界中の人がつかえる絵文字をめざしています。

行きます

美しい入道雲

高い山

長い腕

大きい家

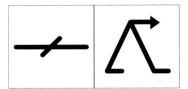
行きません

行きました

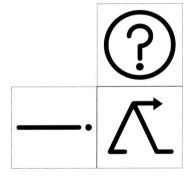
いつ行くのですか

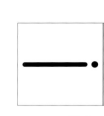

行くでしょう

わたし・自分	あなた	人　漁師	パイロット	郵便屋さん	太陽・日	今日　いつ	地球

希望	もの	何	どこ	手紙	魚	家・住む	店	魚屋	本屋	

光	発見する	手	腕	持つ	握る	あげる・与える	もらう・得る　足　歩く

第6章　情報・通信、スポーツ・伝統芸能

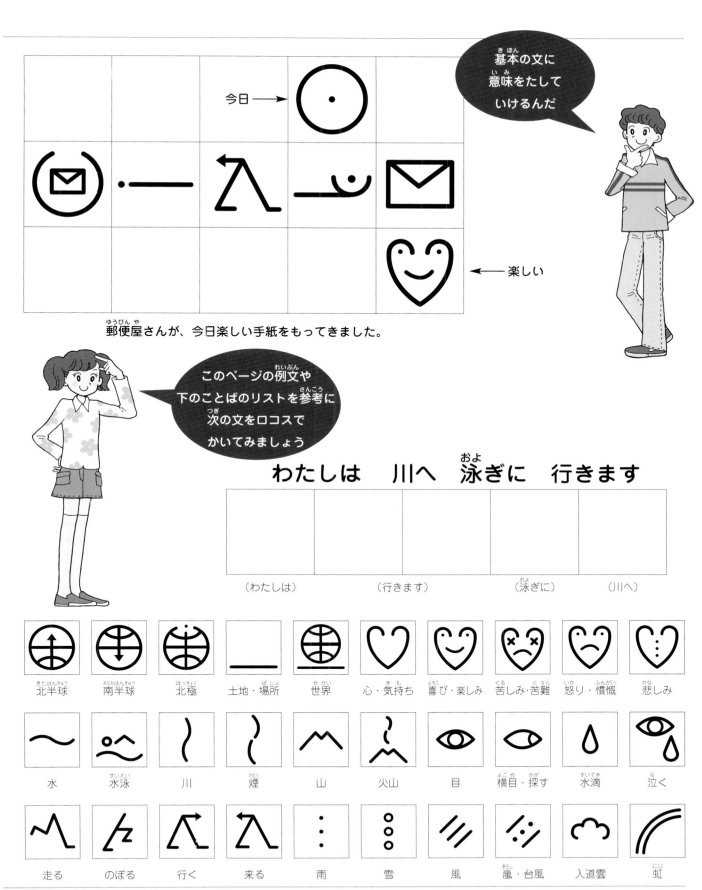

スポーツ・伝統芸能

競技種目の記号

オリンピックや国体（国民体育大会）などのスポーツの大きな大会では、ひと目で競技種目がわかるように図記号（ピクトグラム）がつかわれています。スポーツの競技会で図記号が積極的につかわれるようになったのは、1964年に開催された東京オリンピックでの成功がきっかけでした。ここでは、国体と札幌冬季オリンピックなどの競技種目の図記号を紹介します。（国体は2024年から国スポ（国民スポーツ大会）に名称が変わりました。）

陸上競技★

山岳★

自転車★

ボクシング★

柔道★

水泳★

体操★

セーリング★

馬術★

レスリング★

相撲★

ウェイトリフティング★

カヌー★

ボート★

空手道★

フェンシング★

ライフル射撃★

クレー射撃★

剣道★

銃剣道★

なぎなた★

弓道★

承認番号　日本スポーツ協会18-A-163
（公財）日本スポーツ協会の標章は、加盟団体及び地方公共団体等のスポーツ振興事業の際に使用することができます。ただし、商業活動に関しては、別に定める手続きにより有償使用の基準が設けられています。いずれも、本会の承諾無くしては使用することができません。
（https://www.japan-sports.or.jp）

＊★をつけたものが国体で使用される図記号です。

メキシコオリンピック

1968年
メキシコの
メキシコ市

 陸上
 重量挙げ
 バスケット
 体操

ボクシング
水泳
 レスリング

自転車
ヨット
射撃
バレーボール
ホッケー

ミュンヘンオリンピック

1972年
ドイツの
ミュンヘン市

 バスケット

 陸上
 重量挙げ
 体操

 ボクシング
 馬術
 射撃

 自転車
 フェンシング
 サッカー

スポーツ・伝統芸能

ポジションをしめす記号

スポーツ競技のうち複数の人数でおこなわれる競技には、それぞれの役割をしめす守備位置・攻撃位置（ポジション）が決められ、ふつう2文字のアルファベットの記号でしめされます（略字または略号といいます）。もともとの英文の頭文字をつかうことが多いようです。

サッカー

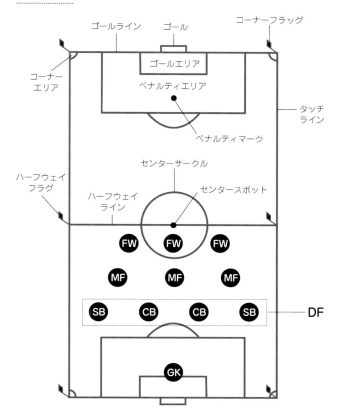

FW ………… フォワード
MF ………… ミッドフィールダー
DF ………… ディフェンダー
CB ………… センターバック
SB ………… サイドバック
GK ………… ゴールキーパー

サッカーのポジションは、選手の配置のしかたやその役割によって変わります。

野球

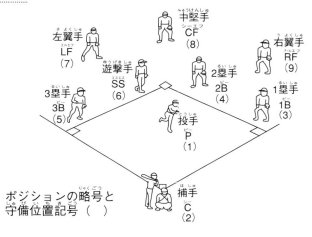

ポジションの略号と守備位置記号（ ）

海外では…

障害者スポーツの競技シンボル

障害者のスポーツ競技大会のために作られた、各種競技のシンボルマークです。

スポーツ・伝統芸能

審判のサイン

　スポーツ競技では、ルールにしたがって公正におこなわれるように、試合や競技では必ず審判がつきます。審判は、競技者全員と、観戦する人びとにもわかるように、声や笛とともに手ぶり身ぶり（ジェスチャー）のサイン（合図）で判定の内容を伝えます。そのサインは、審判が変わっても、同じ動作でおこなうように、ルールが決められています。

❶野球の審判のジェスチャー

野球では、一球一球、審判の判定でゲームが進行します。遠くの外野手からもよく見えるように、大きなジェスチャーが必要です。

野球：プレー／タイム／ストライク／ボールカウント／セーフ

サッカー：プレーオン／間接フリーキック／ゴールキック／コーナーキック／直接フリーキック

バレーボール：ポイントおよびサイドアウト／アウト・オブ・バウンズ／ワンタッチ／ホールディング／オーバータイムス

柔道：一本／技あり／有効／指導／抑え込み

第6章　情報・通信、スポーツ・伝統芸能

スポーツ・伝統芸能
スコアの記号

スポーツ競技や将棋などの対局戦では、後日の参考のために記録がとられます。現在はビデオや写真でも記録を残すことができますが、正式な記録は、記号や数字をもちいたスコア（記録）です。スコアは文字・数字以外に線や○や△、□などがもちいられます。ボウリングのスコアは、略号以外に▶◀や◢がつかわれます。

➡ボウリング場
自動的にスコアを計算して表示してくれるところが多くなっています。

ボウリング

記入例

フレーム（名前）	スペア ①	ミス ②	ストライク ③	ストライク ④	スプリット ⑤	ガーター ⑥	ストライク ⑦	ファウル ⑧	スペア ⑨	ストライク ⑩
	8 ◣	7 −	◨	◨	⑥ 2	G 9	◨	F 7 8	7 ◣	◨ 7 2
	17	24	50	68	76	85	102	109	129	148

計算法: 10+7 17+7 24+26 50+18 68+8 76+9 85+17 102+7 109+20 129+19

◨ ストライク
◣ スペア
− ミス   G ガーター
○ スプリット F ファウル

投球ごとに倒したピンの数を記録します。倒したピンの数を数字で記入するほか、ストライクやスペア、ガーターなどでは、独特の記号やアルファベットをつかいます。それをもとに得点を計算して記入します。また、倒したピンの位置（ピン番号）を記録するスコアもあります。

野球

● ボール   B フォアボール
× ストライク   IB 敬遠
⛝ 空ぶり   DB デッドボール
⚹ 空ぶり（バント） K 三振
△ ファウル   KW 三振ふりにげ
▲ ファウル（バント） ◆K スリーバント失敗

スコアには、いろいろなタイプのものがありますが、ここではその一例をしめします。
左上は、**ボール→ストライク→ファウル→ボール→空ぶりで三振、1アウト**という意味です。まん中の「Ｉ」がアウト数です。
左下は、**ボール→ファウル→空ぶりで、2ストライク1ボールのあとに、8（センター）と9（ライト）の間を飛び越えた三塁打**を打ったスコアです。

アウト

警告・退場

ゲームセット

抑え込み解けた

*175ページの「ロコス」の例題の正解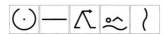

スポーツ・伝統芸能
チームをしめす記号

団体スポーツ競技の選手は、同じデザインのユニホームを着て、衣服や帽子に所属するチームのシンボルマークをつけています。これはチームの一員としての意識を高めるばかりでなく、ゲーム中に敵と味方をはっきりと区別する役割があります。ユニホームやマークは、スポーツのチームだけでなく、学校や会社などでももちいられています。

ボートのオールにチームのマーク
先端にチームのマークなどをえがいたオールのかざり。このボート競技場で練習するチームが勢ぞろいしています。

野球チーム
チームの頭文字をとった、アルファベットをデザインしたマークがほとんどです。

ニューヨークヤンキース

読売ジャイアンツ

阪神タイガース

広島東洋カープ

中日ドラゴンズ

千葉ロッテマリーンズ

北海道日本ハムファイターズ

早稲田大学

東京大学

サッカー・Jリーグ
ヨーロッパにならって、盾形の西洋の紋章に似せたものが多いようです。

鹿島アントラーズ

モンテディオ山形

大宮アルディージャ

柏レイソル

湘南ベルマーレ

ジュビロ磐田

セレッソ大阪

サンフレッチェ広島

大分トリニータ

Jリーグ公式ホームページ　https://www.jleague.jp/

スポーツ・伝統芸能

身ぶり

落語や歌舞伎、能・狂言などでは、ことばとともに、身ぶり・手ぶり（ジェスチャー）が大切なコミュニケーション（情報伝達）の方法としてつかわれます。歌舞伎などでは、衣装や化粧、舞台装置、小道具もメッセージを伝える手段になりますが、落語のように、ことばとジェスチャー、わずかな小道具（扇子や手ぬぐい）だけですべてを表現するものもあります。

落語

はなしの最後に「落ち」（下げ）をつけることから「落語」とよばれるようになった日本の伝統の話芸です。落語家は和服を着て高座にすわり、扇子と手ぬぐいだけで、身ぶり・手ぶりをまじえ、おもしろおかしく聞かせてくれます。

そばを食う

ゆうれい

考える　　きつね　　手紙を読む

タバコをすう　　つえをつく　　酒を飲む

こんなところにこんな記号

歌舞伎のくまどり

歌舞伎役者が役柄をしめすためにする化粧です。善人や悪人、超人的な能力などの役柄を強調するために、青、赤、黒などの絵の具でえがきます。

筋隈
荒事（荒あらしく豪快な歌舞伎）の代表的なくまどりです。

公家悪の隈
悪い権力者のくまどりです。

猿隈
さるの役柄のくまどりです。

バレエ（マイム）

白鳥　　踊る

フラダンス

星（指を交差する）
波（両手で波のうねりをあらわす）

スポーツ・伝統芸能

第7章 学習

第7章では、小・中学校の授業で習う記号のうち、国語・算数・理科・社会などの各教科と関連が深いと思われる記号を、発展的なものも一部ふくめて紹介します。

国語　算数・数学　理科　図工・美術　社会　保健体育　音楽　技術・家庭　英語

国語

- 音読記号 …………………………… 184ページ
- かな文字の成り立ち ……………… 185ページ
- 漢字の成り立ち …………………… 186ページ
- 漢字の部首 ………………………… 187ページ
- ローマ字 …………………………… 188ページ
- 校正記号 …………………………… 189ページ
- 花押 ………………………………… 189ページ
- 世界のいろいろな文字 …………… 190ページ
- 数のあらわしかた ………………… 192ページ
- ◐ 本についている記号 …………… 100ページ
- ◐ 文字の大きさと書体 …………… 102ページ
- ◐ 点字 ……………………………… 120ページ
- ◐ 手話 ……………………………… 122ページ
- ◐ 身ぶりによる伝達 ……………… 168ページ
- ◐ 外国の人にも読める！漢字？ … 173ページ
- ◐ 学校用の絵文字をデザインしてみよう！… 224ページ

音読記号

声を出して文を読むときにつかわれる記号で、強く読むところや弱く読むところ、感情をこめたり間をもたせるところなどをあらわしたりします。また、ひとつひとつのことばの強弱や調子などをあらわしたいときにも、音読記号がつかわれることがあります。音読記号の形やつかいかたはとくに決まっていないので、自分でくふうしてつかってみましょう。

「絵の具はもう返しましたか」と小さな声でおっしゃいました。＜僕は返したことをしっかり先生に知ってもらいたいので深とうなずいて見せました。≪「あなたは自分のしたことをいやなことだったと思っていますか」もう一度そう先生が静かにおっしゃった時には≪つらそうに僕はもうたまりませんでした。≪

「一房の葡萄」有島武郎

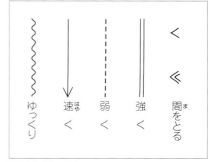

●音読記号の例

音読記号には決まりがなく、上にしめした記号は一例です。強く読むところなどをさらに細かく分けて、記号の数をふやしてもかまいません。

なるほど情報ファイル

文章の構成図

ものごとを伝える文章の構成を図にあらわしたものも、記号のひとつです。

●三段構成法（論文などの書きかた）

序論は何を書いた文章なのかはっきりさせる部分。そのくわしい内容を本論でしめし、結論でまとめます。

●四段構成法（小説などの書きかた）

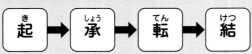

起は話の紹介部分。話は承でふくらみます。そして、話が一変する転でヤマを迎え、最後の結で話が終わります。

かな文字の成り立ち

かな文字は平安時代の初期に、漢字から作られた日本固有の文字です。ひらがなとかたかながあり、いずれも、ひとつの文字がひとつの音をあらわす表音文字であることが特徴です。かな文字ができるまで、日本人はおもに、漢字の音を日本のことばにあてはめて、記録してきました。このときにつかわれた漢字は「万葉仮名」とよばれています。

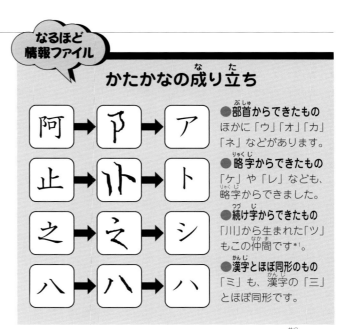

なるほど情報ファイル

かたかなの成り立ち

- ●部首からできたもの
  ほかに「ウ」「オ」「カ」「ネ」などがあります。
- ●略字からできたもの
  「ケ」や「レ」なども、略字からできました。
- ●続け字からできたもの
  「川」から生まれた「ツ」もこの仲間です*1。
- ●漢字とほぼ同形のもの
  「ミ」も、漢字の「三」とほぼ同形です。

*1 「州」から生まれたという説もある。

●ひらがなの成り立ち

安→あ→あ	以→以→い	宇→う→う	衣→え→え	於→お→お
加→か→か	幾→き→き	久→く→く	計→け→け	己→こ→こ
左→さ→さ	之→し→し	寸→す→す	世→せ→せ	曽→そ→そ
太→た→た	知→ち→ち	川→つ→つ	天→て→て	止→と→と
奈→な→な	仁→に→に	奴→ぬ→ぬ	祢→ね→ね	乃→の→の
波→は→は	比→ひ→ひ	不→ふ→ふ	部→へ→へ	保→ほ→ほ
末→ま→ま	美→み→み	武→む→む	女→め→め	毛→も→も
也→や→や		由→ゆ→ゆ		与→よ→よ
良→ら→ら	利→り→り	留→る→る	礼→れ→れ	呂→ろ→ろ
和→わ→わ	遠→を→を	无→ん→ん		

ひらがなは、万葉仮名のくずし文字（草書体）から生まれました。今、わたしたちがつかっているひらがなの形のおおもとは、12世紀前半にはでき上がっていたといいます。かなでつづった「いろは歌」は、47個の古いひらがなで書かれています。

国語

漢字の成り立ち

今、わたしたちがつかっている漢字のほとんどは、3500年以上前に中国で作られました。おそくとも4世紀半ばごろには、朝鮮半島を経由して日本にも伝わったと考えられています。簡単なものから複雑なものまで、漢字にはいろいろありますが、その成り立ちは、象形文字、指事文字、会意文字、形声文字の4つに分類することができます。

日本で作られた漢字（国字）

笹　　　　働
ささ　　　はたら・く
（竹＋世）　（人＋動）
世は葉の省略体　「人が動く」から
といわれます。　はたらくの意に。

中国伝来の漢字をもとに、日本で新しくつくられた漢字を国字といいます。「笹」や「働」のほか、「辻」「峠」「凧」「畑」「躾」「凪」などがあります。国字は日本でしか通用しない漢字です。

●象形文字

ものの形や、ものの特徴をまねて作られた漢字です。

雲から雨の粒が降ってくるようすをえがいています。

いきおいよくもえている炎の形から作られた文字です。

●指事文字

形にあらわせないことがらを、線や点などの記号でしめした漢字です。

「木」に線を1本加えて、木の根元をあらわしています。

1本線の下に「●」の印をつけ、「した」をあらわしています。

●会意文字

漢字を2つ以上組み合わせて、新しい意味をもたせた漢字です。

屋根をしめす「宀」の中に女の人がいて、「やすらか」という意味になります。

「山」と「石」の字をあわせて、山の大きな石＝いわをあらわしています。

●形声文字

意味をあらわす部分と、音をあらわす部分を組み合わせて作られた漢字です。

くさが並んで生えているようすをしめした文字。「早」が音をあらわします。

「水」と「青」で「きれいに澄んだ水」の意味。「青」が音をあらわします。

両手を広げて立っている人のすがたが、「大」の字のもとになりました。

なるほど情報ファイル　動物の漢字

「馬」や「鳥」のように、動物をあらわす漢字には、それぞれの形をまねた象形文字が数多くあります。

漢字の部首

部首は、「さんずい」や「きへん」など、漢字を作っている要素から、多くの字に共通する部分を拾いだしたもので、漢字を分類するときにつかいます。置かれている位置によって、「偏」「旁」「冠」「脚」「垂」「繞」「構」の7つに大きく分けることができます。漢和辞典には必ず部首索引がありますが、分類のしかたやよびかたは、本によってちがうこともあります。

漢字の読みの例

白

● 音読み
中国から伝えられた音の読みかた。呉音、漢音、唐音などがあります。
ハク（漢音）／白衣（はくい）、明白（めいはく）
ビャク（呉音）／白虎（びゃっこ）、白夜（びゃくや）

● 訓読み
漢字に日本語をあてた読みかた。日本独自の読みかたです。
しろ／白い（しろい）、白黒（しろくろ）
しら／白髪（しらが）、白雲（しらくも）

偏【漢字の左側】

氵	【さんずい】	池・波
木	【きへん】	板・柱
言	【ごんべん】	話

旁【漢字の右側】

刂	【りっとう】	列・利
攵	【ぼくづくり・ぼくにょう】	放・救
阝	【おおざと】	都・部

冠【漢字の上部】

艹	【くさかんむり】	花・葉
竹	【たけかんむり】	筆・箱
宀	【うかんむり】	家・宝

脚【漢字の下部】

灬	【れっか・れんが】	熱・燃
心	【したごころ】	思・感
儿	【ひとあし】	先・元

垂【上→左下】

厂	【がんだれ】	原・厚
广	【まだれ】	店・庫
疒	【やまいだれ】	病
尸	【しかばね】	局

繞【左→右下】

辶	【しんにゅう・しんにょう】	進・運
走	【そうにょう】	起
廴	【えんにょう】	建

構【漢字をかこむもの】

冂	【どうがまえ】	内・冊
門	【もんがまえ】	間・開
囗	【くにがまえ】	国・囲
匚	【はこがまえ】	匠・匣

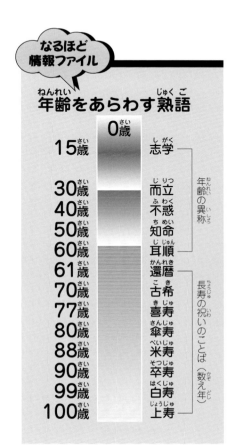

なるほど情報ファイル

年齢をあらわす熟語

0歳
15歳 — 志学 ┐
30歳 — 而立 │
40歳 — 不惑 │ 年齢の異称
50歳 — 知命 │
60歳 — 耳順 ┘
61歳 — 還暦 ┐
70歳 — 古希 │
77歳 — 喜寿 │
80歳 — 傘寿 │ 長寿の祝いのことば（数え年）
88歳 — 米寿 │
90歳 — 卒寿 │
99歳 — 白寿 │
100歳 — 上寿 ┘

国語

ローマ字

ローマ字は、ヨーロッパから世界中に広まった、音をあらわす表音文字です。日本には16世紀後半に、ポルトガルのキリスト教宣教師によって伝えられました。ローマ字による日本語の50音のあらわしかたには、一定の決まりがあります。欧米諸国を目標にした明治時代には、ローマ字だけですべての日本語を表記しようという運動がおこったこともありました。

ローマ字の書きかたの基本

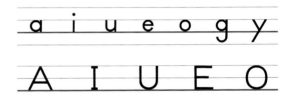

ローマ字を書くときは、横に線が4本入ったノートなどで練習するとよいでしょう。上から3つ目の線が基準線となります。

ローマ字の表

大文字	A	I	U	E	O			
	あ a	い i	う u	え e	お o			
K	か ka	き ki	く ku	け ke	こ ko	きゃ kya	きゅ kyu	きょ kyo
S	さ sa	し si / shi	す su	せ se	そ so	しゃ sya / sha	しゅ syu / shu	しょ syo / sho
T	た ta	ち ti / chi	つ tu / tsu	て te	と to	ちゃ tya / cha	ちゅ tyu / chu	ちょ tyo / cho
N	な na	に ni	ぬ nu	ね ne	の no	にゃ nya	にゅ nyu	にょ nyo
H	は ha	ひ hi	ふ hu / fu	へ he	ほ ho	ひゃ hya	ひゅ hyu	ひょ hyo
M	ま ma	み mi	む mu	め me	も mo	みゃ mya	みゅ myu	みょ myo
Y	や ya	(い) (i)	ゆ yu	(え) (e)	よ yo			
R	ら ra	り ri	る ru	れ re	ろ ro	りゃ rya	りゅ ryu	りょ ryo
W	わ wa	(い) (i)	(う) (u)	(え) (e)	(を) (o) ⟨wo⟩			
N	ん n							
G	が ga	ぎ gi	ぐ gu	げ ge	ご go	ぎゃ gya	ぎゅ gyu	ぎょ gyo
Z	ざ za	じ zi / ji	ず zu	ぜ ze	ぞ zo	じゃ zya / ja	じゅ zyu / ju	じょ zyo / jo
D	だ da	ぢ (zi) / (ji)	づ (zu)	で de	ど do	ぢゃ (zya) / (ja)	ぢゅ (zyu) / (ju)	ぢょ (zyo) / (jo)
B	ば ba	び bi	ぶ bu	べ be	ぼ bo	びゃ bya	びゅ byu	びょ byo
P	ぱ pa	ぴ pi	ぷ pu	ぺ pe	ぽ po	ぴゃ pya	ぴゅ pyu	ぴょ pyo

なるほど情報ファイル

ローマ字のつづりかたのちがい

日本でローマ字が普及したのは、明治時代以降のことです。

日本語のローマ字のつづりかたには、ヘボン式、日本式、訓令式の3つがあります。

ヘボン式は、アメリカ合衆国のキリスト教宣教師、J.C.ヘップバーン(ヘボン)が始めたつづりかた。「chi」「tsu」など、英語式のローマ字つづりを日本語にあてはめているのが特徴です。

これに対し、「dya」「dyu」など、日本語の50音の体系をもとにつくられたのが、物理学者の田中館愛橘が始めた日本式とよばれるつづりかたです。

そして、これらヘボン式と日本式の特徴をあわせもつものが、1937年に内閣で決められた訓令式によるつづりかたです。

その後、1954年には、内閣が「ローマ字のつづり方」を新たに公表しました。これには第1表と第2表があり、第1表には訓令式が、第2表には訓令式からもれたヘボン式と日本式のつづりかたがもりこまれています。

※ふたとおりのつづりかたをしめしてあるところは、どちらのつづりかたでもつかうことができます(上が訓令式、下がヘボン式)。

※( )の中は、表の中に2回以上でてくるものです。

※⟨ ⟩は特別な発音につかいます(日本式)。

校正記号

文字のまちがいや図の位置の移動など、印刷物のあやまりを調べて訂正することを校正といいます。校正するときは、「ゲラ」とよばれる印刷前の出力用紙に、ふつうは赤のペンで、まちがいを正すさまざまな指示を入れます。校正の指示は、正しい字をゲラに記入したり、文字を取り去ることを意味する「トル」などのような文字をつかいます。これを校正記号といいます。

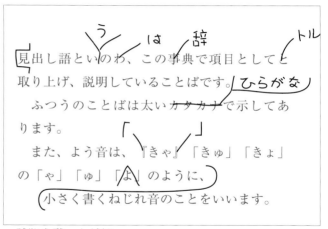

●校正記号の使用例
文字のまちがいなどを正す指示には、校正記号がつかわれます。

記号	意味	使用例
☑	文字や記号などを変え、または取り去る。	記集号 / 編集室
	書体または大きさなどを変える。	記号文 / 編集室
Y	字の間に、文字や記号などを入れる。	文記号 / 号事典
	不良の文字や記号を変える。	編集室
	上つき、下つきの文字にする。	マップ / N₂

記号	意味	使用例
	字の間や、行の間などを広げる。	記号事典編集 / 編集室
	字の間や、行の間などをつめる。	記号事典編集 / 編集
	次の行へ移す。	記号の事典編
	前の行に移す。	記号事典編集
	行を新しくおこす。	記号の事典編

記号	意味	使用例
	文字や行などを入れ替える。	典編集記号事 / 記事号
	行を続ける。	記号の事典
トル	文字や記号などを取り去り、あとをつめる。	トル 記記号事典
トルアキ	文字や記号などを取り去り、あとをあける。	トルアキ 記記号事典
イキ	訂正を取り消す。	イキ トル 記号の事典

校正記号（JISの規格）は、誤字から引き出し線を引いて紙の余白に記入したり、誤字部分に斜線を引いて、誤字がある行の頭や行末の空白部分に記入したりします。

こんなところに こんな記号

花押

花押は平安時代の中期ごろにできた、書類の発行者をしめす記号です。くずし文字（草書体）で書いた発行者の名前をさらに図案化したもので、室町時代には花押を木に彫り、印鑑と同じように書類に押すこともありました。古文書に多く見られますが、公文書などでは今でもつかわれることがあります。

藤原行成　平安時代中期の代表的な書家。
源頼朝　鎌倉幕府の初代将軍。
後鳥羽天皇　鎌倉時代初期の天皇。
後醍醐天皇　鎌倉末期・南北朝の天皇。南朝を開く。
織田信長　安土桃山時代の武将。
豊臣秀吉　安土桃山時代の武将。
徳川家康　江戸幕府の初代将軍。
原敬　明治～大正の政治家。第19代首相。

世界のいろいろな文字

英語や中国語、アラビア語やスペイン語など、世界にはさまざまなことば（言語）があります。しかし、すべての言語に文字があるわけではなく、文字がある言語は、世界中で100種類程度だといわれています。人間が文字を発明したのは、今から5000年前ごろまでさかのぼります。古代の文字は、ものの形をまねた象形文字が中心でした。

なるほど情報ファイル

甲骨文字

●「貞」の字をしめす甲骨文字の例

●甲骨文字による象形文字の例

甲骨文字は、亀の甲羅や牛の骨に刻まれた中国の古代文字で、漢字の祖先といわれています。

●かつてつかわれていた文字

古代の文字は絵のようでなんとなくわかるわね

●ヒエログリフ

紀元前3000年ごろ、ナイル川流域のエジプト文明圏でつかわれていた文字です。神、人間、動植物などをかたどった象形文字で、パピルスという草から作られた紙に書かれたり、木や粘土板などに刻まれていました。神聖文字ともよばれています。

●バビロニア楔形文字

紀元前1800年ごろ、西アジアのチグリス・ユーフラテス川流域で栄えた、古代バビロニア帝国でつかわれていました。文字が、ものを固定するときにつかうくさびの形に似ていることから、名前がつけられました。

●マヤ聖刻文字

3～16世紀にかけて、メキシコ南部を中心に、中南米で栄えたマヤ文明圏でつかわれていた文字です。マヤ文明はスペイン人の侵攻で滅亡し、文字の多くも破壊されてしまいました。しかし、現存する文字は解読が進んでいます。

●インダス文字

紀元前2500年ごろ、西南アジアのインダス川流域でつかわれていました。まだ解読されていない文字のひとつで、文字の数が約400あることや、右から左へ読むこと以外は、ほとんどわかっていません。

●モンゴル（蒙古）文字

チンギス・ハンが開いたモンゴル帝国時代に作られた文字といわれます。縦書きで、行は左から右に読みます。ロシア語と同じキリル文字が、モンゴルでつかわれるようになった1946年まで、つかわれていました。

●いろいろな文字で「こんにちは」と書いてみよう

ロシア語では…

Здравствуйте!
ズドラストヴィーチェ

ロシア語をあらわすキリル文字は、ギリシャ文字の仲間です。英語のアルファベットにあたる文字は、ぜんぶで33字あります。

ギリシャ文字は24字。英語をふくむラテン語系の文字のもとになりました。

ギリシャ語では…

Γειά σου
ヤス

3億4000万人をこえる英語人口以上に、アルファベットは世界中でつかわれています。

英語では…

Hello.
ハロー

「ハングル」とよばれる韓国文字は、発音のしかたを図案化した表音文字です。

韓国語では…

안녕하세요?
アンニョンハセヨ

アラビア語では…

اَلسَّلَامُ عَلَيْكُمْ.
アッサラームアライクム

子音と、母音をしめす発音記号で書かれるアラビア語は、右から左に読みます。

約13億人の人口をかかえる中国では、もとの漢字を略した簡体字が、正式な漢字としてつかわれています。

スペイン語では、文の頭にも、感嘆符や疑問符をさかさまにして入れます。

スペイン語では…

¡Buenos días!
ブエノスディアス

タイ文字は、子音と、母音の発音記号であらわすのはアラビア語と同じですが、左から右に読みます。

中国語では…

你好!
ニーハオ

タイ語では…

สวัสดีครับ
（男性がいうとき）
サワッディークラップ

สวัสดีค่ะ
（女性がいうとき）
サワッディーカ

アメリカ先住民の絵文字

 友だち　 結婚する　✕ 取り引き　 お金、貝

かつてインディアンとよばれたアメリカの先住民は、現在の図記号にも通じるたいへんわかりやすい、すぐれた絵文字を大切に守ってきました。

国語

数のあらわしかた

数をあらわすとき、現在では算用数字が世界的に広くつかわれています。インドで生まれた算用数字は、中東を経由してヨーロッパに渡ったため、インドや中東以外の地域では「アラビア数字」とよぶこともあります。算用数字は、時代によって形を変化させて、今日のものとなりました。また、漢字やローマ字などにも、数をあらわす固有の文字があります。

なるほど情報ファイル

数字の変遷

- 紀元前4世紀ごろのインドの数字

- 9世紀ごろのインド数字

- 16世紀ごろのヨーロッパの数字

紀元前4世紀ごろのインドの数字には「0」がありません。その後、9世紀ごろのインドの数字で「0」があらわれました。数字はインドからアラビアへ、アラビアからヨーロッパへと伝わり、16世紀ごろのヨーロッパでほぼ現在の算用数字と同じ形の数字がつかわれるようになったといわれています。

数字

	1	2	3	4	5	6	7	8	9	10	
算用数字	1	2	3	4	5	6	7	8	9	10	
漢数字	一	二	三	四	五	六	七	八	九	十	十進法で、数と位それぞれにことなる漢字をあてて、数をあらわしています。
ローマ数字	Ⅰ	Ⅱ	Ⅲ	Ⅳ	Ⅴ	Ⅵ	Ⅶ	Ⅷ	Ⅸ	Ⅹ	五進法と十進法の両方の考えかたを取り入れて数をあらわしています。
古代ギリシャの数字(イオニア式)	α' アルファ	β' ベータ	γ' ガンマ	δ' デルタ	ε' エプシロン	ς' スティグマ	ζ' ゼータ	η' イータ	θ' シータ	ι' イオタ	一部をのぞき、ギリシャ文字を、ほぼ順番どおりに数字にあてはめています。
古代エジプトの数字	Ⅰ	‖	‖‖	‖‖‖	‖‖‖‖	‖‖‖ ‖‖‖	‖‖‖‖ ‖‖‖	‖‖‖‖ ‖‖‖‖	‖‖‖ ‖‖‖ ‖‖‖	∩	位ごとに、ちがう形をつかうのが特徴で、1の位は棒であらわしました。
バビロニアの数字	▼	▼▼	▼▼▼	▼▼▼▼	▼▼▼▼▼	▼▼▼ ▼▼▼	▼▼▼▼ ▼▼▼	▼▼▼▼ ▼▼▼▼	▼▼▼ ▼▼▼ ▼▼▼	◀	楔形文字の数と方向で、数と位どりをあらわしています。
マヤの数字	•	••	•••	••••	━━	•̄	••̄	•••̄	••••̄	═	マヤは二十進法。数字が20、400、8000になると、位が上がります。

* 十進法は、「じゅっしんほう」と読まれることもあります。

算数・数学

数学記号…………………………193ページ	用紙の大きさをしめす記号……………101ページ
単位記号…………………………194ページ	数のあらわしかた………………………192ページ
	機械などの設計図の記号………………217ページ

数学記号

算数や数学では、たし算や引き算といった計算をはじめ、図形の形をあらわしたりするときなど、さまざまな場面で記号がつかわれます。算数や数学でつかう数字や単位以外の記号は、数学記号とよばれています。その歴史は意外と浅く、たし算をあらわす「＋」や引き算をあらわす「－」のような基本的な記号でも、15世紀の終わりになってようやく誕生しました。

●図形をあらわす数学記号の例

●計算をあらわす数学記号の例　少し発展的な記号もふくめて、紹介しています。

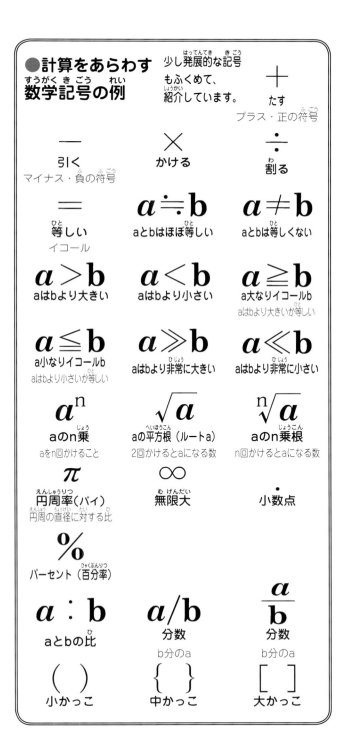

単位記号

わたしたちがよくもちいる単位系のひとつがメートル法です。これは19世紀に国際規格となった単位で、パリを経由して北極と赤道を結ぶ経線を1000万分の1にした長さを基本としています。そしてこのメートルから、面積や体積の単位系が確立していったのです。

kgの定義が変わる？

kgの基準は長らくキログラム原器の質量とされてきましたが、原器の質量はわずかな状態の変化により変わってしまいます。そこで、2011年には原器を基準とするのをやめ、不変の物理法則にもとづいてkgを再定義することが決まりました。新しい定義により、キログラム原器は約130年の役目を終えることになります。

キログラム原器（レプリカ）

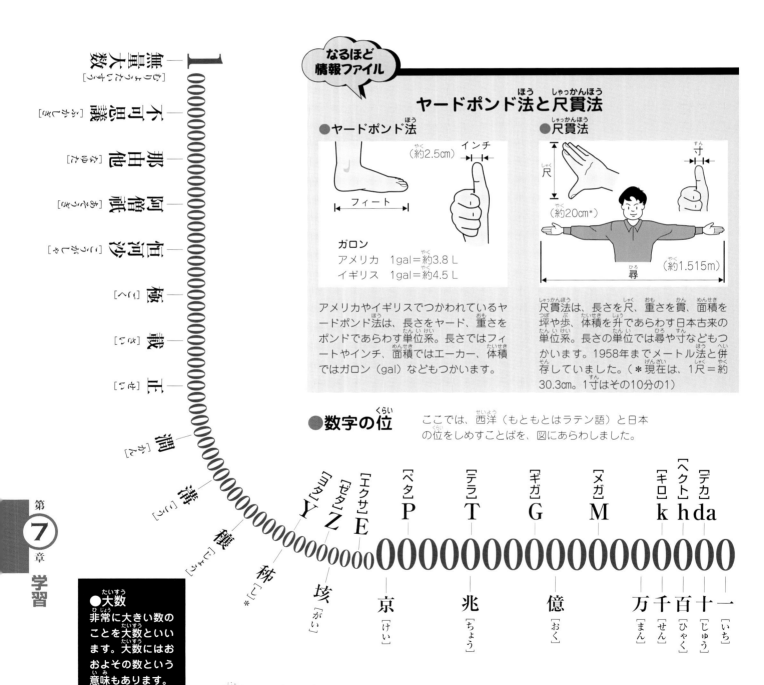

なるほど情報ファイル

ヤードポンド法と尺貫法

●ヤードポンド法

アメリカやイギリスでつかわれているヤードポンド法は、長さをヤード、重さをポンドであらわす単位系。長さではフィートやインチ、面積ではエーカー、体積ではガロン（gal）などもつかいます。

ガロン
アメリカ　1gal＝約3.8 L
イギリス　1gal＝約4.5 L

インチ（約2.5cm）
フィート

●尺貫法

尺貫法は、長さを尺、重さを貫、面積を坪や歩、体積を升であらわす日本古来の単位系。長さの単位では尋や寸などもつかいます。1958年までメートル法と併存していました。（＊現在は、1尺＝約30.3cm。1寸はその10分の1）

尺（約20cm＊）
寸
尋（約1.515m）

●数字の位　ここでは、西洋（もともとはラテン語）と日本の位をしめすことばを、図にあらわしました。

1000000000000000000000000000000000000000000000000000000000000000000000000

無量大数［むりょうたいすう］
不可思議［ふかしぎ］
那由他［なゆた］
阿僧祇［あそうぎ］
恒河沙［ごうがしゃ］
極［ごく］
載［さい］
正［せい］
澗［かん］
溝［こう］
穣［じょう］
秭［し］　＊
垓［がい］
Y［ヨタ］
Z［ゼタ］
E［エクサ］
P［ペタ］　京［けい］
T［テラ］　兆［ちょう］
G［ギガ］　億［おく］
M［メガ］
k［キロ］　万［まん］
　　　　　千［せん］
h［ヘクト］百［ひゃく］
da［デカ］　十［じゅう］
　　　　　一［いち］

●大数
非常に大きい数のことを大数といいます。大数にはおおよその数という意味もあります。

＊「𥝱」とする考えかたもあります。

●そのほかの単位

＊kcalはCalと、大文字のCをつかってkが略されることもあります。

時間	速度		仕事率・電力	電流	電圧	熱量
s 秒	m/s メートル毎秒	km/s キロメートル毎秒	W ワット	A アンペア	V ボルト	cal カロリー
min 分	m/min メートル毎分	km/min キロメートル毎分	kW キロワット			kcal キロカロリー
h 時	m/h メートル毎時	km/h キロメートル毎時				J ジュール

●メートル法の単位

基本単位

				基本単位	
長さ	ミリメートル mm (1mm＝1/1000m)	センチメートル cm (1cm＝1/100m)		メートル m	キロメートル km (1km＝1000m)
面積	平方ミリメートル mm² (1mm²＝1/1000000m²)	平方センチメートル cm² (1cm²＝1/10000m²)		平方メートル m²	平方キロメートル km² (1km²＝1000000m²)
体積	立方ミリメートル mm³ (1mm³＝1/1000000000m³)	立方センチメートル cm³ (1cm³＝1/1000000m³)		立方メートル m³	立方キロメートル km³ (1km³＝1000000000m³)
	ミリリットル mL (1mL＝1/1000L)		デシリットル dL (1dL＝1/10L)	リットル L	キロリットル kL (1kL＝1000L)
重さ・質量	ミリグラム mg (1mg＝1/1000g)			グラム g	キログラム kg (1kg＝1000g)

●西洋の単位
西洋は、キロをこえると3けたごとに上がっていく「3けた切り上げ方式」です。

●日本の単位
日本は、万をこえると4けたごとに上がっていく「4けた切り上げ方式」です。

●小数
「0.23」のように、1に満たないコンマ以下の数を小数といいます（10^{-1}は0.1です）。

＊このほか、面積には a（アール、1a＝100m²）と ha（ヘクタール、1ha＝100a）、重さには t（トン、1t＝1000kg）の単位があります。

小数点

［デシ］d ［センチ］c ［ミリ］m ［マイクロ］μ ［ナノ］n ［ピコ］p ［フェムト］f ［アト］a ［ゼプト］z ［ヨクト］y 〔西洋の単位〕

0000000000000000000000001

分［ぶ］ 厘［りん］ 毛［もう］ 糸［し］ 忽［こつ］ 微［び］ 繊［せん］ 沙［しゃ］ 塵［じん］ 埃［あい］ 渺［びょう］ 漠［ばく］ 模糊［もこ］ 逡巡［しゅんじゅん］ 須臾［しゅゆ］ 瞬息［しゅんそく］ 弾指［だんし］ 刹那［せつな］ 六徳［りっとく］＊ 虚［きょ］＊ 空［くう］ 清［せい］ 浄［じょう］ 〔日本の単位〕

＊虚(10^{-20})、空(10^{-21})、清(10^{-22})、浄(10^{-23})とする考えかたと、虚空（10^{-20})、清浄(10^{-21})とする考えかたがあります。

算数・数学

理科

生物学の記号	……196ページ	天気や震度をあらわす記号	……202ページ
原子の記号	……197ページ	地質をあらわす記号（注状図）	……202ページ
花式図	……197ページ	◗ 動物園や植物園	……26ページ
物質をあらわす記号	……198ページ	◗ 天気予報のマーク	……162ページ
化学反応式	……199ページ	◗ 数学記号	……193ページ
電気回路図の記号	……200ページ	◗ 単位記号	……194ページ
星や星座の記号	……201ページ	◗ 回路計の表示記号	……219ページ

生物学の記号

　動物や植物などをあらわすときにつかう記号で、「オス」「メス」「交配」「1年生植物」「2年生植物」などがあります。生物学の記号の中には、占星術や錬金術でつかわれた記号と同じ形のものもあります。記号のほか、最近では、ラテン語や英語などであらわした生物学用語の頭文字を、略記号としてつかうことも多くなっています。

なるほど情報ファイル

♂♀記号の由来

「オス」と「メス」をあらわすときは、スウェーデンの植物学者、カール・フォン・リンネが1753年に採用した、♂や♀の記号もよくつかわれます。リンネは、「二名法」とよばれる分類法で、動物や植物の学名を作ったことでも世界的に有名です。

*オスの記号には、火星とまったく同じ記号がつかわれることもあります。

♂ オス

火星の記号の矢印を立てたもの*。ローマ神話の「戦の神」マルスが、盾と鉾をもっているところを図案化したものです。

♀ メス

金星の記号と同じ。ローマ神話の「美と愛の女神」ビーナスがもっていた手鏡を図案化したものです。

記号	意味
＋	オス（正常）
―	メス（正常）
■	特殊な形質をもつオス
●	特殊な形質をもつメス
◇	雌雄不明体
□—○	交配（結婚）
□＝○	血族交配
✶	生
✝	死
✕	交配
⊙, ①	1年生植物
⨀, ②	2年生植物
∞	多年生植物
⊖	卵
⊕	幼生
∿	さなぎ

第7章 学習

196

原子の記号

原子とは、物質を形作る基本単位のひとつです。古代ギリシャでは、原子は、すべてのものの根源となる究極的な物質と考えられていました。原子の記号は、生物学の記号とともに、占星術や錬金術の記号と同じ系統に分類されています。現在は、アルファベットによる略記号が、国際的な統一規格になっています。

なるほど情報ファイル
原子の記号の変遷

	錬金術の記号	ベリマンの記号	ハッセンフラッツの記号	現在の記号
銀	☽（月）	（記号なし）	Ⓐ	Ag
銅	♀（金星）	♀	Ⓒ	Cu
鉄	♂（火星）	♂	Ⓕ	Fe

●金属を記号であらわした例

Li リチウム	Be ベリリウム	Na ナトリウム	Mg マグネシウム
Al アルミニウム	K カリウム	Ca カルシウム	Mn マンガン
Fe 鉄	Ni ニッケル	Cu 銅	Zn 亜鉛
Ga ガリウム	Ge ゲルマニウム	Ag 銀	Sn スズ
Ir イリジウム	Pt 白金	Au 金	Hg 水銀

●金属以外の記号の例

H 水素	He ヘリウム	B ホウ素
C 炭素	N 窒素	O 酸素
F フッ素	Ne ネオン	Si ケイ素
P リン	S 硫黄	Cl 塩素
Ar アルゴン	Br 臭素	I ヨウ素

原子は、金属と金属以外のもの（非金属）に分けることができます。

原子の記号は、金＝太陽、銀＝月のように、7つの金属を星座に対応させて、その星座の記号であらわしたのが始まりだとされています。

この記号は、中世のヨーロッパ（5〜15世紀半ば）の錬金術でも、つかわれ続けました。

そして18世紀には、スウェーデンのベリマンが新記号を考案し、続いてフランスのハッセンフラッツも、○や□などの簡単な図形と文字を組み合わせた、原子の記号を作りだしました。

そのハッセンフラッツの記号がさらに変化して現在の原子の記号となりました。

こんなところにこんな記号
花式図

がくや花べん、おしべやめしべなど、花の構造を横断面でしめした図が花式図です。がくはK、おしべはA、めしべはGのように、略号であらわすこともあります。

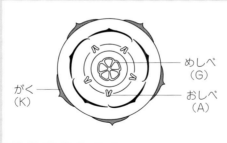

- めしべ（G）
- おしべ（A）
- がく（K）

花のしくみもこうして見るとよくわかるね

物質をあらわす記号

すべての物質はわずか100種類あまりの原子の組み合わせによってできています。また、物質は原子の記号をつかってあらわすことができ、それを化学式といいます。物質を化学式であらわすことによって、その物質がどのような原子からできているのか、はっきりわかります。

分子

いくつかの原子が結びついて、セットになったものを分子といいます。分子には同じ種類の原子が結びついているものや、いくつかの種類の原子が結びついているものがあり、この分子の種類で物質の性質はきまります。

たとえば、水は水素原子と酸素原子が結びついて水分子を作っています。

●原子が結びついている分子のモデルと化学式の例

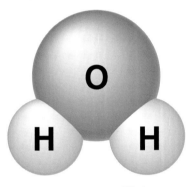

H_2O [水分子]

酸素原子1個と水素原子2個が結びついて水分子を作っています。

H_2 [水素の分子]

O_2 [酸素の分子]

NH_3 [アンモニアの分子]

N_2 [窒素の分子]

CO_2 [二酸化炭素の分子]

CH_4 [メタンの分子]

1種類の原子が結びついている分子の化学式の書きかた

[水素分子] → H—H → H_2

まとめた個数は記号の右下に書く。

①原子の記号におきかえる。　②原子の記号をまとめる。

2種類以上の原子が結びついている分子の化学式の書きかた

[水分子] → H—O—H → H_2O

1個の場合は省略する。

①水素原子と酸素原子の記号におきかえる。　②原子の記号ごとに個数をまとめる。

なるほど情報ファイル

化学反応式

物質の化学変化を化学式をつかってあらわしたものを化学反応式といいます。

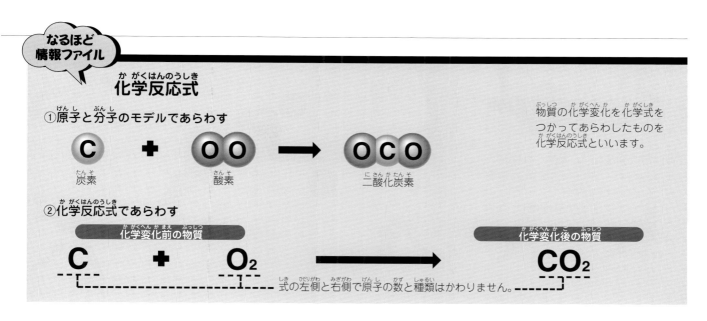

● 分子を作らず、原子が結びついている物質のモデルと化学式の例

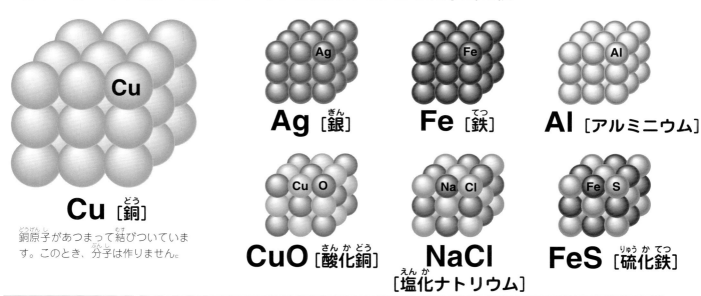

1種類の原子がたくさんあつまってできた物質の化学式の書きかた

2種類以上の原子がたくさんあつまってできた物質の化学式の書きかた

電気回路図の記号

電気の回路図でつかう記号を、電気用図記号といいます。電気用図記号は、電気製品の設計図には欠かせないもので、国際的な基準をもとに、JIS（日本工業規格）で規格が定められています。ただし、スイッチや抵抗をあらわす記号では、古い規格の電気用図記号がつかわれている場合もあり、回路図を見るときは注意が必要です。

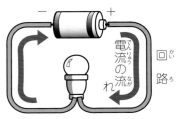

回路と電気の流れ

上の図のように、豆電球に導線をつかって電池をつなぐと、豆電球が点灯します。乾電池の＋極から－極まで流れる電気の流れを電流といい、電流の道筋を回路といいます。

● 豆電球の回路図の例

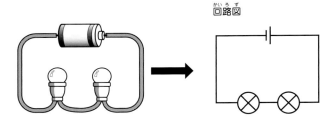

●直列の回路

電気回路で、電池のような電源や豆電球のような抵抗を、電車を連結するように1列につなげることを直列といいます。上の図は、豆電球の直列回路の例です。

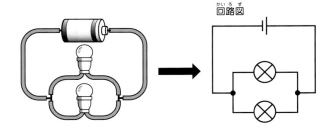

●並列の回路

電気回路で、電源や抵抗を、電流の通る道すじが分かれるようにつなげることを並列といいます。上の図は、豆電球の並列回路の例です。

● 電気回路図の記号の例

記号	意味
─┤├─	電池（電源）
─/─	スイッチ
─o o─	スイッチ（旧）
─⊗─	電球
─▭─	抵抗
─/\/\/─	抵抗（旧）
─Ⓐ─	電流計
─Ⓥ─	電圧計

記号	意味
─┼─	導線の交わり（接続していないとき）
─•─	導線の交わり（接続するとき）
─ ─ ─	直流
～	交流
─E─	押しボタンスイッチ
─▭─	ヒューズ
Ｙ	アンテナ（一般）
─◁	スピーカー（一般）

星や星座の記号

天体について研究する学問を天文学といいます。天文学は世界でもっとも古い学問のひとつで、古代文明の発祥地であるエジプト・インド・中国などで、相次いで誕生しました。占星術や錬金術、こよみ、航海術などとの結びつきも強く、中世ヨーロッパの占星術師たちが作った記号の多くが、今もそのまま天文記号としてつかわれています。

●星の記号の例

記号	意味	記号	意味
☉	太陽	♂	火星
☾	月	♃	木星
⊕	地球	♄	土星
♁	地球	♅	天王星
☿	水星	♆	海王星
♀	金星	♇	冥王星

●4月の星空の例

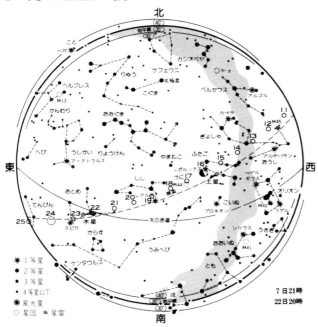

（誠文堂新光社『天文年鑑』2005年版より転載）

●星の等級

星には、1等星や2等星などの等級があります。星の等級は、星の明るさをしめすもので、等級数が少ないほど明るく、等級数が多いほど暗い星になっています。

それぞれの等級間のちがいは約2.5倍。たとえば、4等星は5等星よりも約2.5倍明るく見え、3等星は4等星よりも約2.5倍明るく見えます。

古代の人びとは、もっとも明るく見える星を1等星、やっと見える星を6等星として、6段階に分けていたといいます。現在では、1等星以上の明るさをもつ星を0や－1、－2などの負の数字をつかってあらわします。また、各等級の中間程度の明るさの星は、小数でしめしています。

上の図は、星をしめす●の大きさのちがいなどで、星の等級をあらわしています。

●星座の略号の例

国際天文連合で決められた88星座の略号から、33星座を紹介します。

記号	意味	記号	意味
And	アンドロメダ座	Gem	ふたご座
Aql	わし座	Hya	うみへび座
Aqr	みずがめ座	Leo	しし座
Ari	おひつじ座	Lib	てんびん座
Aur	ぎょしゃ座	Lyr	こと座
Boo	うしかい座	Oph	へびつかい座
Cam	きりん座	Ori	オリオン座
Cap	やぎ座	Peg	ペガスス座
Cas	カシオペヤ座	Psc	うお座
Cet	くじら座	Sco	さそり座
CMa	おおいぬ座	Ser	へび座
CMi	こいぬ座	Sgr	いて座
Cnc	かに座	Tau	おうし座
Col	はと座	UMa	おおぐま座
CrB	かんむり座	UMi	こぐま座
Cru	みなみじゅうじ座	Vir	おとめ座
Cyg	はくちょう座		

201

天気や震度をあらわす記号

日本式の天気図では、観測地点ごとに風向、風力、気圧、天気、気温をまとめてあらわすことができる天気図記号や、同じ気圧の分布をしめす等圧線のほか、数字、前線記号などがつかわれています。また、震度階級は地震のゆれの強さを10段階に分けるもので、段階ごとにゆれの状況のめやすがしめされています。

なるほど情報ファイル

地質をあらわす記号（柱状図）

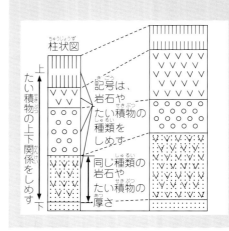

地質をあらわすときは、棒グラフのような柱状図をつかうと便利です。左の図のように、ちがう地点の柱状図を並べると、それぞれの地層を比較したり、断層の大きさなどをあらわしたりすることができます。

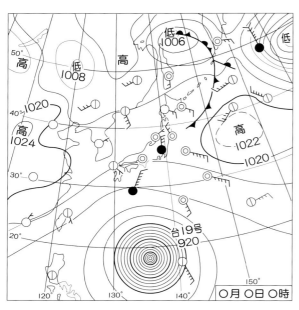

● 天気図の例（この天気図は架空のものです）

おもに夏から秋にかけて、日本には台風がやってきます。台風とは、北太平洋の南西部でできた熱帯低気圧のうち、最大風速が毎秒17.2メートル以上に発達したものです。上の天気図では、「台19号」と書かれている、こみ合った円形の等圧線の中央部に、台風の中心である「目」があります。

● 天気図記号の記入例

左の例は「北東の風（北東から吹いてくる風）、風力3、気圧1025ヘクトパスカル、曇り、気温15℃」の天候をしめしたものです。

● 風向のあらわしかた

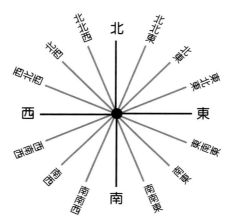

● ヘクトパスカルについて

ヘクトパスカルは気圧をしめす国際単位系で、「hPa」と書きます。日本では1992年11月までミリバール（mb）をつかっていました。ヘクトパスカルとミリバールは、ことばはちがうものの同じ単位です（1気圧＝1013hPa＝1013mb）。

● 風力階級

記号	風力	風速（m/秒）
	0	0.0〜0.3未満
	1	0.3〜1.6未満
	2	1.6〜3.4未満
	3	3.4〜5.5未満
	4	5.5〜8.0未満
	5	8.0〜10.8未満
	6	10.8〜13.9未満
	7	13.9〜17.2未満
	8	17.2〜20.8未満
	9	20.8〜24.5未満
	10	24.5〜28.5未満
	11	28.5〜32.7未満
	12	32.7以上

「風向」とは風が吹いてくる方向のことで、吹いていく方向ではありません。

たとえば、煙が東から西に流れているときは、東から風が吹いていますから、風向は東となります。「東の風」「東風」というときの風も、東から吹いてくる風のことです。

ただし、風向はたえず変化するもので、これを予想するときは、「〇〇よりの風」というように、もう少しおおまかな表現をつかいます。

たとえば、「南よりの風」といったときの南は、南西から南東までの範囲を意味しています。

テレビやラジオの天気予報でも、「〇〇よりの風」という表現はよく聞きますね。

●天気図解析記号の例

記号	意味
高、H	高気圧
低、L	低気圧
台、T	台風
熱低、TD	熱帯低気圧
 ▼▼▼	寒冷前線
●●●	温暖前線
 ▼●▼●	停滞前線
 ▲●▲●	閉塞前線

●天気記号

記号	意味
◯	快晴
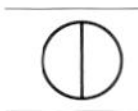 �illustration	晴れ
◎	曇り
●	雨
●ッ	強い雨
●ニ	にわか雨
●キ	霧雨
 ⊗	雪
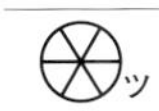 ⊗ッ	強い雪
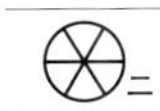 ⊗ニ	にわか雪
 ⊖	みぞれ
 △	あられ
 ▲	ひょう
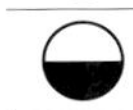 ⊖	雷
 ⊖ッ	強い雷
⊙	霧
 ∞	煙霧
Ⓢ	ちり煙霧
 ⊕	砂じんあらし
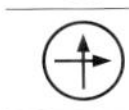 ⊕	地吹雪
⊗	天気不明

●震度階級

震度階級	人の体感・行動	屋内の状況	屋外の状況
0	人はゆれを感じないが、地震計には記録される。	—	—
1	屋内で静かにしている人の中には、ゆれをわずかに感じる人がいる。	—	—
2	屋内で静かにしている人の大半が、ゆれを感じる。眠っている人の中には、目をさます人もいる。	電灯などのつり下げ物が、わずかにゆれる。	
3	屋内にいる人のほとんどが、ゆれを感じる。歩いている人の中には、ゆれを感じる人もいる。眠っている人の大半が、目をさます。	たなにある食器類が音を立てることがある。	電線が少しゆれる。
4	ほとんどの人が驚く。歩いている人のほとんどが、ゆれを感じる。眠っている人のほとんどが、目をさます。	電灯などのつり下げ物は大きくゆれ、たなにある食器類は音を立てる。すわりの悪い置物が、倒れることがある。	電線が大きくゆれる。自動車を運転していて、ゆれに気づく人がいる。
5弱	大半の人が、恐怖を覚え、物につかまりたいと感じる。	電灯などのつり下げ物は激しくゆれ、たなにある食器類、書だなの本が落ちることがある。すわりの悪い置物の大半が倒れる。固定していない家具が移動することがあり、不安定なものは倒れることがある。	まれに窓ガラスが割れておちることがある。電柱がゆれるのがわかる。道路に被害が生じることがある。
5強	大半の人が、物につかまらないと歩くことが難しいなど、行動に支障を感じる。	たなにある食器類や書だなの本で、おちるものもある。テレビが台からおちることがある。固定していない家具が倒れることがある。	窓ガラスが割れておちることがある。補強されていないブロック塀がくずれることがある。すえつけが不十分な自動販売機が倒れることがある。自動車の運転が困難となり、停止する車もある。
6弱	立っていることが困難になる。	固定していない家具の大半が移動し、倒れるものが多くなる。ドアが開かなくなることがある。	壁のタイルや窓ガラスが破損、落下することがある。
6強	立っていることができず、はわないと動くことができない。ゆれにほんろうされ、動くこともできず、飛ばされることもある。	固定していない家具のほとんどが移動し、倒れるものが多くなる。	壁のタイルや窓ガラスが破損、落下する建物が多くなる。補強されていないブロック塀のほとんどがくずれる。
7	立っていることができず、はわないと動くことができない。ゆれにほんろうされ、動くこともできず、飛ばされることもある。	固定していない家具のほとんどが移動したり倒れたりし、飛ぶこともある。	壁のタイルや窓ガラスが破損、落下する建物がさらに多くなる。補強されているブロック塀も破損するものがある。

（気象庁震度階級関連解説表より。表記を一部改めた。）

理科

図工・美術

- 記号の色……20ページ
- 絵文字と顔文字……90ページ
- えんぴつのしんの記号……94ページ
- 用紙の大きさをしめす記号……101ページ
- 文字の大きさと書体……102ページ
- 色と印刷……104ページ
- 家紋……152ページ
- 絵ことば……172ページ

- 外国の人にも読める！　漢字？……173ページ
- 世界のいろいろな文字……190ページ
- 歴史の記号……205ページ
- 建築物の設計図の記号……213ページ
- 機械などの設計図の記号……217ページ
- 学校用の絵文字をデザインしてみよう！……224ページ

社会

- 歴史の記号……205ページ
- 地図の記号……206ページ
- 地図の図法……208ページ
- ユニバーサルデザインと記号……12ページ
- 命を守る記号……15ページ
- よく見る記号……18ページ
- 学校や博物館・美術館……22ページ
- 公園やスポーツ施設……24ページ
- 動物園や植物園……26ページ
- 商店や飲食店……28ページ
- 宿泊施設や観光地……31ページ
- 工場や工事現場……34ページ
- 郵便局や警察署……36ページ
- 病院や福祉施設……37ページ
- 道路標識……39ページ
- 自動車を見分けるための記号……49ページ
- 駅や車内で見られる記号……56ページ
- 列車のマーク……59ページ
- 駅や路線・鉄道会社をしめす記号……60ページ
- 時刻表につかわれる記号……62ページ
- 鉄道を運行するための記号……64ページ
- 空港や機内で見られる記号……66ページ
- 飛行機のマーク……68ページ
- 航空図の記号……70ページ
- 港や船内で見られる記号……72ページ
- 海図の記号……74ページ

- 船の信号旗……76ページ
- 衣料品の素材や品質……82ページ
- 薬の用法……84ページ
- 品質をしめす記号……85ページ
- 取りあつかいかたの記号……89ページ
- 荷あつかいをしめす記号……106ページ
- カードの記号……107ページ
- 通貨記号……108ページ
- 電子マネーのマーク……109ページ
- 環境ラベル……111ページ
- 省エネと自然保護のための記号……112ページ
- リサイクルのための記号……114ページ
- バリアフリーのための記号……116ページ
- 点字……120ページ
- 手話……122ページ
- 国際連合と国際機関……125ページ
- 国旗……126ページ
- 会社のマーク……142ページ
- 県章・市章……144ページ
- 公的機関のマーク……149ページ
- 大学のマーク……150ページ
- 家紋……152ページ
- 階級章と勲章……158ページ
- 天気予報のマーク……162ページ
- 絵ことば……172ページ
- 花押……189ページ

第7章　学習

204

歴史の記号

銅鐸や古墳など、年代や形式のわかる歴史的な遺品も記号のひとつです。銅鐸は弥生時代に作られた青銅器。中は空どうになっており、そこに棒をつり下げ、ゆらして音を出す、祭礼のための楽器と考えられています。古墳や埴輪はそれよりもあとの時代に作られました。古墳や、古墳に並べられた土製品の埴輪は、いろいろな形のものが全国で見つかっています。

●銅鐸

弥生時代に祭礼のために作られた青銅器。表面にはさまざまな文様、動物・鳥・昆虫・人物・家屋などがえがかれています。

銅鐸の表面には、弥生時代の風習や生活のようすもえがかれています。

●古墳

土を高くもり上げて作られた巨大な古代の墓。古墳時代（3世紀半ば～7世紀ころ）に全国各地で作られていました。

古墳の形式

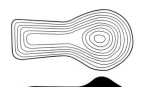
前方後円墳
円形に、台形または長方形をくっつけた形をした古墳です。

方墳
四角形の古墳。前方後円墳よりもあとの時代の古墳です。

前方後方墳
四角形または台形を2つ組み合わせた形をした古墳です。

上円下方墳
四角形の方墳の上に円墳をのせた構造の古墳です。

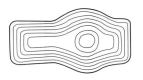
双方中円墳
円形の丘の両側に四角形の突出部をもった古墳です。

円墳
丸い形をした古墳。日本全国に分布しています。

●埴輪

古墳時代に作られた土製品。円筒形のものと、人や犬、家などをかたどった埴輪があり、古墳の周囲や墳丘の上に並べられました。

犬の埴輪
首輪をした飼い犬の埴輪。（群馬県出土）

ひざまずく男子の埴輪
筒そでの上着を着た男子の埴輪。（茨城県出土）

乳をあたえる母親の埴輪
赤ちゃんにお乳をあげている母親の埴輪。（茨城県出土）

巫女の埴輪
6世紀に作られた巫女の埴輪。（群馬県出土）

地図の記号

　現在つかわれている地図は、実際の地形のようすをちぢめてしめした図です。国土地理院発行の地図は正確には地形図といい、5万分の1や2万5000分の1、1万分の1の3種類の縮尺（ちぢめた割合のこと）で作られています。この地図には家・工場・教会、ダム・橋・トンネル、鉄道・道路、鉱山、農場・牧草地などをあらわす、たくさんの地図記号がつかわれています。

●地図記号の例

記号	意味
━━トンネル━━	幅員13.0m以上の道路
＝＝＝＝	幅員5.5m～13.0mの道路
＝＝＝＝	幅員3.0m～5.5mの道路
━━━━	幅員1.5m～3.0mの道路
------	幅員1.5m未満の道路
(14)	国道および路線番号
....	庭園路等
======	建設中の道路
━●━	有料道路および料金所
単線　駅　複線以上（JR線）（JR線）	普通鉄道 側線　地下駅 トンネル
━━━━	地下鉄および地下式鉄道
━━━━	特殊軌道
━━━━	路面の鉄道
━━━━	索道
(JR線)	建設中または運行休止中の普通鉄道
━━━━	橋および高架部
━━━━	切取部および盛土部
━━━━	送電線
━━━━	へい
━━━━	石段
━━━━	都・府・県界
━━━━	北海道の支庁界
━━━━	郡・市界、東京都の区界
━━━━	町・村界、指定都市の区界
━━━━	所　属　界
━━━━	植　生　界
━━━━	特定地区界
△526	三　角　点
⊡	電子基準点
□21.7	水　準　点
-124.7	標石のあるもの
・125	標石のないもの（標高点）

記号	意味
◎	市　役　所 東京都の区役所
○	町・村役場 指定都市の区役所
ჴ	官公署（特定の記号のないもの）
◇	裁　判　所
◇	税　務　署
✻	森林管理署
T	測　候　所
⊗	警　察　署
X	交番・駐在所
Y	消　防　署
⊕	保　健　所
〒	郵　便　局
戸	自　衛　隊
☼	工　　　場
✿	発電所・変電所
★	小・中学校
⊗	高等学校
(大)　(専)	大学　高専

記号	意味
田	病　　院
⊞	神　　社
卍	寺　　院
⌂	高　　塔
⌂	記　念　碑
⌂	煙　　突
⌂	電　波　塔
⌂	油井・ガス井
✵	灯　　台
⌂	坑口・洞口
⌂	城　　跡
∴	史跡・名勝・天然記念物
⌂	噴火口・噴気口
⌂	温　　泉
⌂	採　鉱　地
⌂	採　石　地
⚓	重　要　港
⚓	地　方　港
⚓	漁　　港

地目		地目	
田	..	広葉樹林	Q Q
畑・牧草地	v v	針葉樹林	Λ Λ
果樹園	ö ö	はいまつ地	
桑畑	Υ Υ	竹林	
茶畑	∴ ∴	しの地	
その他の樹木畑		やし科樹林	
		荒地	

●地図記号の解説

市役所・東京都の区役所 ◎
町の中心にあることが多いので二重丸であらわします。

町村役場・指定都市の区役所 ○
二重丸ではなく、ただの丸であらわします。

官公署（特定の記号のないもの）
「公」という漢字の古い形をもとに作られた記号です。

裁判所 △
立て札の形をもとに作られた記号です。

税務署 ◇
そろばんの玉の形をもとに作られた記号です。

森林管理署 ✻
「木」という漢字の古い形をもとに作られた記号です。

測候所 T
測候所にある風力計の形をもとに作られた記号です。

消防署 Y
むかしの火消しの道具、「さすまた」の形をもとにしています。

保健所 ⊕
赤十字を○でかこんだ形であらわしています。

警察署 ⊗
警棒を2本組み合わせた形を○でかこんでいます。

交番・駐在所 X
警棒を2本組み合わせた形であらわしています。

自衛隊 戸
自衛隊の部隊の旗の形をもとに作られた記号です。

郵便局 〒
逓信省の頭文字「テ」を記号にしました。

小・中学校 文
「文字」の「文」という漢字を記号にしたものです。

高等学校 ⊗
「文」の記号を○でかこんで、高校をあらわしています。

高等専門学校 (専)文
「文」の上に(専)という漢字をつけています。

短期大学 (短)文
「文」の上に(短大)か(短大)という漢字をつけています。

大学 (大)文
「文」の上に(大)という漢字をつけています。

病院 ⊞
赤十字のマークをもとに作られました。

地図記号および地図は、国土地理院発行の地形図より転載（「蒲郡」2万5000分の1）

*この地図の縮尺は2万5000分の1。
地図上の4cmが1km（1000m）になる。
[1000m÷25000=0.04m=4cm]

なるほど情報ファイル

新しく定められた外国人向けの地図記号

日本を訪れた外国人にもわかりやすいよう、外国人向けの地図に表示するための15種類の新しい地図記号が2016年に定められました。

記号	名称	説明
	神社	神社の入り口にある鳥居の形を記号にしたものです。
	寺院	仏教で大切にされている「卍」を記号にしたものです。
	博物館	歴史的な博物館の建物の形をもとに作られました。
	図書館	本を開いた形をもとに作られた記号です。
	工場	機械の代表的な部品である歯車の形を記号にしました。
	発電所等	発電用のタービンの形をもとに作られた記号です。
	三角点	緯度・経度を測定する際に基準となる地点です。
	水準点	高度（標高）を測定する際に基準となる地点です。
	電子基準点	人工衛星からの電波で地上変化を観測する観測局です。
	高塔	五重塔、火の見やぐら、展望台などをしめす記号です。
	記念碑	記念碑（石碑）の形をもとに作られた記号です。
	自然災害伝承碑	自然災害の情報を伝える石碑などをしめします。
	煙突	煙突とその影、煙を組み合わせた記号です。
	電波塔	無線塔など、電波を発信する塔をしめす記号です。
	油井・ガス井	井戸の「井」という漢字をもとに作られた記号です。
	灯台	光を出している灯台を上から見た形を記号にしました。
	坑口・洞口	いろいろな鉱山の入り口をしめす記号です。
	指示点	特定の記号をもたない対象の位置をしめします。
	城跡	城にある石がきの形をもとに作られた記号です。
	史跡・名勝・天然記念物	史跡や名勝地、天然記念物のある場所をあらわします。
	噴火口・噴気口	煙を上げる噴火口などの形をあらわしています。
	温泉	温泉からゆげが出ているようすを記号にしています。
	採鉱地	つるはしの記号で、採鉱をおこなう場所をしめします。
	採石地	切り出した石の形をもとにした記号です。
	重要港	船の錨をもとにした、大きな港をしめす記号です。
	地方港	港湾法にもとづく地方港湾をしめす記号です。
	漁港	漁業の基地としてつかわれる港をあらわす記号です。
	田	田植えをしたあとの苗のようすを記号にしたものです。
	畑・牧草地	地面から顔を出した野菜の葉の形をあらわしています。
	果樹園	ミカン、ブドウ、リンゴなどの果樹の畑をしめします。
	桑畑	養蚕につかわれるクワの葉を育てる畑をしめします。
	茶畑	日本茶の原料となる茶葉を栽培する畑をあらわします。
	その他の樹木畑	桐、はぜ、こうぞ、庭木などの畑をしめす記号です。
	広葉樹林	サクラのように丸い形の葉をもつ木の林をしめします。
	針葉樹林	杉など、とがった葉をもつ木の林をしめします。
	はいまつ地	高山地帯の背の低い松が生えている場所をしめします。
	竹林	竹のすがたを記号にして、竹の林のある場所をしめします。
	しの地・笹地	2m以下の竹やしの、笹が生えている場所をしめします。
	やし科樹林	しゅろなどが生えている場所をしめします。
	荒地	手入れをしていない草原をあらわした記号です。

社会

地図の図法

丸い地球を、正確に平面にあらわすことはできません。平面の地図にあらわそうとすると、面積・距離・方位などにひずみが出てきて、どこかが不正確になってしまうのです。そこで、さまざまな図法をもちいて、距離を正確にしめす地図、方位を正確にしめす地図、面積にゆがみが少ない地図など、目的に応じた地図が作られるようになりました。

●メルカトル図法
オランダの地理学者メルカトルが考案した図法。角度が正しく表示することができます。航海図などにつかわれてきました。

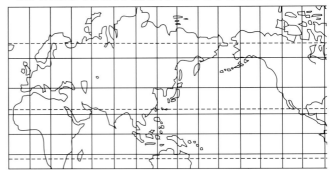

●ランベルト正積方位図法
正確な面積を知ることができる地図の一種です。地図の中心からの方位も正しくしめされます。大陸の表示などに、多くもちいられています。

●モルワイデ図法
北極や南極に近い地方の形のゆがみを小さくした地図。1805年にドイツの天文学者モルワイデが考案しました。

●グード図法（ホモロサイン図法）
高緯度地方のゆがみが小さいモルワイデ図法と、低緯度地方のゆがみが小さいサンソン図法の長所を組み合わせた図法です。

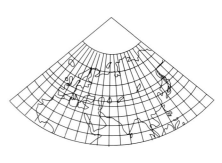

●ランベルト正角円錐図法
中緯度地方のゆがみが少ない地図。ヨーロッパなど一定の地域にある国ぐにを見るのに適しています。

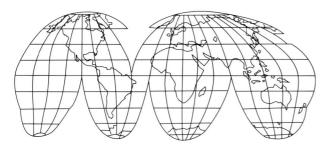

こんなところにこんな記号
道路図の記号

道路図には、一般のドライバーがつかう旅行用の道路図と、道路の管理者がつかう道路図があります。車の運転などでつかわれるドライブマップ（旅行用道路図）には、一般の地図記号とともに、道路の種類や状態をしめしたり、運転上重要な目標物をあらわす地図記号がつかわれます。

（JAF出版社『JAFルートマップ広域中部』より転載）

●道路図の記号の例

記号	意味
👁	展望良
✈	空港
▶	水浴場
🐟	水族館
🏠	休暇村・国民宿舎
△	キャンプ場
❋	花の名所
🍁	紅葉
🌲	植物園
🐾	動物園
⊚	テーマパーク

保健体育

- 血液型·················209ページ
- 公園やスポーツ施設·········24ページ
- 宿泊施設や観光地··········31ページ
- 病院や福祉施設···········37ページ
- 道路標識···············39ページ
- 自動車レースでつかわれる旗····55ページ
- 食品の品質や内容··········79ページ
- 薬の用法···············84ページ
- 環境ラベル·············111ページ
- バリアフリーのための記号····116ページ
- 点字··················120ページ
- 手話··················122ページ
- オリンピックのメダル········159ページ
- 競技種目の記号···········176ページ
- ポジションをしめす記号······179ページ
- 審判のサイン············180ページ
- スコアの記号············181ページ
- チームをしめす記号········182ページ
- 身ぶり················183ページ

血液型

わたしたちの体内を流れる血液には、いろいろな血液型があります。アメリカ合衆国の病理学者ラントシュタイナーは、ちがう人どうしの血液をまぜ合わせると、固まる場合と固まらない場合があることを発見し、ABO式血液型の分類法を考えだしました。このほか、血液型の分類法には、輸血のときなどに重視されるRh式などがあります。

Rh式血液型

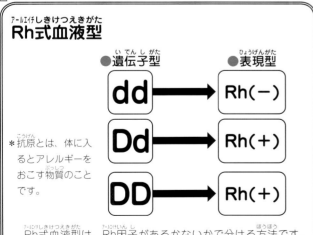

●遺伝子型　　●表現型
dd → Rh(−)
Dd → Rh(＋)
DD → Rh(＋)

*抗原とは、体に入るとアレルギーをおこす物質のことです。

Rh式血液型は、Rh因子があるかないかで分ける方法です。Rh因子とは人間の血液成分のひとつで、人間とアカゲザル（英語でrhesus）の血球にあります。一般的にはRh因子の中の、D抗原*で見分けます。D抗原があればRh(＋)、なければRh(−)です。日本人の90パーセント以上はRh(＋)です。

●ABO式血液型の遺伝

表現型	遺伝子型	A型 AA	A型 AO	B型 BB	B型 BO	O型 OO	AB型 AB
A型	AA	AA	AA AO	AB	AB AO	AO	AA AB
A型	AO	AA AO	AA AO OO	AB BO	AB AO BO OO	AO OO	AA AB AO BO
B型	BB	AB	AB BO	BB	BB BO	BO	AB BB
B型	BO	AB AO	AB BO AO OO	BB BO	BB BO OO	BO OO	AB BB AO BO
O型	OO	AO	AO OO	BO	BO OO	OO	AO BO
AB型	AB	AA AB	AA AO AB BO	AB BB	AB AO BB BO	AO BO	AA AB BB

両親がAAとAOの子どもはA型、BBとBOの子どもはB型、OOの子どもはO型、ABの子どもはAB型の血液型になります。

音楽

- 楽譜の記号……………………210ページ
- 取りあつかいかたの記号……89ページ
- 電波の記号……………………161ページ
- モールス信号…………………171ページ
- 身ぶり…………………………183ページ

●反復記号

1→2→3→4→5→6の小節の順に演奏します。

この記号は反復記号といって、この記号がついている小節の間をくり返して演奏します。

楽譜の記号

楽譜は、楽曲をくり返し再現できるように考えられた、音の記録帳です。楽譜にはさまざまな種類がありますが、音を正確に記録するには、音の高さ、音の長さ、リズムの3つをしめす楽譜が最低限必要です。それを可能にしたのが、ヨーロッパで生まれた五線譜でした。ヨーロッパで五線譜が広まったのは、17世紀ごろからだといわれています。

●五線譜と音符の名前

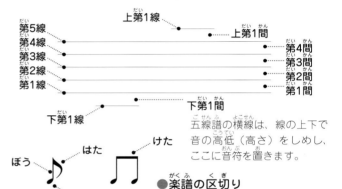

五線譜の横線は、線の上下で音の高低（高さ）をしめし、ここに音符を置きます。

音符は、音の長さをしめす記号です。

●楽譜の区切り

リズムをわかりやすくするために、五線譜には縦線を引いて区切りを入れています。そのひと区切りを小節といいます。縦の線は通常1本（小節線）ですが、曲の大きな変わり目には2本線の複縦線、曲の終わりには終止線がつかわれます。

●音符と休符の記号

休符は、音を止める長さをしめす記号です。

音符	名前	長さの割合	休符	名前
𝅝	全音符	4		全休符
𝅗𝅥.	付点2分音符	3		付点2分休符
𝅗𝅥	2分音符	2		2分休符
♩.	付点4分音符	1½		付点4分休符
♩	4分音符	1		4分休符
♪.	付点8分音符	¾		付点8分休符
♪	8分音符	½		8分休符
♬	16分音符	¼		16分休符

（注）全休符は、1小節休む場合にもつかわれます。
＊「分」は「ぶん」とも読みます。

●拍子記号

拍子記号は、1小節の間のリズムをしめすものです。下にある数字で基本となる音符の種類（長さ）をあらわし、上の数字で1小節の間にある音符の数をあらわします。
たとえば $\frac{3}{4}$ は、1小節の間に4分音符を3回たたくリズムで、曲が進行することをしめしています。また、$\frac{3}{4}$ なら「4分の3拍子」と、拍子記号は分数のように読みます。

●三連音符

付点音符をのぞく音符を、3等分してあらわした音符です。音符はこのように、たし算であらわすこともできます。

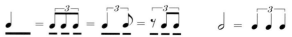

●譜表

音の高さを指定する、ト音記号やヘ音記号などが記入された五線譜のことです。

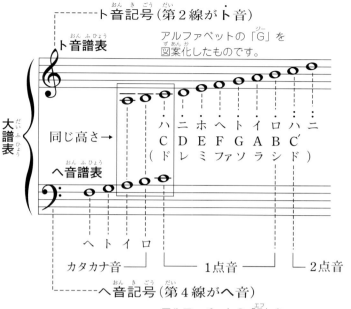

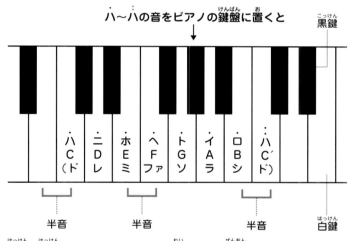

音の名前

ハニホヘトイロハ ── 音名
CDEFGABC ──
ドレミファソラシド ── 階名

音の名前には音名と階名があります。音名は、それぞれの高さの音につけられた名前で、日本語の「ハニホ…」、英語の「CDE…」がこれにあたります。もうひとつの階名は、長調や短調といった音の並び（音階）の中でつかう音の名前のこと。イタリアで生まれた「ドレミ…」がこれにあたりますが、最初は、音の高さも、ハ長調の「ドレミ…」で学んでいます。

●高低の変化をあらわす記号

記号	読みかた	意味
♯	シャープ（嬰）	半音上げる
♭	フラット（変）	半音下げる
♮	ナチュラル	もとの高さにもどす

●演奏上の記号

記号	読みかた	意味
♩.	スタッカート	その音を短く切って
♩−	テヌート	その音の高さを十分に保って
♩>	アクセント	目立たせて、強調して
♩⌢	フェルマータ	その音符や休符をほどよくのばす
♩‿♩	タイ	同じ高さのふたつの音符をつなぎ合わせる
♩⌒♩	スラー	ちがう高さのふたつ以上の音符をなめらかに

●速度標語と記号

記号	読みかた	意味
Andante	アンダンテ	ゆっくりと歩くような速さで
Moderato	モデラート	中ぐらいの速さで
Allegro	アレグロ	（ほどよく）速く
♩=112		1分間に♩を112打つ速さ
rit.	リタルダンド	だんだん遅く
a tempo	ア テンポ	もとの速さで

●強弱記号

記号	読みかた	意味
pp	ピアニッシモ	とても弱く
p	ピアノ	弱く
mp	メッゾピアノ	少し弱く
mf	メッゾフォルテ	少し強く
f	フォルテ	強く
ff	フォルティッシモ	とても強く
cresc.	クレシェンド	だんだん強く
decresc.	デクレシェンド	だんだん弱く

こんなところにこんな記号

ギターのコードネーム

ギターなどの楽器では、コードネームとよばれる和音記号によって演奏することもあります。コードネームは、C（Cのメイジャーコード［長調の和音］）、Cm（Cのマイナーコード［短調の和音］）のようにアルファベットであらわします。

ギターのコードの押さえかた
右の図では、ギターの弦は上から1弦、2弦、3弦、4弦、5弦、6弦の順になっています。
●…左手の指で弦を押さえる位置
○…開放弦（弦を押さえない）
〔…左手の人さし指で2本以上の弦を押さえる位置
右手…すべての弦を弾く

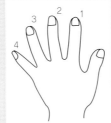

左手(弦を押さえるほうの手)の指番号
人さし指　1
中指　　　2
薬指　　　3
小指　　　4
（親指は、ギターのネックを支えるのにつかいます）

ギターは左手で弦を押さえ、右手で弦を弾いて音を出すのが一般的ですが、順番を逆にして弦を張り替えれば、右手で弦を押さえ、左手で弦を弾くこともできます。

ギターの弦の張りかた
ギターには6つの弦が張ってあります。

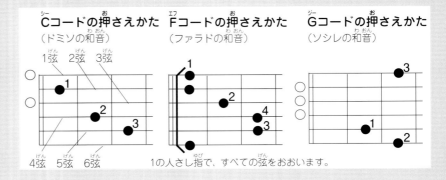

Cコードの押さえかた（ドミソの和音）
Fコードの押さえかた（ファラドの和音）
Gコードの押さえかた（ソシレの和音）
1の人さし指で、すべての弦をおおいます。

技術・家庭

第7章 学習

建築物の設計図の記号 ……… 213ページ	文字の大きさと書体 ……… 102ページ
洗濯方法などをしめす記号 ……… 214ページ	色と印刷 ……… 104ページ
衣服のサイズをあらわす記号 ……… 215ページ	荷あつかいをしめす記号 ……… 106ページ
編み物の記号 ……… 216ページ	環境ラベル ……… 111ページ
機械などの設計図の記号 ……… 217ページ	省エネと自然保護のための記号 ……… 112ページ
回路計の表示記号 ……… 219ページ	リサイクルのための記号 ……… 114ページ
電気用品の安全表示 ……… 219ページ	バリアフリーのための記号 ……… 116ページ
接地の記号と接地の意味 ……… 219ページ	点字 ……… 120ページ
ユニバーサルデザインと記号 ……… 12ページ	手話 ……… 122ページ
工場や工事現場 ……… 34ページ	電波の記号 ……… 161ページ
自動車を運転するための記号 ……… 54ページ	パソコンでつかわれる記号 ……… 164ページ
鉄道を運行するための記号 ……… 64ページ	数学記号 ……… 193ページ
食品の品質や内容 ……… 79ページ	単位記号 ……… 194ページ
衣料品の素材や品質 ……… 82ページ	生物学の記号 ……… 196ページ
品質をしめす記号 ……… 85ページ	原子の記号 ……… 197ページ
取りあつかいかたの記号 ……… 89ページ	花式図 ……… 197ページ
ゲームにつかわれる記号 ……… 96ページ	物質をあらわす記号 ……… 198ページ
本についている記号 ……… 100ページ	電気回路図の記号 ……… 200ページ
用紙の大きさをしめす記号 ……… 101ページ	

212

建築物の設計図の記号

家やマンション、ビルなどの建築は、設計図をもとにおこなわれます。この設計図をえがくことを製図といい、その設計図をだれが見てもわかるように、JIS（日本工業規格）に、設計図のえがきかたやつかわれる記号が定められています。建築関係の製図につかわれる記号には、平面表示記号のほか、材料や構造、建具などをあらわす記号があります。

平面図を見ると部屋の配置がよくわかるわ

● 建築製図の例（平面図）
2階建ての家屋の1階の図の例です。

● 平面表示記号の例

記号	意味
	出入口一般
	両開きとびら
	片開きとびら
	引き違い戸
	伸縮間仕切り
	シャッター
	回転とびら
	折りたたみ戸
	引き分け戸
	片引き戸
	雨戸
	窓一般
	引き違い窓

記号	意味
	手すりつき窓
	折りたたみ窓
	格子つき窓
	格子出窓
	網戸つき窓
	ブロック壁一般
	コンクリート壁
	レンガ壁
	木造および木造壁
	木造および木造壁（真壁造り）
	木造壁（大壁）
	コンクリートおよび鉄筋コンクリート壁
	鉄筋コンクリート壁
	ブラインド付き窓

記号	意味
	柱（管柱）
	土間
	板の間
	たたみ
	階段
	階段
	シングルベッド
	ダブルベッド
	浴槽
	便器
	机・たな
	洋服だんす
	いす

● 材料・構造表示記号の例

記号	意味
	木材
	木材＊
	レンガ材
	コンクリート
	コンクリート＊
	タイル張り
	たたみ

＊この記号は、原寸〜1/5程度の縮尺の場合につかいます。

洗濯方法などをしめす記号

衣服のほか、カーテンやテーブルクロスなどの繊維製品には、洗濯やアイロンのかけかた、干しかた、ドライクリーニングのしかたなどをしめした記号をのせたラベルがついています。繊維製品には、つかっている繊維の種類や織りかたや染めかたなどによって、してほしい、あるいはしてはいけない洗濯のしかたなどがあるため、これらの記号によって知らせているのです。

服の裏地や付け札には、材質やサイズ、メーカー、産地、洗濯記号やあつかいかたの注意などが表示されています。

●洗いかたの例

家庭洗濯機の場合、高温のお湯洗いにはむかないものもあります。

JIS記号	記号の意味
95	液温は、95℃を限度とし、洗濯機で通常の洗濯処理ができる。
60	液温は、60℃を限度とし、洗濯機で通常の洗濯処理ができる。
30	液温は、30℃を限度とし、洗濯機で通常の洗濯処理ができる。
30	液温は、30℃を限度とし、洗濯機で弱い洗濯処理ができる。
30	液温は、30℃を限度とし、洗濯機で非常に弱い洗濯処理ができる。
(手洗い)	液温は、40℃を限度とし、手洗いによる洗濯処理ができる。
(×)	洗濯処理はできない。

●塩素による漂白の例

記号	記号の意味
△	塩素系及び酸素系漂白剤による漂白処理ができる。
△×	漂白処理はできない。

●アイロンのかけかた

JIS記号	記号の意味
アイロン ・・・	底面温度210℃を限度としてアイロン仕上げ処理ができる。
アイロン ・・	底面温度160℃を限度としてアイロン仕上げ処理ができる。
アイロン ・	底面温度120℃を限度としてスチームなしでアイロン仕上げ処理ができる。
アイロン×	アイロン仕上げ処理はできない。

●ドライクリーニング（溶剤をつかう洗濯法）の例

記号	記号の意味
P	パークロロエチレン又はシブトキシメタン若しくは石油系溶剤又はデカメチルペンタシクロシロキサンによるドライクリーニングができる。（通常の処理）
F	石油系溶剤又はデカメチルペンタシクロシロキサンによるドライクリーニングができる。（通常の処理）
○×	ドライクリーニング処理ができない。

●洗濯物の干しかたの例

記号	記号の意味
｜	つり干し乾燥がよい。
／｜	日陰でのつり干し乾燥がよい。
―	平干し乾燥がよい。
／―	日陰での平干し乾燥がよい。

衣服のサイズをあらわす記号

衣料品店で売っている、日本製の洋服などにつけられたタグ（付け札）やラベルには、日本人の体型の標準値をもとに、JIS（日本工業規格）が定めた服のサイズのくわしい情報が、記号をつかってしめされています。サイズは、乳幼児、少年、少女、成人男子、成人女子の区分で、身長・胸囲・ウエストなど、体の部位の寸法で、表示されています。

●少年・少女の体型区分

身長が同じでも、胸囲や胴囲の大きさによって、体型がA・Y・B・Eの4つに分けられています。

体型	
A体型	身長を10cm単位で区分けしたときの、日本人の少年・少女の平均的な胸囲、腰囲、胴囲の体型
Y体型	A体型より胸囲または胴囲が6cm小さい人の体型
B体型	A体型より胸囲または胴囲が6cm大きい人の体型
E体型	A体型より胸囲または胴囲が12cm大きい人の体型

身長と胸囲の関係から見たA体型の例 （単位／cm）

よびかた	90A	100A	110A	120A	130A	140A	150A	160A	170A
基本身体寸法 身長	90	100	110	120	130	140	150	160	170
胸囲	48	52	56	60	64	68	74	80	86

●成人男子の体型のあらわしかた （背広など）

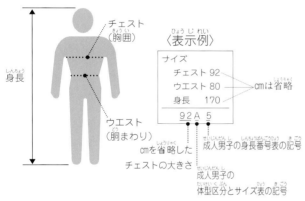

成人男子の体型区分とサイズ表

体型	J	JY	Y	YA	A	AB	B	BB	BE	E
ドロップ*(cm)	20	18	16	14	12	10	8	6	4	0
サイズ数	7	7	8	15	22	22	12	12	6	6

＊ドロップ＝胸囲と胴囲の差

成人男子の身長番号表 （単位／cm）

番号	2	3	4	5	6	7	8
身長	155	160	165	170	175	180	185

●成人女子の体型のあらわしかた （ドレス類）

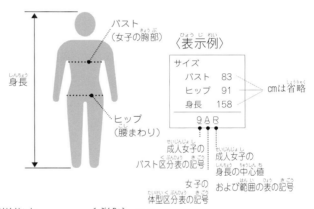

成人女子のバスト区分表 （単位／cm）

記号	3	5	7	9	11	13	15	17	19	…	31
サイズ	74	77	80	83	86	89	92	96	100	…	124

女子の体型区分表

体型	意味
A	標準体型
Y	A体型よりヒップが4cm小さい人の体型
AB	A体型よりヒップが4cm大きい人の体型
B	A体型よりヒップが8cm大きい人の体型

成人女子の身長の中心値および範囲の表 （単位／cm）

記号	PP	P	R	T
サイズ 中心値	142	150	158	166
範囲	138〜146	146〜154	154〜162	162〜170

技術・家庭

編み物の記号

編み物にはいろいろな種類があり、種類ごとに編みかたもちがっています。これを記号でしめしたのが、JIS（日本工業規格）で決められた「編目記号」です。編目記号は、編み機をつかって編むときの記号と、棒針編みやかぎ針編みなど、手編みをおこなうときの記号に大きく分かれます。実際に編むときは、編目記号を組み合わせて作った設計図（編み図）があると便利です。

代表的な手編みの例

棒針編み
先にかぎのない棒針を2本つかって毛糸を編む方法を「棒針編み」、あるいは「棒編み」といいます。

かぎ針編み
先端にかぎのついたかぎ針という編み針を1本つかって鎖編み、細編み、中長編み、長編みなどで毛糸を編む方法です。

●棒針編みの編目記号の例

｜　表目
右針を手前側から入れて糸をかけ、手前側に引き出す。

―　裏目
右針を向こう側から入れて糸をかけ、向こう側に引き出す。

○　かけ目
右針に手前から向こう側に糸をかける。

入　右上2目一度
右側の目を左側の目の上に重ねて、いっしょに編む。

人　左上2目一度
左側の目を右側の目の上に重ねて、いっしょに編む。

木　中上3目一度
中央の目を上にして、その左右の目を重ねていっしょに編む。

●　伏せ目
目を編んで、その右側の目をかぶせてできる目。編み終えるときの技法。

●ひと目ゴム編みの例

ひと目ゴム編みの編み図

●かぎ編みの編目記号の例

○　鎖編目
針に糸をかけ、すでにできている輪からその編み糸を引き出してできる編み目。

×　細編目
前段の編み目から新しい輪を引き出し、2つの輪をいっしょに引きぬいてできる編み目。

T　中長編目
針に糸をかけ、前段の編み目から新しい輪を引き出し、さらに編み糸をかけ、3つの輪をいっしょに引きぬいてできる編み目。

長編目
針に糸をかけ、編み目から新しい輪を引き出し、2回に分けて引きぬく編みかた。

長々編目
針に2回糸をかけ、編み目から新しい輪を引き出し、3回に分けて引きぬく編みかた。

三つ巻き長編目
針に3回糸をかけ、編み目から新しい輪を引き出し、4回に分けて引きぬく編みかた。

●　引抜き編目
前段の編み目に針を入れ、針に糸をかけて引きぬく。

●長編みのうね編み（往復編み）の例

長編みのうね編みの編み図

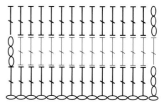

機械などの設計図の記号

機械や部品の設計図には、いろいろな種類の線や独特の記号がつかわれます。これらは、だれが設計図を見てもわかるように、JIS（日本工業規格）の「製図通則」に、機械の設計図につかわれる記号や線の種類やその意味がくわしく定められています。基本的な記号のほか、仕上げや精度をあらわす記号や、さまざまな機械・部品の状態をしめす記号があります。

●穴の加工寸法のあらわしかた

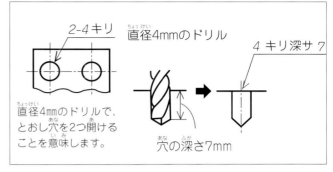

直径4mmのドリルで、とおし穴を2つ開けることを意味します。

●設計図の尺度の例

尺度の種類	尺度		
縮尺	1:2	1:5	1:10
現尺	1:1		
倍尺	2:1	5:1	10:1

設計図を、実際の寸法よりも小さくえがくことを縮尺、寸法どおりにえがくことを現尺、実際の寸法よりも大きくえがくことを倍尺といいます。上の表のように、縮尺と倍尺にはよくつかわれる尺度（比率）があります。

●線のつかいかたの例

完成した形がよくわかるね

名称	線	説明
想像線（細い二点鎖線）	‐‐‐‐‐‐	ものの位置や動く範囲、隣接する部分などを仮に想像してあらわします。
外形線（太い実線）	────	見える部分のものの形状をあらわします。
かくれ線（破線［細い線でも太い線でも可］）	------	見えない部分のものの形状をあらわします。
中心線（細い一点鎖線）	‐・‐・‐	図形の中心をあらわします。
寸法線（細い実線）	────	寸法をしめす範囲をあらわします。
寸法補助線（引出線）（細い実線）	────	寸法を記入するために、図形から引き出す線です。

●寸法の数値はミリメートル単位で記入し、mmはつけません。

●寸法補助記号の例

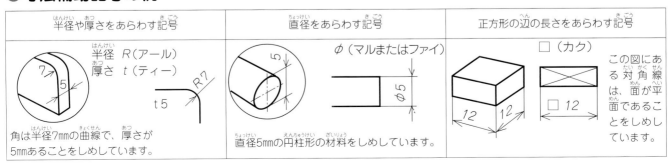

●製図でつかわれるそのほかの記号の例

●鋼材断面図記号

記号	意味
[	みぞ形鋼
Z	Z形鋼
L	山形鋼
I	I形鋼
H	H形鋼
⊓	ハット形鋼
T	T形鋼

●計器類などの記号

記号	意味
○	圧力計
PI	圧力指示計
TI	温度指示計
FI	流量指示計
	ボイラー（一般）
	蒸気タービン（一般）
	ガスタービン
	拡散ポンプ
	往復動蒸気機関
	油圧ポンプ（一般）
	定容量形ポンプ
	真空ポンプ（一般）
	油圧モータ
	空気圧モータ
	油タンク（密閉式）
	空気タンク
	トラップ
	コンデンサ
	フィルタ
	温度調節器
	冷却器
	加熱器
	消音器

こんなに細かく決められているんだ

なるほど情報ファイル
正式な設計図のかきかた

立体である機械や部品を平面の設計図面でえがきあらわす方法を「投影法」といいます。機械や部品の完成した形を、平面図、正面図、側面図の3つの図面にえがくことで、正確な立体としての機械や部品をあらわすわけです。

機械製図につかわれている投影法には、第一角法と第三角法があります。現在では、第三角法をつかうのが主流になっています。

●第一角法による製図

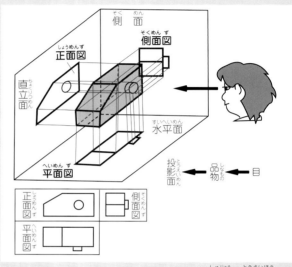

ヨーロッパで主流の投影法。上から見た平面図を正面図の下側にえがき、左側から見た側面図を正面図の右側にえがきます。

●第三角法による製図

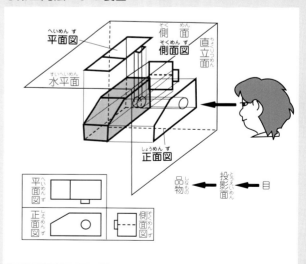

日本やアメリカ合衆国で主流の方式。第一角法では平面図の上に正面図をえがきますが、第三角法では平面図を正面図の上にえがきます。

回路計の表示記号

回路計はテスタ（サーキット・テスタ）ともいいます。回路を流れる電気を測定して、その電圧や電流、抵抗などを簡単に測ることができます。回路計をつかって測定をおこなうときには、測定する電気の種類（交流・直流の別）、測定の対象（電圧・電流・抵抗の別）を切り替え、最大目盛りなどの測定値の範囲を設定して使用します。

こんなところにこんな記号

電気用品の安全表示

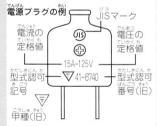

電源プラグの例
- 電流の定格値
- 電圧の定格値
- JISマーク
- 15A・125V
- 型式認可記号
- 41-6740
- 型式認可番号（旧）
- 甲種（旧）

電流の定格値には安全に利用できる電流の限度、電圧の定格値には電圧の限度がしめされています（型式認可番号は、新法では廃止されています）。

家庭電気用品には必ず安全表示がつけられています。ただし、平成13年4月1日に法律が変わったため、旧記号と新しい記号が混在しています。

新しい認可記号

電気温水器、電動おもちゃ、コンセントなど、特定電気用品116品目につけられる認可記号（旧甲種）。

IHヒーター、炊飯器、冷蔵庫など、特定電気用品以外の341品目につけられる認可記号（旧乙種）。

●回路計の例

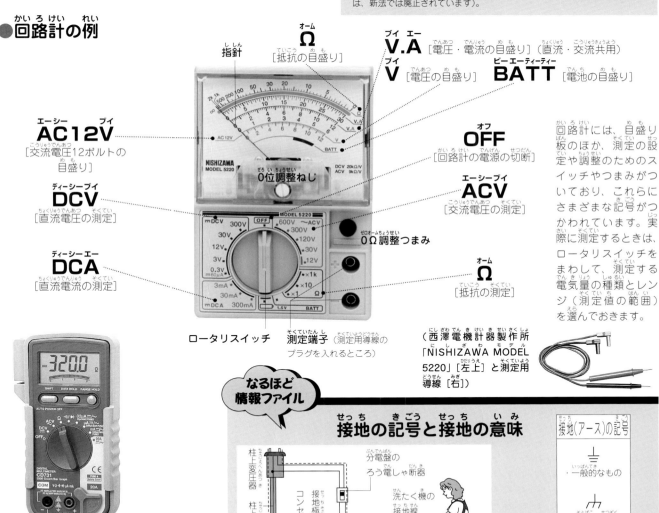

- 指針
- Ω［抵抗の目盛り］
- V.A［電圧・電流の目盛り］（直流・交流共用）
- V［電圧の目盛り］
- BATT［電池の目盛り］
- AC12V［交流電圧12ボルトの目盛り］
- OFF［回路計の電源の切断］
- DCV［直流電圧の測定］
- ACV［交流電圧の測定］
- 0位調整ねじ
- 0Ω調整つまみ
- DCA［直流電流の測定］
- Ω［抵抗の測定］
- ロータリスイッチ
- 測定端子（測定用導線のプラグを入れるところ）

（西澤電機計器製作所「NISHIZAWA MODEL 5220」［左上］と測定用導線［右］）

回路計には、目盛り板のほか、測定の設定や調整のためのスイッチやつまみがついており、これらにさまざまな記号がつかわれています。実際に測定するときは、ロータリスイッチをまわして、測定する電気量の種類とレンジ（測定値の範囲）を選んでおきます。

デジタル式の回路計

目盛り板のかわりに、直接測定した数値を表示する液晶パネルのついた、デジタル式の回路計もあります。
（三和電気計器「デジタルマルチメータ CD731」）

なるほど情報ファイル

接地の記号と接地の意味

実際の接地の例

接地（アース）の記号
- 一般的なもの
- 外箱に接続

電気機器を導線で地面と結び、大地と電位を同じにすることを接地（アース）といいます。接地してあれば、ろう電した電流は、人体をとおらずに、接地線に沿って大地に流れるため感電しません。

技術・家庭

英語

- 英語のアルファベット……………………220ページ
- 英語の略語………………………………221ページ
- 英語の発音記号…………………………222ページ
- トイレのサイン……………………………18ページ
- 2つの温泉マーク…………………………31ページ
- 安全標識…………………………………35ページ
- Hは欧米では病院…………………………37ページ
- 文字の大きさと書体……………………102ページ
- 通貨記号…………………………………108ページ
- 国際連合と国際機関……………………125ページ
- SOSは救助をもとめる信号……………171ページ
- ローマ字…………………………………188ページ
- 世界のいろいろな文字…………………190ページ
- 新しく定められた外国人向けの地図記号……207ページ

英語のアルファベット

アルファベットは、ギリシャ語のアルファベットの最初の2文字である「アルファ（α）」と「ベータ（β）」を組み合わせたものが語源です。古代フェニキア人の文字が古代ギリシャ、ローマを経てヨーロッパ諸国にも広がり、独自の文字として発展しました。英語のアルファベットはAからZまでの26文字があり、それぞれに大文字と小文字があります。

●英語のアルファベットと読みかた
大文字 小文字

A a	エイ	N n	エヌ
B b	ビー	O o	オウ
C c	スィー	P p	ピー
D d	ディー	Q q	キュー
E e	イー	R r	アー
F f	エフ	S s	エス
G g	ヂー	T t	ティー
H h	エイチ	U u	ユー
I i	アイ	V v	ヴィー
J j	ジェイ	W w	ダブリュー
K k	ケイ	X x	エックス
L l	エル	Y y	ワイ
M m	エム	Z z	ズィー

かたかなの太い字の部分を強く読みます。かたかなでは英語の正確な発音をあらわすことはできませんが、発音の手がかりとして参考にしましょう。

> 「きらきら星」のメロディーにのせてアルファベットを覚えるのもいいね

なるほど情報ファイル

スペイン語のアルファベットの読みかた

アルファベットの読みかたは言語ごとに違います。ここでは、英語と並ぶ世界的な言語のひとつである、スペイン語のアルファベットの読みかたを紹介します。

A	ア	N	エネ
B	ベ	O	オ
C	セ	P	ペ
D	デ	Q	ク
E	エ	R	エレ
F	エフェ	S	エセ
G	ヘ	T	テ
H	アチェ	U	ウ
I	イ	V	ウベ
J	ホタ	W	ウベドブレ
K	カ	X	エキス
L	エレ	Y	イェ
M	エメ	Z	セタ

第7章 学習

英語の略語

略語とは、長いことばを簡単に話したり、書いたりできるよう短く略したことばのことです。英語の略語は、ことばの最初の文字（頭文字）を含むものが比較的多いようです。また、「coz」（becauseの略語）のように、ことばの最後の音をそれにいちばん近い音のアルファベットでしめしたり、「gimme」（give meの略語）のように話しことばが略語になることもあります。

英語の文でつかわれる記号

英語の文ではアルファベット以外にも、次のような記号（符号）をつかいます。

" "	**クォーテーションマーク** 引用をしめす符号
.	**ピリオド** 文の終わりなどにつかう符号
:	**コロン** 説明や引用の前などでつかう符号
,	**コンマ、カンマ** 文中の、休止などにつかう符号
;	**セミコロン** andやbutなどのかわりになる
?	**クエスチョンマーク** 疑問をしめす文末の符号
...	**ドット** 省略をしめす符号
!	**エクスクラメーションマーク** 喜びなどをしめす文末の符号
—	**ダッシュ** 語句と語句の接続をしめす
'	**アポストロフィ** 短くしたことばや所有をしめす
( )	**パーレン** 英文のかっこ類のひとつ
-	**ハイフン** 単語をつなげるときなどにつかう
[ ]	**ブラケット** 英文のかっこ類のひとつ

●英語の略語の例

ここではアメリカ合衆国など、英語圏の人たちが好んでつかう、少しくだけた表現なども紹介しています。

略語	本来の語句	日本語の意味
〜 AM（A.M.、am、a.m.）	（ラテン語のante meridiemより）before noon	午前〜時
&	and	〜と…、そして
@	at	〜で（場所、所属、状態、単価など）
cf.	（ラテン語のconferより）compare	参照せよ
coz	because	なぜなら
etc.	（ラテン語のet cetaraから）and the rest（and so on）	その他、…など
gimme	give me	（〜を）ください
msg	message	伝言、ことづけ
nite	night	夜
No.（no.）	（ラテン語のnumero）number	第…番（号・巻・部）
#	（ここではNo.［ラテン語のnumero］と同じ意味）	第…番（号・巻・部）
ph	phone	電話
PLS（pls）	please（Eメールなどでよくつかう）	どうぞ、〜してください
〜 PM（P.M.、pm、p.m.）	（ラテン語のpost meridiemより）after noon	午後〜時
S/M/L	small/medium/large	（服などのサイズ）小／中／大［口語］
THX（thx）	Thanks	ありがとう
ya	you、your	あなた、きみ、おまえ

英語

221

英語の発音記号

英語のつづりは、かたかなやひらがなのように、文字とその発音が完全には一致していません。単語の正確な発音は、発音記号であらわします。英語の辞書（英和辞典）には、日本語の意味とともに、英語の発音記号をつかい、単語の発音がしめされています。なお、辞書によっては、ここで紹介したものとはちがう発音記号がつかわれていることもあります。

●二重母音の発音記号

2つの母音が結合した発音記号です。

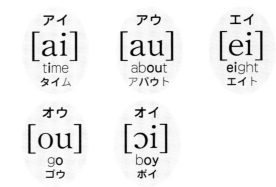

●母音の発音記号

日本語の「ア」「イ」「ウ」「エ」「オ」にあたる音です。ただし、実際の音は日本語とは大きくちがいます。右の図は、アメリカ英語でよくつかわれる母音*（ここでは短母音と長母音のみ）が、日本語の母音ではおおよそどの音に近くなるかをしめしたものです。

*英語の母音には、短く発音する短母音とのばして発音する長母音、さらに二重母音があります。

[ː]は、長くのばす記号です。

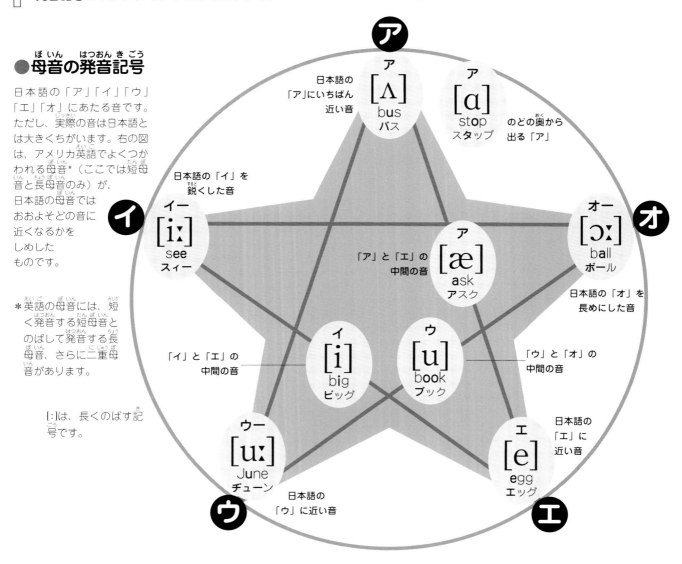

●半母音の発音記号

母音に近いが、子音の性質が強い音。母音ではありません。

●子音の発音記号

息をくちびるや舌などにぶつけたり、摩擦させたりして出す音です。子音には声がいっしょに出る有声音と、声がともなわない無声音があります。

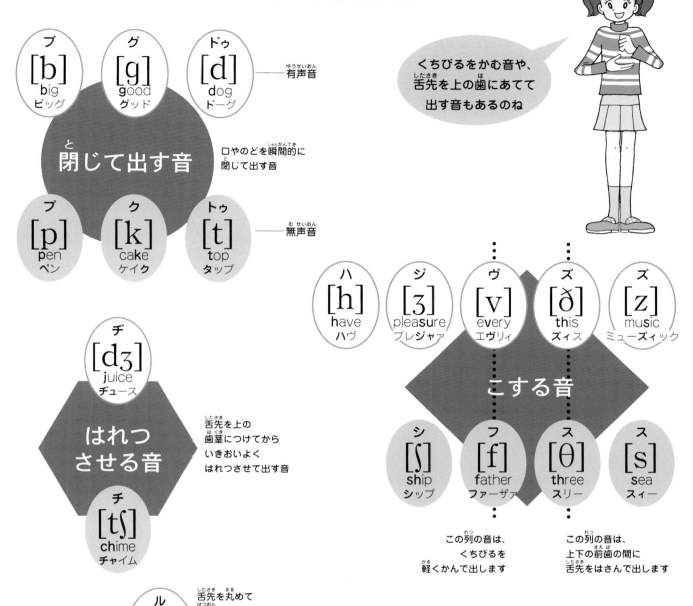

くちびるをかむ音や、舌先を上の歯にあてて出す音もあるのね

閉じて出す音
口やのどを瞬間的に閉じて出す音

- [b] big ビッグ — 有声音
- [g] good グッド
- [d] dog ドーグ
- [p] pen ペン — 無声音
- [k] cake ケイク
- [t] top タップ

はれつさせる音
舌先を上の歯茎につけてからいきおいよくはれつさせて出す音

- [dʒ] juice ヂュース
- [tʃ] chime チャイム

こする音

- [h] have ハヴ
- [ʒ] pleasure プレジャァ
- [v] every エヴリィ
- [ð] this ズィス
- [z] music ミューズィック
- [ʃ] ship シップ
- [f] father ファーザァ
- [θ] three スリー
- [s] sea スィー

この列の音は、くちびるを軽くかんで出します

この列の音は、上下の前歯の間に舌先をはさんで出します

そのほかの音

- [r] read リード — 舌先を丸めて発音する「ル」
- [l] light ライト — 舌先を上の歯茎につけて発音する「ル」
- [m] come カム
- [n] nice ナイス
- [ŋ] sing スィング

「そのほかの音」は、無声音になることもあります。

なるほど情報ファイル
発音をしめす図記号
外国語を正確に発音するには、舌の位置や口の開き具合も大切です。右の2つの例は、これらを図にあらわしたもので、英語にかぎらず、外国語の入門書でよく見られる口形図です。

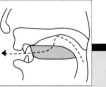
舌の位置などをしめした発音の図（[l]の音）

口の開きをしめした発音の図（[æ]の音）

223

学校用の絵文字をデザインしてみよう！

学校にはいろいろな人があつまります。はじめて学校をおとずれた人が、校内の行きたい場所へ行けるように案内する絵文字や、みんなで心がけたいことをあらわす絵文字など、学校でつかえる絵文字をデザインしてみましょう。道路や公園など、町で見られる絵文字を参考に、絵文字にはどういう特徴があるのかを復習しながら、学校で必要な絵文字を考えていきましょう。

絵文字とは！？

この本でも多くの図記号を紹介しましたが、その代表はピクトグラムとよばれる「絵文字」です。絵文字とは、伝えたいことを色と形にして、見ただけでわかるようにした記号のことです。

代表的な絵文字

●非常口

非常口の絵文字は火事や地震がおきたときに、火の中や煙の中でもよく見え、わかりやすくなければなりません。そのためにデザインを単純にして、とっさに避難しましょうという意味が伝わるようにくふうされています。この絵文字は、心理テストやあらゆる場面を想定したテストなど、多くのテストをクリアして決定されました。

●レストラン

日本では、食事といえば茶わんとはしをつかうことが多いですが、下の絵文字ではナイフとフォークの絵をつかってあらわしています。それは、どこの国の人が見てもわかるように考えられたからです。

絵文字の特徴

●色でも意味をあらわす

赤：禁止や危険という意味をあらわすときにつかわれます。

青：指示や案内をあらわすときにつかわれます。

緑：避難や救急の意味をあらわすときにつかわれます。

黄：危険のため注意という意味をあらわすときにつかわれます。

●見てすぐにわかる

「左が男性で、右が女性だよね」

上の絵文字にくらべると下の絵文字は、男女のどちらかだけが表示されていた場合、区別しづらいですね。デザインが省略されすぎたからかもしれません。

●どの地域や施設でも、基本的なデザインが統一されている

町で見られる絵文字を参考にしてみましょう。写真のようにタクシー乗り場の絵文字は場所によって少しことなりますが、タクシーの絵と文字の基本的なデザインは統一されています。

●大きくしても小さくしても見やすい

「上の絵文字にくらべると、下の絵文字は小さくしたときにわかりづらいよ」

上のデザインも下のデザインも、エレベーターであるということは伝わりますが、下のデザイン（実際にはつかわれていません）はくわしくえがきすぎたため、小さくなったときにわかりづらいですね。

●外国人や文字の読めない小さな子どもにもわかる

「下の標識は、漢字が読めないとわからないね」

上も下もトイレを意味する標識ですが、下のデザインは漢字が読めない人にとっては何をあらわすものなのかまったくわかりません。

学校用の絵文字をデザインしてみよう！

デザインを考えてみよう！

絵文字とはどのようなものなのかがわかったら、
学校でつかえるようにデザインしてみましょう。
● どんな意味を絵文字であらわすか？
● どこに必要なのか？
● どういうデザインがわかりやすいか？
みんなで考えてみましょう。

用意するもの

デザイン用紙
デザインを考えやすいように用紙を準備します。絵文字が必要な場所を探しながら、絵文字にどんな意味をもたせるか、どこにはるのが効果的かなどをメモしていきましょう。最後にデザインを決定します。

1 どんな意味の絵文字にするか？

●手を洗おう

まず、絵文字にすることがらを決定します。
みんなで、気をつけたいことや予防したいこと、禁止したいこと、進んで心がけたいことなどを話しあいましょう。各教室の案内用の絵文字を考えてもよいでしょう。

たとえば
● ろう下は静かに歩こう
● 授業中は静かにしよう
● 返事は大きな声で
● 忘れものには気をつけよう
● うがいをしよう
● 給食は残さず食べよう
● 先生にはたくさん質問しよう
● 友だちと仲よくしよう　など

2 どこにはるか？

●手洗い場にはる
●手洗い場を案内できるようにろう下にもはる

絵文字となることがらが決定したら、それをどこにはるのか考えましょう。いちばん効果的で、絵文字があれば便利だなと思われる場所を探してみるとよいでしょう。

たとえば
● 階段のかべ
● 階段のおどり場
● トイレの前
● 教室のかべ
● 黒板の横
● ロッカーの横　など

3 何色にするか？

●行動するという意味なので青にする

色は黒をつかってもかまいません。
前のページの絵文字と色の関係をふまえながら、
考えてみましょう。

4 デザインはどうするか？

● **わかりやすく人と水道の蛇口を絵にする**

見た瞬間でもわかりやすく、大きくしても小さくしてもスペースの問題がおこらないように、えがく部分を選んでいきます。

● **人は全身をえがかず手だけにする**
● **水道の蛇口から出る水もえがく**

わかりやすくするためにくわしくえがいてしまうと、小さくしたときに見づらくなります。施設や町でつかわれている絵文字を参考にしてみるのもよいでしょう。

● **手を洗うという意味を強めるために手は2つ重ねてえがく**

何かくふうできる部分はないか？ ひとつだけ特徴をもたせよう！ など、伝えたいことを絵文字の中でどうデザインすれば、より伝わるようになるか考えましょう。

● **案内用につかう場合は矢印をつける**

もう少し省略したほうが、わかりやすいと思うんだけど

手を重ねたことで、絵文字の意味がわかりやすくなったね

5 デザインが完成

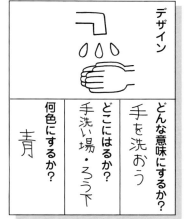

完成だ。この絵文字はどこから見ても手を洗おうという意味だよね

いろいろな形の記号

記号には、いろいろな形のものがあります。ここでは、外側の形やえがかれているテーマごとに、おもなものを集めてみました。

 丸形

- 市章（前橋市）……147
- 録音・録画……93
- 犬を飼っていることをしめすマーク……23
- 案内所……57
- 進入禁止……20・29・45
- 武田薬品工業……142
- 県章（茨城県）……144
- 県章（沖縄県）……147
- 身体障害者マーク……52
- 危険標識……34
- 一般指示……21・89
- 静かに……21・22
- 一列並び……21・56
- 電源プラグをコンセントから抜け……21・89
- 会計……28
- 聴覚障害者マーク……52
- 指定方向外進行禁止……39
- 時間制限駐車区間……40
- 自動車専用……40
- 自転車及び歩行者専用……40

- 原動機付自転車の右折方法（二段階）……40
- 警笛鳴らせ（警笛区間）……41
- 消火栓……43
- 放射能標識……34
- JASマーク……79
- 一般禁止……20
- 分解禁止……20・89
- 飲食禁止……22
- さわるな……22
- 捨てるな……22
- 走るな/かけ込み禁止……22
- 携帯電話使用禁止……19・22・58
- 撮影禁止……22
- 自転車乗り入れ禁止……24
- ベビーカー使用禁止……29
- 禁煙……19・29
- 火気厳禁……29
- ペースメーカ装着者の入室禁止……37
- 体内に磁性金属のある人の入室禁止……37
- 鉄製容器持込み禁止……37

- 磁気記録媒体持込み禁止……37
- 鉄製運搬機器持込み禁止……37
- 二輪の自動車以外の自動車通行止め……39
- 大型貨物自動車等通行止め……39
- 車両横断禁止……39
- 他のくすりといっしょにのんではいけません……84
- 一緒に牛乳をのんではいけません……84
- ストロボ発光禁止……94
- 駐停車禁止……40
- 重量制限……40
- 買物まかせなサイマーク……118
- 指示標識（手袋着用）……34
- 小田急電鉄……61
- 機内モード……91
- 無線LAN……91
- Bluetooth……91
- 電源……92
- ストップ（停止）……92
- 県章（長野県）……145
- 市章（宮崎市）……148

- ロゴス（地球）……174
- 天気記号（雪）……203
- 四文銭（裏波銭）……156
- 長尾巴……157
- ビットコイン……109
- モナコイン……109
- 環境ラベル（日本）……111
- 環境ラベル（ドイツ）……111
- 環境ラベル（北欧5か国）……111
- 省エネ性マーク……112
- 統一美化マーク……115
- モバイル・リサイクル・ネットワーク……115
- シルバーゾーン（広島県）……47
- 特別用途食品マーク（人形マーク）……79
- 特定保健用食品マーク（トクホマーク）……79
- 京浜急行電鉄……61
- セルフタイマー（自動シャッター）……94
- 必ず換気する……94
- 国連食糧農業機関……125
- もっとしっかりやりましょう 158

四角形　 三角形　 ひし形(がた)　その他(た)の多角形

四角形

- 停止・ストップ ……93
- 文字旗（S）……76
- 病院（アメリカ合衆国）……37
- 東京メトロ……61
- 津波／高潮……16
- チェッカーフラッグ……55
- 車止位置……64
- 注意旗……33
- 救護所……21・57
- 進行方向別通行区分……40
- 一方通行……40・45
- 汽笛吹鳴標識……64
- メール……90
- 汽笛……77
- 非常口……15・21
- 非常電話……15
- 初音……157
- 基準適合証印……87
- 特定の種類の車両の通行区分……40
- 歩行者通行止め……41
- 並進可……42
- 駅のスタンプ……57

三角形

- ハザード警告ランプ……54
- 再生・演奏・プレイ……93
- 第1代表旗……76
- 一般注意……20・34・89
- 感電注意……20・35・89
- 転落注意……20・35
- じぐざぐコースとなる……33
- 注意してユックリ行け……33
- 下り段差注意……35
- 強磁場注意……37
- 発火注意……89
- 高温注意……89
- 徐行……41
- 一時停止……41
- リサイクル品回収施設……114
- 〔PETボトル〕の法定識別表示マーク……114
- ニカド電池……114
- アルミ缶の識別表示マーク……115
- 市章（福岡市）……148
- グリーンマーク……115
- CUDマーク……13
- ロコス（歩く）……174

ひし形

- 危険標識……34
- 十形道路交差点あり……41
- ロータリーあり……41
- 踏切あり……41
- 踏切あり……41
- 学校、幼稚園、保育所等あり……20・41
- 信号機あり……41
- すべりやすい……41
- 路面凹凸あり……42
- シルバーゾーン（愛知県）……47
- 眠くなることがあります……84
- フラフラすることがあります……84
- PSEマーク……85
- 市章（横浜市）……148
- 市章（高松市）……148
- 市章（富山市）……148
- 県章（山梨県）……145
- 市章（甲府市）……148
- 県章（静岡県）……145
- 市章（福井市）……148
- 環境省……149
- 地図記号（税務署）……206

その他の多角形

- 地図記号（病院）……206
- 横断歩道……42
- 横断歩道……42
- 自転車横断帯……42
- 大阪万博（1970年）……125
- 将棋（王将）……98
- シルバーゾーン（香川県）……47
- ケンブリッジ大学……151
- 国連教育科学文化機関（ユネスコ）……125
- 市章（松山市）……148
- 一重亀甲……157
- 経済産業省……149
- 日章……36
- 消防章……36
- 初心者マーク……52
- イーサリアム……109
- 糸輪に重ね三階菱……157
- 都道府県の旗（宮崎県）……145
- 県章（富山県）……145
- 全国餅工業協同組合表示マーク……81
- 六つ組合亀甲……157
- 北星学園大学……150

人の形

女性（じょせい）..................18

男性（だんせい）..................18

お手洗（てあらい）..................18

ベビーケアルーム..........10・29

陸上競技場（りくじょうきょうぎじょう）..................25

野球場（やきゅうじょう）..................25

サッカー競技場（きょうぎじょう）..................25

テニスコート..................25

海水浴場（かいすいよくじょう）／プール..................25

山岳（さんがく）..................176

自転車（じてんしゃ）..................176

ボクシング..................176

柔道（じゅうどう）..................176

レスリング..................176

フィギュアスケート..................177

バスケット..................178

障害者（しょうがいしゃ）スポーツの競技（きょうぎ）シンボル..........179

更衣室（こういしつ）（女性（じょせい））..................25

水飲み場（みずのみば）..................24

エアバッグ..................55

休憩所（きゅうけいじょ）／待合室（まちあいしつ）..................57

コミュニケーション..........9・32

きっぷうりば／精算所（せいさんじょ）..................56

障害（しょうがい）のある人（つか）が使える設備（せつび）..........19・116

階段（かいだん）..................19

くず入れ..................24

浴室（よくしつ）..................25

チェックイン／受付（うけつけ）..................31

展望地（てんぼうち）／景勝地（けいしょうち）..................32

スキーリフト..................33

スキー場（じょう）..................33

スキーヤーは降（お）りる..................33

整理整頓（せいりせいとん）..................35

合図確認（あいずかくにん）..................35

開口部注意（かいこうぶちゅうい）..................35

ぬれた場所（ばしょ）での転倒（てんとう）または滑（すべ）り..................35

有毒臭（ゆうどくしゅう）・有毒（ゆうどく）ガス・窒息（ちっそく）..................35

警察（けいさつ）..................36

オストメイト用設備（ようせつび）／オストメイト....37・118

スカッシュコート..................25

ホテル／宿泊施設（しゅくはくしせつ）..................31

広域避難場所（こういきひなんばしょ）..........15・21

トイレ（アメリカ合衆国（がっしゅうこく））..........18

トイレ（アメリカ合衆国（がっしゅうこく））..................18

エレベーター..................19

SEK消臭加工（エスイーケイしょうしゅうかこう）マーク..................83

ポートレート..................94

静（しず）かに..........21・22

遊泳禁止（ゆうえいきんし）..................32

統一美化（とういつびか）マーク..................115

体内（たいない）に磁性金属（じせいきんぞく）のある人（にゅうしつきんし）の入室禁止..........37

自転車及（じてんしゃおよ）び歩行者（ほこうしゃ）専用（せんよう）..................40

特定保健用食品（とくていほけんようしょくひん）マーク（トクホマーク）...79

マタニティマーク..................119

森永製菓（もりながせいか）（1951年）..................142

みどりの窓口（まどぐち）..................57

スノーボードよし（スノーボード指定区域（していくいき））....33

講習（こうしゅう）よし（講習指定（してい）区域（くいき））..................33

ハイキング..................33

ロッククライミング..................33

洞窟（どうくつ）..................33

トイレ..................33

玩具（がんぐ）のあつかいかた注意記号（ちゅういきごう）..................99

並進可（へいしんか）..................42

水上（すいじょう）スキー可（か）..................77

水上（すいじょう）オートバイ禁止（きんし）..................77

点眼薬（てんがんやく）（眼（め）にさす）..................84

視覚障害者（しかくしょうがいしゃ）マーク..................117

シルバーゾーン（愛知県（あいちけん））..........47

礼拝室（れいはいしつ）..........11・67

ミーティングポイント..................66

ハート・プラスマーク..................119

転落注意（てんらくちゅうい）..........20・35

下（くだ）り段差注意（だんさちゅうい）..................35

道路工事中（どうろこうじちゅう）..................42

眠（ねむ）くなることがあります..................84

横断歩道（おうだんほどう）..................42

横断歩道（おうだんほどう）..................42

留守録（るすろく）..................93

落下物（らっかぶつ）を拾（ひろ）い上（あ）げる道具（どうぐ）入（い）れのマーク..................57

ロコス（水泳（すいえい））..................175

こども車（くるま）いすマーク..................119

間伐材（かんばつざい）マーク..................113

カントリーサイン（北広島市（きたひろしまし））..........46

カントリーサイン（ニセコ町（まち））..........46

白杖（はくじょう）SOS（エスオーエス）シグナル..................116

キユーピー..................142

森下仁丹（もりしたじんたん）..................142

230

動物の形

- ニューギニア航空 ……68
- シンガポール航空 ……68
- 中国国際航空 ……68
- シルバーゾーン（神奈川県）……47
- 県章（鳥取県）……146
- 鶴の丸 ……155
- 上智大学 ……150
- フィッシング ……33
- 揚羽蝶 ……155
- 盲導犬マーク ……116
- たぬき ……42
- うさぎマーク ……116
- 真向き兎 ……155
- さる ……42
- シカ観察ポイント ……33
- 動物が飛び出すおそれあり ……42
- 自然保護 ……32
- 認知症サポーターキャラバンのマーク ……118
- カンタス航空 ……68
- WWFマーク（パンダマーク）……113
- MIATモンゴル航空 ……69
- ナンバープレート（福井県全域）……51

植物の形

- 接写 ……94
- 梅の花 ……152
- 撫子 ……154
- 向こう山桜 ……154
- 橘 ……153
- カントリーサイン（岩見沢市）……46
- エア・カレドニア・インターナショナル……68
- エア・タヒチ・ヌイ ……68
- チャイナエアライン ……69
- 環境ラベル（EUほか）……111
- 大阪万博（1970年）……125
- 県章（京都府）……146
- もうすこしです ……158
- 県章（福岡県）……146
- 東京大学 ……150
- 三枚笹 ……153
- 国旗（カナダ）……138
- 初心者マーク ……52
- 高齢者マーク（変更前）……52
- 蕪 ……154
- 望遠 ……94
- 一本杉 ……153

ものの形

- 喫茶・軽食 ……28
- レストラン ……28
- 電話 ……30
- 靴を脱いでください ……32
- 郵便 ……67
- 自転車（駐輪場など）……24
- 水ぬれ防止 ……106
- 慶應義塾大学 ……150
- コンテンツアイコン（犯罪）……99
- 開始ボタン ……90
- ホーン ……54
- ベルマーク ……88
- 保護帽着用 ……35
- 喫煙所 ……19
- バー ……29
- ボンネット ……55
- 鉄道／鉄道駅 ……56
- 船舶／フェリー／港 ……72
- 航空機／空港 ……66
- ロープウェイ ……32
- 踏切あり ……41
- 歴史的建造物2（城など）……32

星や月の形

- 市章（盛岡市）……147
- 市章（水戸市）……147
- 市章（岡山市）……148
- 天気予報のマーク（晴れ）……162
- 海上保安庁 ……73
- 国旗（イスラエル）……126
- ヨーロッパ連合 ……136
- 県章（北海道）……144
- 市章（札幌市）……147
- おやすみモード ……91
- 赤新月 ……140
- 関西学院大学 ……151
- 国旗（パキスタン）……128
- 国旗（アルジェリア）……130
- 国旗（チュニジア）……132
- 国旗（アゼルバイジャン）……126
- 国旗（ウズベキスタン）……127
- 国旗（カザフスタン）……127
- 国旗（キルギス）……128
- 国旗（ネパール）……128
- 画面の明るさ ……91
- 天気予報のマーク（晴れ）……162

総さくいん

あ

アーチェリー …177
RMK認定マーク …80
IEC …90
ISO …90
ISBNコード …100
アイコン …164
合図確認 …35
アイスホッケー …177
アイソタイプ …172
愛知万博 …125
iD …109
アイロンのかけかた 214
アウディ …53
アウトサイドミラーの
　調整（横型）…55
アエロフロート・ロシア
　航空 …69
赤目軽減 …94
上げ潮流 …75
揚羽蝶 …155
朝、1回のむ …84
朝、起床時にのむ …84
朝日生命保険 …143
麻マーク …82
アシアナ航空 …68
アフガニ …108
編み物 …216
アメリカン・エキスプレス
　…107
アラーム …91
洗いかた …214
アリタリア-イタリア
　航空 …69
アルファベット …220
アルファロメオ …53
アルミ缶の識別表示
　マーク …115
合わせガラス …95
暗号資産 …109
安全衛生旗 …34
安全指導標識 …21・34
安全地帯 …42
安全点検シンボルマーク
　…86
安全バーを閉める …33
安全標識の色と形 …34
案内 …57
案内所 …57
案内標識 …44
E5系 …59

イーサリアム …109
E7系 …59
E2系 …59
Eマーク …79
E6系 …59
イエローフラッグ …55
イオン …143
錨 …156
ICOCA …109
石持地ぬき三本蕨 …155
「伊豆クレイル」…59
いすゞ自動車 …53
伊勢海老の丸 …155
一時停止 …41
一時停止・ポーズ …93
一列並び …21・56
一緒に牛乳をのんでは
　いけません …84
五つ茄子 …155
五つねじ蛇の目 …156
一般缶材質表示マーク
　…115
一般禁止 …20
一般指示 …21・89
一般注意 …20・34・89
一方通行 …40・45
一本杉 …153
出光タンカー …73
伊藤藤 …152
イトーヨーカ堂 …143
糸輪に重ね三階菱 …157
犬を飼っていることを
　しめすマーク …23
命を守る記号 …15
衣服のサイズ …215
医薬品 …84
イヤホン …93
イラン航空 …68
入口の方向 …44
入口の予告 …44
衣料品 …82
色 …104
飲食禁止 …22
飲食店 …28
インダス文字 …190
インド・ルピー …108
飲用乳の公正マーク …80
飲料水 …29
ヴァージン アトラン
　ティック航空 …69
ウィンドウォッシャ及び

ワイパ …54
ウィンドサーフィン可
　…77
ウィンドサーフィン禁止
　…77
ウールブレンド …82
ウールマーク …82
ウールマークブレンド 82
ウェイトリフティング
　…176
上側及び下側の通風 …55
うえにのらない …99
右舷標識 …75
右舷をしめす標識 …75
うさぎ …42
うさぎマーク …116
右左折の方法 …45
右（又は左）方屈曲あり
　…41
右（又は左）方屈折あり
　…41
右（又は左）方背向屈曲
　あり …41
右（又は左）方背向屈折
　あり …41
ウズベキスタン航空 …69
宇部興産海運 …73
梅鶴 …152
梅の花 …152
裏波銭 …156
裏面原稿 …92
瓜の花 …154
上積み禁止 …106
上積み質量制限 …106
エア・インディア …69
エア・カナダ …68
エア・カレドニア・
　インターナショナル 68
エア・タヒチ・ヌイ …68
エアバッグ …55
英語 …220
英語の略語 …221
衛生マーク …88
H5系 …59
AEDマーク …15
ACSマーク …81
A判 …101
AV機器 …93
エールフランス …69
駅 …56
駅事務室／駅係員 …56
駅のスタンプ …57
エコテックス®ラベル …83
絵ことば …172
エコマーク …111
絵ごよみ …166
エジプト航空 …68

エジンバラ大学 …151
SIAAマーク …83
SEK消臭加工マーク
　…83
SEKマーク（抗菌防臭加
　工）…83
SFマーク …88
SOS …171
エスカレーター …19
SQマーク …81
SGマーク …85
S-JQAマーク …86
S-JET認証マーク …86
STマーク …99
SVマーク …87
えと …167
江戸時代の看板 …30
江戸時代の時報 …166
NSマーク …88
N700系 …59
エバー航空 …69
愛媛大学 …151
FSC認証マーク …113
Fマーク …80
エミレーツ航空 …68
絵文字
　…90・166・191・224
LCCM住宅認定マーク
　…95
エレベーター …19
円 …108
エンジン …55
エンジンオイル …54
エンジン冷却液の温度 55
遠赤外線協会認定マーク
　…88
塩素による漂白 …214
えんぴつのしん …94
追い越し禁止 …77
追越しのための右側部分
　はみ出し通行禁止
　…39・45
オイルフラッグ …55
横断歩道 …42・45
横断歩道又は自転車横断
　帯あり …45
欧文のフォント …102
大分トリニータ …182
大型貨物自動車等
　通行止め …39
大型乗用自動車等通行
　止め …39
大阪大学 …151
大阪万博（1970年）…125
オーストリア航空 …69
大宮アルディージャ 182
多めの水でのむ …84

小笠原海運 …73
お金 …107
沖電気工業 …143
お経 …172
オストメイト用設備／
　オストメイト・37・118
小田急電鉄 …61
小樽商科大学 …150
落ち牡丹 …152
お茶の水女子大学 …150
オックスフォード大学
　…151
お手洗（お手洗い）
　…18・22
おとなといっしょ …99
オペル …53
おぼろ輪 …157
沢瀉 …153
おもちゃ …99
表面原稿 …92
おやすみモード …91
折り込み井筒 …156
降り鶴の丸 …155
折り四つ目 …156
オリンピックのメダル
　…159
オレンジボールフラッグ
　…55
オレンジルーム …22
終わり …43
音楽 …210
音楽室 …22
音声ガイド対応マーク
　…117
温泉 …31
音読記号 …184
温度制限 …106
音符 …210
音量 …93

か

カーエンブレム …53
カート …67
カード …107
会意文字 …186
海外発行カード対応
　ATM …30
外気導入 …54
階級章 …158
会計 …28
会計検査院 …149
開口部注意 …35
介護マーク …118
開始ボタン …90
海上保安庁 …73
海図 …74
海水浴場／プール …25

階段 ……19	紙づまり ……92	Kitaca ……109	クイーンズ大学 ……151	血液輸送車（日本赤十字社）……49
懐中電灯 ……91	紙パックマーク ……115	喫煙 ……19	QUICPay ……109	ケルン ……32
海底線 ……75	画面の明るさ ……91	喫煙所 ……19	空港 ……66	牽引自動車の高速自動車国道通行区分 ……40
海底の地質 ……75	画面のむきをロック ……91	亀甲崩し ……157	グード図法 ……208	牽引自動車の自動車専用道路第一通行帯通行指定区間 ……40
回転 ……177	家紋 ……152	喫茶・軽食 ……28	区間内・区域内 ……43	
回転物注意 ……89	カラー ……92	きっぷうりば／精算所 ……56	くず入れ ……24	検疫所 ……75
回答旗 ……76	カラーユニバーサルデザイン ……13	汽笛 ……77	薬 ……84	検査標章 ……52
買物まかせなサイマーク ……118	烏の丸 ……155	汽笛吹鳴標識 ……64	下り急勾配あり ……42	原子の記号 ……197
海流 ……75	ガラスびんリターナブルマーク ……114	技適マーク ……86	下り段差注意 ……35	県章 ……144
回路計 ……219	空手道 ……176	軌道敷内通行可 ……42	くちにいれない ……99	建設住宅性能評価書のマーク ……95
花押 ……189	ガルーダ・インドネシア航空 ……68	機内モード ……91	靴を脱いでください ……32	減速信号 ……64
顔文字 ……90	川崎汽船 ……73	キャッシュサービス ……30	国立音楽大学 ……150	建築物の設計図 ……213
化学式 ……198	「かわせみ・やませみ」……59	キャンプエリア ……33	クマ観察ポイント ……33	検定合格証 ……88
化学反応式 ……199	変わり稲の丸 ……153	キャンプ禁止 ……32	くまどり ……183	検定証 ……86
化学薬品による手の火傷 ……35	缶 ……115	キャンプ場 ……32	クラブ ……96	検定証印 ……87
火気禁止 ……89	換気ファン ……54	キャンプファイヤー ……33	クランプ位置 ……106	剣道 ……176
火気厳禁 ……29・35・106	環境 ……110	級（Q）……103	クランプ禁止 ……106	原動機付自転車の右折方法 ……40
柿の花 ……154	環境共生住宅認定マーク ……95	救急車 ……49	グリーンシール ……111	ケンブリッジ大学 ……151
学習 ……184	環境省 ……149	休憩所／待合室 ……57	グリーンフラッグ ……55	コインロッカー ……57
学習院大学 ……150	環境ラベル ……111・112	救護所 ……21・33・57	グリーンプラマーク 113	広域避難場所 ……15・21
楽譜 ……210	玩具 ……96	救助車（レスキュー車）……49	クリーンマーク ……87	更衣室 ……25
陰杏葉牡丹 ……152	玩具のあつかいかた注意記号 ……99	弓道 ……176	グリーンマーク ……115	公園 ……24
崖崩れ・地滑り ……16	観光地 ……31	牛乳パック再利用マーク ……115	栗林商船 ……73	高温注意 ……89
崖崩れ・地滑り注意 ……16	官公庁 ……36	キユーピー ……142	車いす・ベビーカースペース ……58	広角 ……94
陰三つ銀杏 ……153	関西大学 ……151	休符 ……210	車止位置 ……64	公共施設 ……14
火災 ……95	漢字 ……186	教育 ……22	くるみんマーク ……119	航空機／空港 ……66
「カシオペア」……59	環状の交差点における右回り通行 ……39	強化ガラス ……95	クレー射撃 ……176	航空図 ……70
花式図 ……197	漢数字 ……192	競技種目 ……176	クレジットカード ……107	甲骨文字 ……190
鹿島アントラーズ ……182	関西学院大学 ……151	強磁場注意 ……37	クローク ……31	工事現場 ……34
柏レイソル ……182	カンタス航空 ……68	京セラ ……143	勲章 ……158	高周波使用 ……37
数のあらわしかた ……192	缶詰の記号 ……81	京都大学 ……151	ＫＬＭオランダ航空 ……69	講習よし（講習指定区域）……33
ガス漏れ ……95	感電注意 ……20・35・89	杏葉花菱 ……157	慶應義塾大学 ……150	工場 ……34
河川通航標識 ……77	関東学院大学 ……150	旭日大綬章 ……159	京王電鉄 ……61	洪水／内水氾濫 ……16
ガソリンスタンド ……29	カントリーサイン ……46	漁港 ……75	警戒信号 ……64	校正記号 ……189
かたかな ……185	間伐材マーク ……113	漁礁 ……75	警告ブロック ……116	後退位置 ……55
片喰 ……152	看板 ……29	距離競技 ……177	経済産業省 ……149	校長室 ……22
滑降 ……177	キーの名前 ……164	距離・区域 ……43	警察 ……36	交通 ……38
学校 ……22	機械などの設計図 ……217	桐壺 ……157	警察官 ……158	交通系電子マネー ……109
学校、幼稚園、保育所等あり ……20・41	危険全没沈船 ……75	禁煙 ……19・29	警察署 ……36	交通信号 ……48
滑面注意 ……35	危険標識 ……34	近畿日本鉄道 ……61	警察庁 ……149	公的機関 ……149
家庭用計量器のマーク 87	危険物積載車両通行止め ……40	緊急地震速報ロゴマーク ……17	傾斜路 ……44	こう配標 ……64
家庭用品 ……85	記号の色 ……20	銀行・両替 ……30・67	京成電鉄 ……61	交番の看板 ……36
金沢大学 ……151	技術・家庭 ……212	禁止事項の記号 ……25	形声文字 ……186	高密度ポリエチレン 114
かな文字 ……185	基準適合証印 ……87	禁止図記号 ……89	けい線 ……103	合流交通あり ……42
必ずアース線を接続せよ ……89	気象庁 ……149	金属以外の記号 ……197	係船浮標 ……75	光琳爪形枯桔 ……152
必ず換気する ……94	気象庁・航海訓練所 ……73	金属製装身具持込み禁止 ……37	携帯電話 ……19・90・115	光琳蝙蝠 ……155
カヌー ……33・176	規制標識 ……39	金属を記号であらわした例 ……197	携帯電話使用禁止 ……19・22・58	高齢者マーク ……52
可燃物の近くで使用禁止 ……89	規制予告 ……42	金融庁 ……149	警笛鳴らせ（警笛区間）……41	コードネーム ……212
蕪 ……154	規制理由 ……43	銀聯 ……107	京阪電気鉄道 ……61	ゴールドラベル ……83
紙 ……115			京浜急行電鉄 ……61	小形シール鉛蓄電池 114
紙製容器包装の識別表示マーク ……115			ケーブル鉄道 ……32	国語 ……184
			ゲーム ……96	
			ゲームソフト ……99	
			血液型 ……209	

国際 …124
国際エネルギースターの
　ロゴマーク …112
国際オリンピック委員会
　…136
国際機関 …125
国際高齢者年 …167
国際コメ年 …167
国際山岳年 …167
国際標準図書番号 …100
国際連合 …125・136
国際労働機関 …125
国道番号 …44
国土交通省 …149
国連教育科学文化機関
　…125
国連児童基金 …125
国連食糧農業機関 …125
国連世界食糧計画 …125
国連大学 …125
国連の国際年 …167
九重桜 …154
五三の桐 …152
腰掛け式リフト …33
故障 …35
個人タクシーの行灯 …52
コスタリカ・コロン …108
五線譜 …210
古代エジプトの数字 …192
古代ギリシャの数字 …192
国旗 …126
コットン・ブレンド・
　マーク …82
COTTON USAマーク
　…82
ご当地ナンバープレート
　…51
寿の字巴 …157
こども車いすマーク …119
子供の手が届くところに
　置かない …94
子供の手の届くところに
　保管してはいけません
　…84
コニカミノルタホール
　ディングス …143
コピー …92
コピー機 …92
コピー枚数 …92
古墳 …205
五枚根笹 …153
コミュニケーション …32
「米の情報提供システム」
　のマーク …80
ゴルフ …177
転がし禁止 …106
壊れもの …106

コンテンツアイコン …99
コンビニエンスストア
　…30

さ

サービス・エリア …44
最高速度 …40・45
再生・演奏・プレイ …93
再生紙使用マーク …115
最大幅 …40
最低速度 …40
相模鉄道 …61
佐川急便 …143
下がり花桐 …152
さくいん地図 …63
桜 …154
桜蝶 …154
下げ潮流 …75
左舷標識 …75
左舷をしめす標識 …74
笹竹枝丸 …153
笹竜胆 …152
撮影禁止 …22
サッカー
　…177・178・179・180
サッカー競技場 …25
サッカー・Jリーグ …182
さる …42
さわるな …22・35
山岳 …176
三光汽船 …73
算数 …193
「サンダーバード」 …59
3点式シートベルト …55
サンフレッチェ広島 …182
三枚笹 …153
算用数字 …192
三羽雀 …155
GIマーク …81
GFマーク …83
シートの前後調整 …55
シートのリクライニング
　調整 …55
CPマーク …95
Cマーク …86
Gマーク商標 …86
CUDマーク …13
JR東日本 …61
JIA認証マーク …86
JHFAマーク …79
JPRマーク …87
JCB …107
Jポークマーク …80
ジェスチャー …169
シカ観察ポイント …33
視覚障害者マーク …117
時間制限駐車区間 …40

磁気記録媒体持込み禁止
　…37
じぐざぐコースとなる
　…33
時刻表 …62
指示図記号 …89
指示標識 …34・42
指示文字 …186
自主基準適合マーク …87
紫綬褒章 …159
市章 …144・147
静かに …21・22
JIS適合表示票 …83
JISマーク …85
自然保護 …32・112
歯朶 …155
室内暖房 …55
室内灯 …54
指定方向外進行禁止 …39
自転車 …24・176・178
自転車以外の軽車両通行
　止め …39
自転車横断帯 …42・45
自転車及び歩行者専用
　…40
自転車専用 …40
自転車通行止め …39
自転車乗り入れ禁止 …24
自動車 …39
自動車専用 …40
自動車の塗装 …49
自動車のレッカー車 …49
自動車レースで
　つかわれる旗 …55
自動濃度調整 …92
自動販売機 …30
指導標識 …34
篠笹の丸 …153
シフマーク …83
字幕ガイド対応マーク
　…117
社会 …204
射撃 …178
写真 …90
ジャスポマーク …83
JASマーク …79
車線数減少 …42
ジャパン・コットン・マーク …82
車両横断禁止 …39
車両記号 …65
車両（組合せ）通行止め
　…39
車両進入禁止 …39
車両通行区分 …40
車両通行帯 …45
車両通行止め …39
車両の種類 …43

車両の席番配置 …63
JAL …68
シャワー …25
じゃんけん …169
ジャンプ …177
銃剣道 …176
重心位置 …106
就寝前にのんでは
　いけません …84
住宅 …95
柔道 …176・180
十二支 …167
18リットル缶リサイクル
　推進マーク …115
重量挙げ …178
重量制限 …40
終了ボタン …90
十六菊 …152
宿泊小屋 …33
宿泊施設 …31
出国手続/入国手続/検疫
　/書類審査 …67
出発 …66
出発反応標識 …64
ジュビロ磐田 …182
主要駅の案内図 …62
手話 …122
手話マーク …116
受話音量 …93
純国産絹マーク …82
省エネ …112
省エネ性マーク …112
障害者雇用支援マーク
　…117
障害のある人が使える
　設備 …19・116
障害物注意 …35
消火器 …20・88
消火栓 …43
将棋 …98
蒸気機関車の記号 …65
象形文字 …186
商工業施設 …28
昇降禁止 …35
商船三井 …73
上智大学 …150
商店 …28
湘南ベルマーレ …182
乗馬 …33
情報 …160
消防士 …158
消防車（ポンプ車） …49
消防章 …36
消防水利 …43
消防標識 …43
食事をしたら30分後に
　のむ …84

食品表示 …80
植物園 …27
植物油インキマーク
　…113
食料品 …79
徐行 …41
初心者マーク …52
女性 …18
書籍コード …100
書体 …102
シルバースターマーク
　…118
シルバーゾーン …47
シルバーマーク …118
白バイ …49
シンガポール航空 …68
新幹線の車内案内図 …58
信号旗 …76
信号機あり …41
進行信号 …64
進行中継信号 …64
進行方向 …45
進行方向別通行区分 …40
人事院 …149
新シェケル …108
身障者専用駐車場
　…19・116
身障者用設備 …19
身体障害者マーク …52
新適マーク …31
震度階級 …203
進入可 …77
進入禁止
　…20・29・45・77
審判のサイン …180
新聞・雑誌 …29・67
人民元 …108
信頼のマーク …88
水泳 …176・178
Suica …109
水産庁 …73
水上オートバイ可 …77
水上オートバイ禁止 …77
水上スキー可 …77
水上スキー禁止 …77
推奨品マーク …81
スイス・インターナショ
　ナル・エアラインズ
　…69
水仙 …154
瑞宝大綬章 …159
数学 …193
数学記号 …193
数字旗 …76
ズーム …92
スカッシュコート …25
スカンジナビア航空 …69

スキー場 …………33
スキーの先を上げる …33
スキーヤーは降りる …33
スキーリフト …………33
スクランブル交差点 …45
スコア …………181
図工 …………204
図工コーナー …………22
SUGOCA …………109
スズキ …………53
スタート …………92
スチール缶の識別表示
　マーク …………115
捨てるな …………22
ストップ …………92
ストロボ …………94
ストロボ発光禁止 ……94
スノーボードよし（スノー
　ボード指定区域）…33
SUBARU …………53
スピードスケート …177
スペード …………96
すべりやすい …………41
図法 …………208
スポーツ …………160
スポーツ活動 …………25
スポーツ施設 …24・25
スポーツ庁 …………149
スポーツと体育の国際年
　…………167
スマートフォン …………91
隅切り角に割三文字 156
相撲 …………176
スリランカ航空 …………69
スロープ
　………11・12・19・116
税関 …………75
税関／荷物検査 …………67
制限中継信号 …………64
星座 …………201
星座の略号 …………201
清掃車 …………49
西南学院大学 …………151
製版 …………78
生物学 …………196
西武鉄道 …………61
精密機器・電子機器
　持込み禁止 …………37
税務署 …………36
西洋の紋章 …………157
整理整頓 …………35
セーリング …………176
世界物理年 …………167
世界貿易機関 …………125
世界保健機関 …………125
赤十字 …………140
赤新月 …………140

積水ハウス …………142
石油燃焼機器の認証
　マーク …………86
設計住宅性能評価書の
　マーク …………95
接写 …………94
接触禁止 …………89
セブン-イレブン・
　ジャパン …………143
セルフタイマー …………94
セレッソ大阪 …………182
全国マスク工業会会員
　マーク …………83
全国無洗米協会認証
　マーク …………80
全国餅工業協同組合表示
　マーク …………81
洗剤 …………94
洗浄便座 …………95
仙台大学 …………150
洗濯方法 …………214
洗濯物の干しかた …214
全日本空輸 …69・143
船舶／フェリー／港 …72
前方優先道路 …………45
専用通行帯 …………40
ソータ …………92
ゾーン30 …………47
速記記号 …………171
その他の危険 …………42
ソフトボール …………177

た

ターキッシュ・
　エアアラインズ …………68
ターンシグナル …………54
大回転 …………177
大学のマーク …………150
大学の紋章 …………151
大韓航空 …………68
大規模な火事 …………16
大勲位菊花大綬章 …………159
タイ国際航空 …………68
大聖堂 …………32
体操 …176・178
ダイナースクラブ …107
体内に磁性金属のある
　人の入室禁止 …………37
ダイハツ工業 …………53
待避所 …………44
代表旗 …………76
ダイヤ …………96
タカ・ …………108
高さ制限 …………40
抱き稲 …………153
抱き柏 …………153
抱き角 …………155

多機能トイレ …18・117
抱き茗荷 …………153
タクシー／タクシーのりば
　…………57
タクシーの行灯 …………52
武田薬品工業 …………142
立入禁止 …………22
立ち杜若 …………154
立ち梶の葉 …………153
橘 …………153
卓球 …………177
たぬき …………42
他のくすりといっしょに
　のんではいけません 84
WHSマーク …………83
WWFマーク（パンダ
　マーク）…………113
多摩美術大学 …………150
多目的トイレ …18・117
タロットカード …………96
単位記号 …………194
男性 …………18
団体 …………124
段ボールのリサイクル
　マーク …………115
地域食品認証マーク …79
チーム …………182
チェス …………98
チェッカーフラッグ …55
チェックイン／受付 …31
地図 …………206・208
地図記号 …………206
千葉ロッテマリーンズ
　…………182
地名 …………43
チャイナエアライン …69
茶の実 …………154
注意 …………43
注意旗 …………33
注意事項 …………43
注意してユックリ行け 33
注意信号 …………64
注意図記号 …………89
中央線 …………42
中陰光琳松 …………153
中陰撫子 …………154
中国国際航空 …………68
中国南方航空 …………68
駐車位置 …………55
駐車可 …………42
駐車禁止 …29・40・45
駐車場 …29・44
駐車ブレーキ …………55
柱状図 …………202
駐停車禁止 …40・45
中日ドラゴンズ …………182
中部電力 …………143

中太輪に一つ鷹の羽 155
中輪に楓 …………154
中輪に十五枚笹 …………153
中輪に一つ折れ松葉 153
中輪に一つ瓢 …………154
聴覚障害者マーク …52
直射日光遮へい …………106
著作権マーク …………100
通貨記号 …………108
通学路 …………43
通行止め …………39
通信 …………160
月の形 …………166
月輪に隠居夕顔 …………154
つくば万博 …………125
鳶 …………153
津波セーフティライン
　…………16
津波／高潮 …………16
津波注意／高潮注意 …16
津波避難場所 …………16
津波避難ビル …………16
「つばめ」…………59
つり位置 …………106
鶴の丸 …………155
手洗励行 …………35
TSマーク …………87
停止禁止部分 …………45
停止信号 …………64
停止・ストップ …………93
停止線 …42・45
停止中継信号 …………64
停車可 …………42
Discover …………107
低密度ポリエチレン 114
手かぎ禁止 …………106
出口 …………44
デジタルカメラ …………94
手信号 …………48
鉄製移送用機器・鉄製
　補助用具持込み禁止 …37
鉄製運搬機器持込み禁止
　…………37
鉄製小物持込み禁止 …37
鉄製容器持込み禁止 …37
鉄道会社のマーク …61
鉄道／鉄道駅 …………56
テニス・ソフトテニス
　…………177
テニスコート …………25
手荷物一時預かり所 …57
手荷物受取所 …………67
手荷物託配 …………67
デパートの案内図 …28
手旗信号 …………170
デルタ航空 …………69
テレビ電話 …………90

手を触れない
　（洗濯機の脱水槽）…89
手を触れない
　（扇風機）…………89
転回禁止 …39・45
点眼液 …………84
電気回路図 …………200
天気記号 …………203
天気図 …………202
天気図解析記号 …………203
電気通信大学 …………150
天気予報 …………162
電撃／感電 …………35
電源 …………92
電源入力 …………93
電源の入り …………92
電源の切り …………92
電源プラグをコンセント
　から抜け …21・89
点字 …………120・121
電子機器使用禁止 ……22
電子政府 …………149
点字つきトランプ …96
点字ブロック …………116
電子マネー …………109
点耳薬 …………84
天井に注意 …………35
電子レンジ容器検済
　マーク …………87
電卓 …………91
電池残量表示 …………90
転てつ器標識 …………64
伝統芸能 …………160
伝統マーク …………87
天然温泉表示マーク …31
電波 …………161
電波の受信レベル …90
点鼻薬 …………84
店舗・売店 …………67
展望地／景勝地 …………32
転落注意 …20・35
電力会社の高所作業車
　…………49
電話 …………30・93
電話帳 …………90
電話ボックス …………30
TOICA …………109
トイレ …18・33
統一美化マーク …………115
動画 …………94
東海汽船 …………73
桐花大綬章 …………159
東京医科歯科大学 …150
東京駅の案内図 …57
東京外国語大学 …………150
東京海洋大学 …………150
東京急行電鉄 …………61

235

東京藝術大学 ……150
東京工業大学 ……150
東京慈恵会医科大学 150
東京大学 ……150・182
東京大学大気海洋研究所
　……73
東京電力 ……49
東京電力グループ ……143
東京都耐震マーク ……17
東京農工大学 ……150
東京メトロ ……61
東京理科大学 ……150
洞窟 ……33
トゥグルク ……108
同志社大学 ……151
灯台 ……71
胴体の圧砕 ……35
銅鐸 ……205
到着 ……66
藤八けん ……169
登坂車線 ……44
動物園 ……26
動物が飛び出す
　おそれあり ……42
動物注意 ……43
東武鉄道 ……61
東北学院大学 ……150
導流帯 ……45
動力船通航可 ……77
動力船通航禁止 ……77
道路 ……39
登録商標マーク ……100
道路工事中 ……42
道路の通称名 ……44
道路のパトロールカー
　……49
道路標示 ……45
道路標識 ……39
時 ……166
徳川葵 ……152
特殊容器のマーク ……87
特色のある規格の
　ＪＡＳマーク ……79
特定の種類の車両の
　通行区分 ……40
特定保健用食品マーク 79
特別用途食品マーク ……79
トクホマーク ……79
登山道 ……32
図書館 ……22
土石流 ……16
土石流注意 ……16
土足厳禁 ……35
特許庁 ……149
都道府県道番号 ……44
トナー ……92
トナー補給 ……92

飛び降り禁止 ……33
飛び鶴 ……155
トヨタ自動車 ……53
ドライクリーニング 214
ドライブ位置 ……55
ドライブモード ……90
ドラム ……108
トランプ ……96
取扱注意 ……106
取出し・イジェクト ……93
トルコリラ ……108
トレインマーク ……59
ドン ……108
トンボ鉛筆 ……142

な

内閣府 ……149
内気循環 ……54
内服薬 ……84
ナイラ ……108
長尾巴 ……157
中陰片喰桐 ……152
長崎大学 ……151
なぎなた ……176
名古屋大学 ……151
名古屋鉄道 ……61
梨の花 ……154
茄子桐 ……155
撫子 ……154
七つ籠目釜敷 ……156
斜め横断可 ……45
「成田エクスプレス」……59
南海電気鉄道 ……61
南山大学 ……151
ナンバープレート ……50
荷あつかい ……106
新潟大学 ……150
ニカド電池 ……114
西日本鉄道 ……61
ニッケル・水素電池 114
日産自動車 ……53
日章 ……36
日本海運 ……73
日本郵船 ……73
２点式シートベルト ……55
二方向交通 ……42
日本工業規格マーク ……85
日本航空 ……68・143
日本語のフォント ……102
日本自動車連盟 ……49
日本生命保険 ……143
日本赤十字社 ……49
日本大学 ……150
日本電信電話 ……143
日本農林規格マーク ……79
日本被服工業組合連合会
　エコ・ユニフォームマーク

……83
荷物 ……106
ニューギニア航空 ……68
ニュージーランド航空 68
ニュートラル位置 ……55
ニューヨークヤンキース
　……182
二輪の自動車以外の自動
　車通行止め ……39
二輪の自動車・原動機付
　自転車通行止め ……39
二列並び ……56
人形マーク ……79
認知症サポーターキャラ
　パンのマーク ……118
ぬり薬 ……84
ぬれた場所での転倒
　または滑り ……35
ぬれ手禁止 ……89
ネパール航空 ……69
眠くなることがあります
　……84
年月 ……166
燃料 ……55
濃度 ……92
ノーベル賞のメダル
　……159
熨斗の丸 ……156
上り急勾配あり ……42
上り段差注意 ……35
飲めない ……29
乗合自動車停留所 ……44
乗り継ぎ ……66
乗り物 ……38
ノルディックスワン ……111

は

バー ……29
バーツ ……108
ハート ……96
ハードディスク ……164
ハートビル法シンボル
　マーク ……118
ハート・プラスマーク
　……119
ハーバード大学 ……151
バーミンガム大学 ……151
バイアスロン ……177
バイオマスプラマーク
　……113
ハイキング ……33
ハウス食品 ……142
パキスタン国際航空 ……69
萩の丸 ……154
白杖ＳＯＳシグナル
　……116
博物館 ……22

博物館の案内図 ……23
ハザード警告ランプ ……54
はさまれ注意 ……35
始まり ……43
馬術 ……176・178
走るな/かけ込み禁止 22
バスケットボール
　……177・178
蓮の花 ……154
バス/バスのりば ……57
パソコン ……115・164
発音記号 ……222
発火注意 ……89
葉付き三つ桜の丸 ……154
発光信号 ……64
バッテリー ……93・94
バッテリの充電状態 ……54
初音 ……157
初雪 ……157
鳩 ……155
バドミントン ……177
パトロールカー ……49
花札 ……97
歯に信頼マーク ……81
埴輪 ……205
羽田空港の案内図 ……66
ＨＡＰＩマーク ……88
パピロニア模形文字 190
パピロニアの数字 ……192
早送り・早戻し ……93
バリアフリー ……116
パリ大学 ……151
「はるか」……59
バレエ ……183
バレーボール
　……177・178・180
破裂注意 ……89
波浪の記号 ……162
パワーウィンド ……55
パワードアロック ……54
阪急電鉄 ……61
阪九フェリー ……73
万国博覧会 ……125
阪神タイガース ……182
阪神電気鉄道 ……61
ハンズフリー ……93
半ドア ……54
ハンドトラック差込み
　禁止 ……106
ハンドボール ……177
パンフォーカス ……94
反復記号 ……210
ＰＳＥマーク ……85
ＰＳＬＰＧマーク ……85
ＰＳＣマーク ……85
ＰＳＴＧマーク ……85
ビー・エム・ダブリュー

……53
ＰＬマーク ……87
ＰＣグリーンラベル ……113
ＰＣリサイクルマーク 115
Ｂ判 ……101
ビーマン・バングラ
　デシュ航空 ……69
ヒエログリフ ……190
「ひかりレールスター」
　……59
飛行機 ……66
飛行機のマーク ……68
飛行場 ……71
Visa ……107
日・時間 ……43
美術 ……204
美術館 ……22
非常口 ……15・21
非常駐車帯 ……44
非常電話 ……15・44
非常ボタン ……15
非常呼出し ……95
左側にお立ちください 56
左二つ巴 ……157
左卍 ……157
左三つ巴 ……157
筆談マーク ……116
ビットコイン ……109
一重亀甲 ……157
一つ折り芭蕉 ……155
一つ梶の葉 ……153
一橋大学 ……151
一つ松 ……153
一つ百足の丸 ……155
ひとにむけない ……99
避難所（建物）……16
避難場所案内図 ……17
ひにちかづけない ……99
日野自動車 ……53
非木材グリーンマーク
　……113
病院 ……37
病院のフロア案内図 ……37
標準型学生服の認証
　マーク ……83
ひらがな ……185
広島東洋カープ ……182
広島大学 ……151
枇杷 ……154
びん ……114
品質認証マーク ……86
ファクシミリ（ファックス）
　……31・92
フィギュアスケート 177
フィジー・エアウェイズ
　……68
ＶＣＣＩマーク ……86

フィッシング …………33
フィリピン航空 ………69
フィリピン・ペソ …108
風景 …………94
風向 …………202
風力階級 …………202
フェンシング 176・178
フォーク差込み禁止 106
フォード …………53
フォルクスワーゲン …53
フォント …………102
幅員減少 …………42
福岡市の地下鉄 ………60
福岡大学 …………151
複合 …………177
福祉 …………110・116
福祉施設 …………37
房付き団扇 …………156
「富士」 …………59
富士フイルム …………142
フジテレビジョン ……143
部首 …………187
プジョー …………53
物質 …………198
葡萄枝丸 …………154
船 …………72
譜表 …………211
踏切 …………65
踏切あり …………41
踏切注意 …………43
プラスチック …………114
プラスチック製容器包装 …………114
フラダンス …………183
プラチナくるみんマーク …………119
ブラックフラッグ …………55
フラッシュ撮影禁止 …22
フラフラすることがあります …………84
フリーダイヤル …………93
フリーWi-Fiのマーク …………91
ブリティッシュ・エアウェイズ …………69
プリンストン大学 …151
ブルーエンジェル …111
Bluetooth …………91
ブルーフラッグ …………55
ふるさと認証食品マーク …………79
ブレーキの故障 ………55
風呂、シャワー室での使用禁止 …………89
分解禁止 …………20・89
文化勲章 …………159

文化施設 …………22
文化庁 …………149
平行駐車 …………45
並進可 …………42
ペースメーカ装着者の入室禁止 …………37
ヘクトパスカル …202
ペットハンズシール 115
ペットホテル …………33
〔PETボトル〕の法定識別表示マーク …………114
PETボトルリサイクル推奨マーク …………115
ヘッドホン …………93
ペット持ち込み禁止 …22
ヘッドライトのアッパービーム ……54
ヘッドライトのロアビーム …………54
ベトナム航空 …………68
ベビーカー使用禁止 …29
ベビーケアルーム …………10・29・119
ヘリコプター／ヘリポート …66・71
ヘリポートのマーク …71
ヘルプマーク …………119
ベルマーク …………88
ポイント …………103
防衛省 …………149
望遠 …………94
防火水槽 …………43
防火標識 …………34
宝冠大綬章 …………159
方向 …………43
芳香・消臭・脱臭剤の適合マーク …………88
防災 …………16
放射線防護 …………106
放射能標識 …………34
褒章 …………159
法政大学 …………150
防ダニ加工マーク …83
防犯 …………95
防犯システムのマークの例 …………23
方面、車線及び出口の予告 …………44
方面及び距離 …………44
方面及び車線 …………44
方面及び出口 …………44
方面及び方向の予告 …44
方面、方向及び道路の通称名 …………44
ボウリング …177・181
ボート …………176
ポートレート …………94

ホームドア：たてかけない ………58
ホームドア：ドアに手を挟まないように注意 ………58
ホームドア：乗り出さない ………58
ボール禁止 …………33
ポールよし（ポール指定区域）…………33
ホーン …………54
保管場所標章 …………52
ボクシング …176・178
北星学園大学 …………150
保健室 …………22
保健体育 …………209
歩行者横断禁止 …………41
歩行者専用 …………40
歩行者通行止め …………41
保護帽着用 …………35
ポジション …………179
星の記号 …………201
星の等級 …………201
補助犬同伴可 …………117
ほじょ犬マーク …………117
補助標識 …………43
北海道大学 …………150
北海道日本ハムファイターズ …………182
ホッケー …177・178
ホテル …………33
ホテル案内 …………31
ホテル／宿泊施設 …………31
ホテルのフロア案内図 31
ボブスレー …………177
ボランティア国際年 …167
ポリ塩化ビニル樹脂 114
ポリスチレン …………114
ポリプロピレン …………114
ボルボ …………53
ホログラム …………107
ホワイトフラッグ …………55
本 …………100
本田技研工業 …………53
ボンネット …………55

ま

マイクロホン …………93
マイム …………183
まきつけない …………99
Mastercard …………107
マタニティマーク …119
マツダ …………53
マナーモード …………90
真向き兎 …………155
マヤ聖刻文字 …………190
マヤの数字 …………192

丸井 …………143
丸に井桁 …………156
丸に陰鬼鳶 …………153
丸に笠 …………156
丸に雁金 …………155
丸に変わり一つ銀杏 153
丸に桔梗 …………152
丸に釘抜 …………156
丸に鍬形 …………156
丸に駒 …………156
丸に算木 …………156
丸に七曜 …………157
丸に隅立て四つ石 …156
丸に隅立て四つ目 …157
丸に竹の角字 …………157
丸に違い唐辛子 …………155
丸に千鳥 …………155
丸に梨の切り口 …………154
丸に並び扇 …………156
丸に葉付き茄子 …………155
丸に葉付き桃 …………154
丸に一つ丁字 …………153
丸に一つ柊 …………153
丸に二つ引 …………157
丸に木瓜 …………156
丸に矢筈 …………156
丸に碗庵 …………156
マルハニチロ …………142
マレーシア航空 …………68
まわり道 …………44
MIATモンゴル航空 …69
ミーティングポイント 66
澪標 …………156
右（又は左）つづら折りあり …………41
右廻り一つ稲 …………153
みずにぬらさない …99
水ぬれ禁止 …………89
水ぬれ防止 …………106
水飲み場 …………24
道の駅 …………47
三井住友銀行 …………143
三つ追い細松葉の丸 153
三つ折り鶴 …………153
三つ折り芭蕉 …………155
三つ柏 …………153
三越 …………143
三つ葉南天 …………154
三菱自動車工業 …………53
三つ葡萄の葉 …………154
三つ割桜 …………154
三つ割蕨 …………155
みどりの窓口 …………57
港 …………72
ミニ …………53
身ぶり …………168・183
耳マーク …………116

対い鴛鴦の丸 …………155
むかい波 …………157
向こうねじ梅 …………152
向こう山桜 …………154
向こう山吹 …………154
虫けん …………169
無線施設 …………71
無線LAN …………30・91
六つ組合亀甲 …………157
明治大学 …………151
メール …………90
目に入らないようにする …………94
メモリ …………164
メルカトル図法 …………208
メルセデス・ベンツ …53
盲導犬マーク …………116
毛輪に豆桔梗 …………152
モールス信号 …………171
文字 …………102
文字旗 …………76
木瓜 …………157
モナコイン …………109
モバイルデータ通信 …91
モバイル・リサイクル・ネットワーク …………115
森下仁丹 …………142
森永製菓 …………142
モルワイデ図法 …………208
モンゴル（蒙古）文字 …190
紋章 …………157
モンテディオ山形 …182

や

野球 …179・180・181
野球場 …………25
野球チーム …………182
役所 …………36
約物 …………103
夜景 …………94
薬局 …………29・37・67
八つねじ瓢 …………154
山崎製パン …………142
ヤマサ醤油 …………142
ヤマト運輸 …………143
ヤマハ …………143
遊泳禁止 …………32
USドル …………108
USB …………165
有害物注意 …………35
有機JASマーク …79
UKポンド …………108
優先席 …………10・19・118
優先道路 …………42
UDCast …………117
誘導ブロック …………116
有毒臭・有毒ガス・窒息

237

ゆうびん ……………………35
郵便 ………………67
ゆうびんきょく
郵便局 ………………36
ゆうびんしゃ
郵便車 ………………49
ユー
Uマーク ………………83
ゆう
優マーク ………………17
ゆうりょう
優良ソーラーシステム
にんしょう
　認証マーク ………87
ゆうりょうぼうか たいしょうぶつにんていしょう
優良防火対象物認定証
　………………………17
ユーロ ………………108
ゆきわ ちが ちょうじ
雪輪に違い丁字 …153
こうくう
ユナイテッド航空 ……69
ユニオン ペイ
Union Pay ………107
ユニセフ ………………125
ユニバーサルデザイン
　………………………12
ユニバーサルデザイン
　タクシーマーク ……12
ユニバーサルデザイン
　フード ……………13
ユニバーサルデザイン
　ブロック …………12
きょうかい
ユニバーサルファッション協会
すいせんしょうひん
　推薦商品マーク ………83
ユネスコ ………………125
ゆび ま こ
指または手の巻き込み 35
ゆびもじ
指文字 ………………123
用紙 …………………101
ようしほきゅう
用紙補給 ………………92
れんごう
ヨーロッパ連合 ……136
よくしつ
浴室 …………………25
ふ
よく振ってから用いる
　………………………84
き ごう
よく見る記号 ………18
よこかぜちゅうい
横風注意 ………42・43
ヨット …………………178
ヨットハーバー ………75
よびだしおんりょう
呼出音量 ………………93
よみうり
読売ジャイアンツ …182
よんもんせん
四文銭 ………………156

ら

しゃげき
ライフル射撃 ………176
らくご
落語 …………………183
らくせき
落石のおそれあり ……42
らくてんエディ
楽天Edy ……………109
ラグビーフットボール 177
らっかぶつ ひろ あ どうぐ
落下物を拾い上げる道具
い
　入れのマーク ………57
らっか ひ しょうぶったい
落下または飛翔物体 …35
ランチルーム …………22
にんていしょう
ランドセル認定証 ……88
せいかくえんすい ずほう
ランベルト正角円錐図法
　………………………208
せいせきほうい ずほう
ランベルト正積方位図法
　………………………208

理科 …………………196
理科コーナー …………22
りくじょうきょうぎ
陸上競技 ……………176
りくじょうきょうぎじょう
陸上競技場 …………25
りくじょう もくひょうぶつ
陸上の目標物 …………75
リクシル
LIXIL ………………143
リサイクル …………114
ひん
リサイクル品 ………115
リサイクル品回収施設
　………………………114
リサイクルマーク …115
リセット ………………92
リチウムイオン電池 114
りっきょうだいがく
立教大学 ……………151
リップル ………………109
うんどう
リボン運動 …………119
リヤウィンドウォッシャ
　………………………54
リヤウィンド
　デフォッガー ………54
リヤトランク …………55
リヤワイパ ……………54
りゅうきゅうだいがく
琉球大学 ……………151
りゅうこくだいがく
龍谷大学 ……………151
リュージュ …………177
りよう びよう
理容／美容 ……29・67
る すろく
留守録 ………………93
こうくう
ルフトハンザドイツ航空 69
れいとうしょくひんにんていしょう
冷凍食品認定証マーク 80
れいはいしつ
礼拝室 …………11・67
れいぼうまた くうちょう
冷房又は空調 …………54
レーティングマーク …99
れきし
歴史 …………………205
れきしてきけんぞうぶつ
歴史的建造物 …………32
レザーマーク …………88
レストラン ……28・33
レスリング ……176・178
れっしゃていし ひょうしき
列車停止標識 …………64
れっしゃ ひじょうていし
列車の非常停止ボタン
　………………………15
れっしゃ へんせい
列車の編成 …………63
れっしゃ
列車のマーク …………59
レッドフラッグ ………55
れんぞくさつえい
連続撮影 ………………94
レンタカー ……………57
ローソン ……………143
ロータリーあり ………41
ロープウェイ …………32
ローマ字 ……………188
ローマ数字 …………192
ろくおん ろくが
録音・録画 …………93
ロコス ………………174
ロシア・ルーブル ……108
ろせん とうゆうせんつうこうたい
路線バス等優先通行帯 40
ロック …………………90
ロッククライミング …33
ろめんでんしゃていりゅうじょ
路面電車停留所 ………44

ろ めんおうとつ
路面凹凸あり ………42

わ

ワオン
WAON ………………109
わしょ すんぽう
和書の寸法 …………101
どうぶつえん
ワシントン動物園 ……27
わす ものとりあつかいじょ
忘れ物取扱所 …………57
わせ だ だいがく
早稲田大学 ……151・182
わ ちが
輪違い ………………157
われもこう すずめ
地楡に雀 ……………154

238

● 資料・写真提供／協力

朝日新聞社
アフロ
板硝子協会
一味園
出光タンカー
印刷インキ工業連合会
Wikimedia Commons
　（Sukhoi37）
宇部興産海運
王子動物園
大分県
大分フットボールクラブ
太田幸夫
岡山県アパレル工業組合
沖縄県
小田急電鉄
小野賀実
会計検査院
海上保安庁
菓子・食品新素材技術セン
　ター
家電製品協会
紙製容器包装リサイクル推進
　協議会
川村中学校
関西エアポート
環・設計工房
キユーピー
共同通信社
近畿日本鉄道
くすりの適正使用協議会
熊谷市
グリーン・マーケティング協会
群馬県
経済産業省
警察庁
京成電鉄
京阪電気鉄道
京浜急行電鉄
けいゆう病院
建築環境・省エネルギー機構
抗菌製品技術協議会
厚生労働省
交通エコロジー・モビリティ
　財団
交通新聞社
国際電気標準会議
国際標準化機構

国二交通省
国二地理院
コンピュータエンターテインメ
　ントレーティング機構
さいたま市
ザ　ウールマーク・カンパニー
佐賀県
相模鉄道
佐川急便
札幌市
三光汽船
三和電気計器
ジーエー・タップ
JBRC
シェラトン・グランデ・トーキョ
　ーベイ・ホテル
静岡県
JAFメディアワークス
省エネルギーセンター
小学館クリエイティブ
食品容器環境美化協会
誠文堂新光社
製品安全協会
西武鉄道
世界自然保護基金
繊維評価技術協議会
全国おしぼり協同組合連合会
全国観光土産品連盟
全国牛乳容器環境協議会
全国18リットル缶工業組合連
　合会
全国防犯協会連合会
全国魔法瓶工業組合
全国無洗米協会
全国盲導犬施設連合会
全国餅工業協同組合
仙台市
全日本一般缶工業団体連合会
ソーラーシステム振興協会
大日本蚕糸会
髙島屋
高村真理子
谷千春
段ボールリサイクル協議会
中部電力
帝国書院
電気安全環境研究所
電気通信事業者協会

伝統的工芸品産業振興協会
東京急行電鉄
東京港埠頭
東京国立博物館
東京地下鉄
東京電力
東京都スポーツ文化事業団
東京都福祉保健局
東武鉄道
特許庁
トヨタ自動車
トンボ鉛筆
内閣府
長居植物園
長崎県
名古屋鉄道
南海電気鉄道
新潟県
西澤電機計器製作所
西日本鉄道
2005年日本国際博覧会協会
ニッセンケン品質評価センター
日本麻紡績協会
日本羽毛製品協同組合
日本煙火協会
日本温泉協会
日本海運
日本介護食品協議会
日本ガス機器検査協会
日本鞄協会
日本環境協会エコマーク事務局
日本玩具協会
日本空港ビルデング
日本健康・栄養食品協会
日本航空
日本交通管理技術協会
日本穀物検定協会
日本コンタクトレンズ協会
日本作業手袋工業組合連合会
日本デザイン振興会
日本字消工業会
日本消防検定協会
日本水道協会
日本スポーツ振興センター
日本精米工業会
日本石鹸洗剤工業会
日本繊維製品品質技術センター
日本船主協会

日本速記協会
日本スポーツ協会
日本点字図書館
日本燃焼機器検査協会
日本農林規格協会
日本バイオプラスチック協会
日本被服工業組合連合会
日本標識工業会
日本品質保証機構
日本プラスチック工業協同組
　合連合会
日本プロサッカーリーグ
日本ホームヘルス機器協会
日本綿業振興会
日本理化学工業
日本冷凍空調工業会
日本冷凍食品協会
農林水産省
パソコン3R推進センター
阪急電鉄
阪神電気鉄道
ピーツーカンパニー
東日本旅客鉄道
PIXTA
非木材グリーン協会
福岡市交通局
富士フイルム
プラスチック容器包装リサイク
　ル推進協議会
Flickr（SLTc）
文化庁
ベルマーク教育助成財団
防衛省
芳香消臭脱臭剤協議会
北海道開発局
ポリオレフィン等衛生協議会
松森果林
マルハニチロ
宮崎県
目黒区
メトロコマース
森下仁丹
ヤフー
ヤマサ醤油
ヤマトホールディングス
ユニバーサルファッション協会
LIXIL
和歌山市

※このほかさまざまな方々にご協力いただきました。

監修 太田 幸夫（おおた ゆきお）

グラフィックデザイナー。日本サイン学会理事・元会長。
NPO法人サインセンター理事長。
非常口サインを世界標準の図記号にするなど、
ピクトグラムデザインで国の内外で活躍。
おもな著書に、
『ピクトグラム［絵文字］デザイン』（柏書房）
『ピクトグラムのおはなし』（日本規格協会）
『記号学大事典』（共著／柏書房）
『サイン・コミュニケーション』（共編著／柏美術出版）
『安全安心のピクトグラム』（フォーラムエイトパブリッシング）
『避難誘導サイントータルシステムRGSSガイドブック』（フォーラムエイトパブリッシング）
『NEWマーク・記号の大百科』（学研プラス）
などがある。

編集協力		
横山 正	杉並区立和田小学校	
大高 延子	港区立南山小学校	
川奈部 くに子	船橋市立葛飾中学校	
小日向 恵美子	練馬区立大泉小学校	
佐々木 賢治	東京学芸大学附属小金井小学校	
高橋 千賀子	杉並区立浜田山小学校	
立川 泰史	東京学芸大学附属小金井小学校	
町出 絵光	杉並区立和田小学校	
松井 清貴	港区立御成門小学校	
吉田 和義	稲城市立長峰小学校	
香取 典夫	浦安市立北部小学校	

企画	株式会社 くもん出版
編集顧問	平田 嘉男
編集	株式会社 桂樹社グループ
	蒔田 和典　甲斐 美和子　金子 任
	渡邉 三千代　出町 裕子
表紙デザイン	伊藤 祝子
本文AD	鈴木 洋子
レイアウト・組版	三美印刷 株式会社
図版作成	千葉 艦　森本 敦子　株式会社 美工図　矢寿 ひろお
写真撮影	千葉 祐子
校正・校閲	有限会社 くすのき舎　佐野 悦子

● 本書は、2005年3月に弊社から刊行された『ジュニア記号の大事典』の改訂版です。改訂にあたっては、古い表記を改め、内容を追加しました。

本書を無断で複写・複製・転載・翻訳することは、法律で認められた場合を除き禁じられています。購入者以外の第三者による本書のいかなる電子複製も一切認められていませんのでご注意ください。

●おもな参考文献

『ピクトグラム［絵文字］デザイン』（太田幸夫著／柏書房）
『記号学大事典』（坂本百大・川野洋・磯谷孝・太田幸夫編集／柏書房）
『シンボルの原点』（H. ドレイファス編・八木酉訳／グラフィック社）
『記号の事典（セレクト版）』（江川清・青木隆・平田嘉男編／三省堂）
『ピクトグラム＆アイコングラフィックス』（ピエ・ブックス）
『CI＝マーク・ロゴの変遷』（太田徹也編・著／六耀社）
『世界のサインとマーク』（村越愛策監修／世界文化社）
『JISハンドブック 60 図記号』（日本規格協会）
『暮らしの中の表示とマーク』（加藤久権編／日本規格協会）
『交通の教則』（全日本交通安全協会）
『JISHA安全標識』（太田幸夫著／中央労働災害防止協会）
『世界の文字の図典』（世界の文字研究会編／吉川弘文館）
『日本の紋章』（ダヴィッド社）
『ピクトグラムのおはなし』（太田幸夫著／日本規格協会）
『ひと目でわかるシンボルサイン ー標準案内用図記号ガイドブックー』
（交通エコロジー・モビリティ財団／大成出版社）

● 『ピクトグラム［絵文字］デザイン』（太田幸夫著 柏書房）より以下の図版を転載しました。6p「エジプトのヒエログリフ」。14p「メキシコ市の地下鉄の駅をしめす絵文字」（L.ワイマン）。「東京オリンピック（1964年）の施設シンボル」（勝見勝, オリンピックデザイングループ）。「アメリカ運輸省の案内用サイン」（アメリカ運輸省）。27p「ワシントン動物園」園内標示（ワイマン＆キャナン）。84p「投薬指示システム」（S.S.サティエ）。160p「東京オリンピックの競技ピクトグラム」（勝見勝・山下芳郎）。160,172p「グラフにつかわれる絵文字・アイソタイプ」（O.ノイラート）。160,174p「ロコス」（太田幸夫）。166p「絵ごよみ」2点。172p「絵文字のお経？」。172p「ウィーン市の出生・死亡グラフ」（O.ノイラート）。172p「ヨーロッパの人口推移」（O.ノイラート）。173p「外国の人にも読める！漢字？」（上5点 高原新一、下6点 伊藤勝一）。178p「メキシコオリンピックの競技種目」（L.ワイマン）。178p「ミュンヘンオリンピックの競技種目」（O.アイヒャー）。179p「障害者スポーツの競技シンボル」（L.ベドナリーク）。

決定版

まるわかり記号の大事典

2018年12月　初版第1刷発行
2025年 8 月　初版第4刷発行

発行人	泉田義則
発行所	株式会社くもん出版
	〒141-8488
	東京都品川区東五反田2-10-2
	東五反田スクエア11F
電話	03-6836-0301（代表）
	03-6836-0317（編集）
	03-6836-0305（営業）
印刷	三美印刷株式会社

NDC801・くもん出版・240P・28cm・2018年・ISBN978-4-7743-2778-5
© 2018 KUMON PUBLISHING.Co.,Ltd.
Printed in Japan　　　　　　　　　　　　CD61041

落丁・乱丁がありましたら、おとりかえいたします。
くもん出版ホームページ　https://www.kumonshuppan.com/